U0850779

现代企业精细化管理实务

姚水洪　陈仕萍　编著

北　京
冶　金　工　业　出　版　社
2014

内 容 提 要

本书从实际操作角度探讨现代企业精细化管理模式，全书共分6章，主要内容包括：企业精细化管理概述，目标精细化管理的内容与操作，组织精细化管理的内容与操作，流程精细化管理的内容与操作，现场精细化管理的内容与操作，班组精细化管理的内容与操作。

本书可供企业管理人员、管理项目咨询人员及管理培训讲师阅读参考，也可作为企业员工的培训教材。

图书在版编目(CIP)数据

现代企业精细化管理实务/姚水洪，陈仕萍编著．—北京：冶金工业出版社，2013.3（2014.1重印）

ISBN 978-7-5024-6218-5

Ⅰ.①现…　Ⅱ.①姚…　②陈…　Ⅲ.①企业管理　Ⅳ.①F270

中国版本图书馆CIP数据核字(2013)第041325号

出 版 人　谭学余
地　　址　北京北河沿大街嵩祝院北巷39号，邮编100009
电　　话　(010)64027926　电子信箱　yjcbs@cnmip.com.cn
责任编辑　廖　丹　美术编辑　彭子赫　版式设计　孙跃红
责任校对　郑　娟　责任印制　牛晓波
ISBN 978-7-5024-6218-5
冶金工业出版社出版发行；各地新华书店经销；北京百善印刷厂印刷
2013年3月第1版，2014年1月第2次印刷
169mm×239mm；14印张；267千字；208页
40.00元

冶金工业出版社投稿电话：(010)64027932　投稿信箱：tougao@cnmip.com.cn
冶金工业出版社发行部　电话：(010)64044283　传真：(010)64027893
冶金书店　地址：北京东四西大街46号(100010)　电话：(010)65289081(兼传真)
（本书如有印装质量问题，本社发行部负责退换）

前　言

企业是通过价值创造活动来获取利润的社会组织，其存在的使命就是遵照法律要求，在承担社会责任的基础上创造社会价值与获取利润。在日益复杂的市场竞争环境下，一方面企业要寻找自身发展的“蓝海”，另一方面企业必须不断提升内部管理水平，强化自身抓住市场机会与发现“蓝海”的能力。经济发达国家的企业浸润市场百年，在市场运营中积累了丰富的管理经验，产生了很多使企业获得竞争优势的管理模式，如六西格玛管理模式、精益管理模式、5S现场管理模式、全面质量管理模式、企业文化管理模式等；国内企业也在近30多年的市场运营中不断吸收国外企业先进的管理经验，涌现出一大批像海尔、华为等在国际舞台上参与竞争的优秀企业，企业竞争优势得以不断体现，形成了具有中国特色的企业管理模式，如精细化管理模式等。

精细化管理模式是一种在精细化理念、意识指导下，形成精细化管理规则，利用一系列精细化管理工具、方法对企业进行有效管理的运营模式。每个企业的精细化管理工具、方法由于企业运营实际的差异而不同，但必须都是与现代科学技术的发展有机结合，适合个体企业运营实际的方法与工具，企业所依从的精细化管理理念、意识是相同的，这种精细化理念和意识是企业管理的基础，是企业能够建立优秀团队，形成主动承担责任意识，养成主动工作意识，具有跨边界管理意识和创新意识的基础和灵魂。精细化管理本质上不是新的理念，其核心在于降低企业运营成本以及提升企业运营效益，与日本企业精益生产的理念完全一致，也与国内很多管理学者倡导的规范化管理的理念一致。精细化管理不过是带有“中国特色”、与本土文化相一致的“精益”理念，或者说就是企业规范化管理理念。

精细化管理逐渐形成自己的理念、意识体系、规则标准系统、方法工具系统，成为一个企业管理模式的基础，根本在于在某种程度上能够对现阶段的人们观念的变化产生影响，也能融合中华传统文化的要素。本质上，精细化管理是一种本土化的管理模式，是把东西方思想、理念以及传统与工业化、信息化的管理方式和工具融合起来的管理模式，能够获得国内企业的普遍接受。但精细化管理理念、规则需要落实到包括战略、目标、组织、流程、现场等具体的管理活动上，落实到企业的人、财、物与信息管理上，通过系统化、程序化、标准化、数据化和信息化的手段，使企业管理各单元精确、高效、协同和持续运行，以获得更高效率。精细化管理的内容需要落实到实处，这样才能成为一种有效的管理模式。

本书从实际操作角度探讨精细化管理模式，从精细化目标管理、精细化组织管理、精细化流程管理、精细化现场管理、精细化班组管理五个方面探讨精细化管理模式的内容和结构。本书仅从精细化管理结构的角度总结上述五个方面的操作内容，这五个方面的内容需要在具体运营理念、管控规则以及操作层次上结合具体企业运营实际来展开。

本书强调精细化管理活动的理念与意识，是在参考大量文献与总结大量企业实践的基础上编写而成的。本书在编写过程中参阅了大量的文献与网络资源，已列入书后参考文献，在此对原作者表示感谢。本书的编写工作还得到了潞安环能公司王志清总经理、河南煤化国龙投资张永星总经理、潞安财务公司杨建林董事长、河南煤化永煤培训学校李海深校长、潞安慈林山公司李明书书记、潞安煤基油公司武瑞庆部长、新疆潞新公司刘爱国处长的支持与帮助，在此一并致谢。

本书可供企业管理人员、管理项目咨询人员及管理培训讲师阅读参考，也可作为企业员工的培训教材。本书由致力于企业规范化管理项目咨询与管理培训的北京智联惠达管理咨询公司策划，由于作者水平有限，书中不足之处敬请广大读者批评指正，如有意见或建议，请发至联系邮箱 yaoshh@163.com。

作　者

2012年12月

目 录

第 1 章 企业精细化管理概述 …… 1

1.1 精细化管理的认知 …… 1

1.1.1 精细化管理的概念 …… 1

1.1.2 对精细化管理的理解 …… 4

1.1.3 精细化管理的目的 …… 7

1.1.4 精细化管理的要求 …… 10

1.2 精细化管理的来源与实施背景 …… 14

1.2.1 精细化管理的来源 …… 14

1.2.2 我国企业实施精细化管理的原因 …… 17

1.2.3 我国企业管理存在的问题与精细化管理实施误区 …… 19

1.3 精细化管理与其他管理模式的关系 …… 22

1.3.1 精细化管理与 ISO 管理 …… 23

1.3.2 精细化管理与流程管理 …… 27

1.3.3 精细化管理与规范化管理 …… 29

1.3.4 精细化管理与精益管理 …… 29

1.4 精细化管理的内容、特征和模块 …… 30

1.4.1 精细化管理的内容与模块 …… 30

1.4.2 精细化管理的特征 …… 33

1.4.3 精细化管理的步骤 …… 35

第 2 章 目标精细化管理的内容与操作 …… 38

2.1 目标精细化管理的依据与分类 …… 38

2.1.1 目标精细化管理的理论依据 …… 38

2.1.2 对目标精细化管理实践的认识……………………………… 41
2.1.3 目标精细化管理的类型……………………………………… 42
2.1.4 目标精细化管理的基本要求………………………………… 43
2.2 目标精细化管理的程序与步骤……………………………………… 44
2.2.1 目标精细化管理的体系建设与实施程序…………………… 44
2.2.2 目标精细化管理体系与绩效考核体系的衔接……………… 46
2.3 目标精细化管理的实施内容与模板………………………………… 49
2.3.1 企业总体目标与目标精细化标准的确定…………………… 49
2.3.2 目标分解、展开与目标实现中的责任落实………………… 56
2.3.3 目标实施过程中的检查与监控……………………………… 63
2.3.4 目标实现结果评估与反馈…………………………………… 67
2.4 目标精细化管理的基本方法………………………………………… 69
2.4.1 参与式目标分解方法………………………………………… 69
2.4.2 平衡计分卡目标分解方法…………………………………… 72
2.5 目标精细化管理需要注意的问题…………………………………… 75
2.5.1 目标精细化体系横向流程化构建…………………………… 75
2.5.2 目标精细化体系纵向逻辑化构建…………………………… 76
2.5.3 企业与个人在目标体系中的关系协调……………………… 76
2.5.4 重视如何设立目标以及设立目标的过程…………………… 77
第3章 组织精细化管理的内容与操作 ………………………………… 78
3.1 组织精细化管理的原则、步骤与影响因素 ………………………… 78
3.1.1 企业组织精细化管理的基本要求…………………………… 78
3.1.2 企业组织精细化管理的程序………………………………… 80
3.1.3 影响企业组织精细化管理的因素…………………………… 81
3.2 企业组织精细化管理的内容与组织结构类型……………………… 82
3.2.1 企业组织精细化管理要素…………………………………… 82
3.2.2 企业组织精细化管理的基本内容…………………………… 83
3.2.3 企业组织结构的基本形式…………………………………… 84
3.3 精细化管理中的企业组织功能与职能职责………………………… 91

3.3.1 精细化管理的企业组织功能分类 …… 91
3.3.2 企业组织部门职能精细化管理 …… 93
3.3.3 企业组织的岗位精细化管理 …… 95
3.4 企业组织变革与企业发展 …… 98
3.4.1 企业组织变革的原因 …… 98
3.4.2 企业组织变革的内容 …… 99
第4章 流程精细化管理的内容与操作 …… 102
4.1 流程精细化管理的意义 …… 102
4.2 流程精细化管理的必要性和要求 …… 104
4.2.1 流程精细化管理的必要性 …… 104
4.2.2 流程精细化管理的要求与原则 …… 107
4.3 流程精细化管理的步骤与实施内容 …… 108
4.3.1 流程精细化管理理念的传导 …… 108
4.3.2 企业业务流程规划与流程框架 …… 110
4.3.3 企业流程梳理、描述与优化 …… 117
4.4 流程精细化管理的基本方法或工具 …… 123
4.4.1 寻找流程精细化管理切入点的方法 …… 123
4.4.2 流程精细化管理中的流程选择方法 …… 124
4.4.3 流程精细化管理的其他工具与方法 …… 125
4.5 企业流程再造的基本模式 …… 127
4.5.1 四阶段模式 …… 127
4.5.2 五阶段模式 …… 128
4.5.3 六阶段模式 …… 129
4.5.4 七阶段模式 …… 129
第5章 现场精细化管理的内容与操作 …… 134
5.1 现场精细化管理的模式和基本理念 …… 134
5.1.1 现场精细化管理模式分析 …… 134
5.1.2 现场精细化管理的基本理念 …… 136
5.2 现场精细化管理的要素和任务 …… 138

5.2.1 现场精细化管理的要素 …… 138
5.2.2 现场精细化管理的任务 …… 139
5.2.3 现场精细化管理的特点 …… 140
5.3 现场精细化管理的基础 …… 142
5.3.1 整理 …… 142
5.3.2 整顿 …… 146
5.3.3 清扫 …… 149
5.3.4 清洁 …… 153
5.3.5 素养 …… 156
5.4 现场精细化管理的内容 …… 158
5.4.1 现场管理的内容分类 …… 158
5.4.2 现场管理的工作内容 …… 159
5.4.3 现场精细化管理的内容 …… 161
5.5 现场精细化管理工具与方法 …… 162
5.5.1 标准化 …… 162
5.5.2 目视管理 …… 164
5.5.3 管理看板 …… 166
5.5.4 PDCA 改善循环法 …… 170
第6章 班组精细化管理的内容与操作 …… 173
6.1 班组精细化管理的前提 …… 173
6.1.1 班组长的地位与作用 …… 173
6.1.2 班组长的角色 …… 175
6.1.3 班组长的工作内容与职责 …… 177
6.1.4 班组长的能力素质 …… 179
6.2 班组精细化管理的基础 …… 183
6.2.1 工作标准化 …… 183
6.2.2 职责明晰化 …… 185
6.2.3 制度规范化 …… 188
6.3 班组精细化管理的内容 …… 188

6.3.1　对人的精细化管理 …… 188
6.3.2　对物的精细化管理 …… 191
6.3.3　过程的精细化管理 …… 194
6.4　班组精细化管理基本方法 …… 199
6.4.1　情感管理方法 …… 199
6.4.2　结果导向型管理方法 …… 203
后记　理念比工具重要 …… 205
参考文献 …… 207

第1章 企业精细化管理概述

1.1 精细化管理的认知

精细化管理等词语已经成为企业界一个耳熟能详的大众化术语，甚至已经成为社会管理、生活的时髦术语，如政府管理精细化、城市管理精细化等。一方面，精细化管理正是企业、社会所需要的内容和形式，另一方面，精细化管理已经完全泛化、形式化，成为装点门面的工具化语言。

1.1.1 精细化管理的概念

著名经济学家吴敬琏先后两次深入浙江省宁波市考察民营企业后指出，“企业应该走‘精细化’发展的路子。”

万科集团董事长王石说，“精细化是未来十年的必经之路。”

细节管理专家汪中求在《细节决定成败》一书中认为，精细化的时代已经到来，细节决定成败。

从目前诸多关于精细化管理的专业文献、精细化管理实践以及世界范围内企业管理专业文献、企业管理实践可以看出：

（1）精细化管理是我国国内的一个专业化企业管理理念和形式。有人认为，精细化管理起源于日本，从文献上来看，这是不对的。丰田搞精益管理等模式，首先在于行动，后来由美国管理学者总结为“精益管理”，精益管理与精细化管理差异很大，本书后面将作专门分析。目前遍及我国企业界的精细化管理的理念和形式只局限在国内，国外企业根本不搞精细化管理，即使是国内的外资企业也是如此，虽然可能国外企业很多管理内容与精细化管理在某些细节上具有相似性和相通性。国内企业也是从2005年以后才开始关注精细化管理。

（2）精细化管理已经成为国内企业的一种无所不包的大众化（甚至是万金油式）管理工具。国内的企业，无论是垄断性企业，还是竞争性企业都在谈论精细化管理。从特大型企业到小型民营企业的报告、总结还是汇报材料中都可以看到，精细化管理已经成为企业的一种泛化管理工具和管理手段，已经渗透到企业管理的方方面面、各个层级，从主价值链上的质量管理、安全管理、生产管理、市场管理、采购管理采用精细化管理，到辅助价值链上的精细化人力资源管理、精细化财务管理、精细化后勤管理等；企业决策层策划实施精细化管理，企业管理层执行精细化管理方案。有人认为，精细化管理是未来十年的必经之路，决定未来企业竞争成败（后面分析这种观点），企业以及其他社会组织都在大力推行精细化管理，精细化管理确实适应了国内企业的管理需求。

（3）精细化管理已经成为国内企业和绝大部分社会组织的管理方式。国内不仅是企业在谈论、实施精细化管理，其他社会组织如政府、事业单位（例如学校）也在做着精细化管理的事情，也都在把精细化管理当做一种管理方式和管理工具，对组织实施管理。例如，国内很多城市搞精细化管理城市，城市服务精细化，对政府各部门进行工作细化、量化，然后根据实施效果与标准进行考核评价等。精细化管理成为一个“热词”渗透于社会生活。

那么，精细化管理究竟是什么？下面列举国内管理人士的一些观点或看法：

（1）精细化管理是社会分工的精细化以及服务质量的精细化对现代管理的必然要求，是建立在常规管理的基础上，并将常规管理引向深入，将精细化管理的思想和作风贯彻到企业每个环节的一种管理模式（范爱民，2005）。

（2）精细化管理是一种理念，一种文化。它是源于经济发达国家（日本20世纪50年代）的一种企业管理理念，它是社会分工的精细化以及服务质量的精细化对现代管理的必然要求，是建立在常规管理的基础上，并将常规管理引向深入的基本思想和管理模式，是一种以最大限度地减少管理所占用的资源和降低管理成本为主要目标的管理方式。

（3）精细化管理是管理者用来调整产品、服务和运营过程的技术方法。它以专业化为前提、系统化为保证、数据化为标准、信息化为手段，把服务者的焦点聚集到满足被服务者的需求上，以获得更高效率、更多效益和更强竞争力（汪中求，2005）。

（4）精细化管理就是要用具体、明确的量化标准取代笼统、模糊的管理要求，把抽象的战略、决策，转化为具体的、明确的发展举措。

（5）精细化管理是以精细操作和管理为基本特征，通过提高员工素质，克服惰性，控制企业滴漏，强化链接，协作管理，从而提高企业整体效益的管理方法。

（6）精细化管理就是将管理的对象逐一分解、量化为具体的数字、程序、责任，使每一项工作内容都能看得见、摸得着、说得准，使每一个问题都有专人负责，而不是打乱仗。

（7）精细化管理是源于经济发达国家的一种管理理念，它是社会化大生产和社会分工细化对现代管理的必然要求。“精”就是切中要点，抓住运营管理中的关键环节；“细”就是管理标准的具体量化、考核、督促和执行。精细化管理的核心在于实行刚性的制度，规范人的行为，强化责任的落实，以形成优良的执行文化。

（8）精细化管理既是一种管理概念，又是一种管理方法和管理工程，其内涵就是企业在规范化和标准化的基础上，对生产流程、管理流程进行科学细化和合理优化的过程，实现“组织结构专业化、工作方式标准化、管理制度化、员工职业化”。

（9）精细化管理是以“精确、细致、深入、规范”为特征的全面管理模式。

（10）精细管理工程指企业按照“六精五细"的思路与方法，对企业的管理进行精细化改造的工程。六精是指培养企业精神、运用管理精髓、掌握技术精华、追求质量精品、精通营销之道、精于财务核（预）算；五细是指细分市场和客户、细分企业组织职能和岗位、细化分解每一个战略目标、细化企业管理制度、细控成本。精细化管理的“精”是经营管理的关键环节，“细”是关键环节的主要控制点，精细管理就是系统解决经营管理过程中的各关键环节及其主要控制点的匹配性。

（11）精细化是针对过去企业粗放化管理而提出的在管理上的精耕细作。精细管理强调目标的细化、分解、落实，强调数量化和精确化。精细化管理以提高企业经营绩效为目的。通过对企业战略目标的细化、分解、落实，保证企业战略能够在各个环节有效贯彻并发挥作用；通过细化企业管理单元，明确管理目标，改进管理方式，确保企业管理思想高效、准确、到位地落实。

由于每个人对精细化管理理解与认识的差异，强调的侧重点也不一样，据此进行咨询与实施的管理方案也完全不一样。从上述观点或看法来看，精细化管理的概念其实并不明确，其内涵也不清晰。究竟什么是精细化管理，仍然不清楚。实际上，目前对于精细化管理的认识还比较模糊。不过，从上面的表述可以了解到以下几点：

（1）精细化管理是企业管理的一个阶段；

（2）精细化管理是一种文化、一种理念；

（3）精细化管理是一种操作工具和方法；

（4）精细化管理是把企业管理对象量化、细化、标准化的管理方法；

（5）精细化是一种技术方法，用来调整产品、服务和运营过程。

精细化管理既是一种管理文化、管理理念，也希望成为具有规则、标准的操作体系和管理模式。这是任何一种管理模式所必需的内容。管理模式是在管理人假设的基础上设计出的一整套具体的管理理念、管理内容、管理工具、管理程序、管理制度和管理方法论体系，并将其反复运用于企业，使企业在运行过程中自觉加以遵守的管理规则，可以用公式表述为：管理模式=管理理念+系统结构+操作方法。实际上，管理模式就是一个企业在管理制度上和其他企业不一样的地方，从制度经济学的角度说包括正式制度和非正式制度两个方面，也就是企业在管理规章制度和企业文化上最基本的不同特征，如国际质量管理体系、六西格玛管理模式、精益管理模式等。从这个角度可以界定精细化管理：精细化管理是一种把精细理念、文化融合到企业管理中，形成企业管理规范、规则、标准，并通过相关管理方法与工具落实精细管理这种理念与文化的企业运营管控模式。

【案例1-1】 精细化管理成就国际企业

（1）肯德基的汉堡包厚度、长度全世界标准都统一，这就是精细化管理。我国天津的“狗不理”包子很有特色，但就是成不了国际名牌，因为其包子的大小、面粉的多少、肉多少，只有一个大致数，没做到精确。

（2）麦当劳培训员工时放录像带，讲一对年轻夫妇带着一个3岁的小孩到店里，过一会儿小孩子钻到桌子底下去了，麦当劳就教育员工，对卫生的管理不仅仅是你的视线范围，还要想到小孩子会钻到桌子底下去，搞卫生要360°全方位。

（3）必胜客培训员工也放录像带，讲一对年轻夫妇带着一岁半的小孩来就餐，经理问员工，今天这三个人来消费了多少？一半员工说是200元左右，经理说错了，这个客户送来了7万元的消费。一岁半的小孩到70岁牙齿咬不动了，要消费7万元，这就是追求客户的忠心价值，这就是精细化管理。

（4）美国通用公司选拔总裁，经过多轮淘汰，只剩下三位候选人，当最后一位候选人进入考场时，发现地上有一块纸屑，他马上从地上捡起来，放在垃圾篓里。考官当场宣布，他被录用了。所以，一个人小的行为，往往体现了他的道德价值取向。

1.1.2 对精细化管理的理解

从精细化管理概念上，可以给出精细化管理作为一种管理模式的逻辑结构，见图1-1。

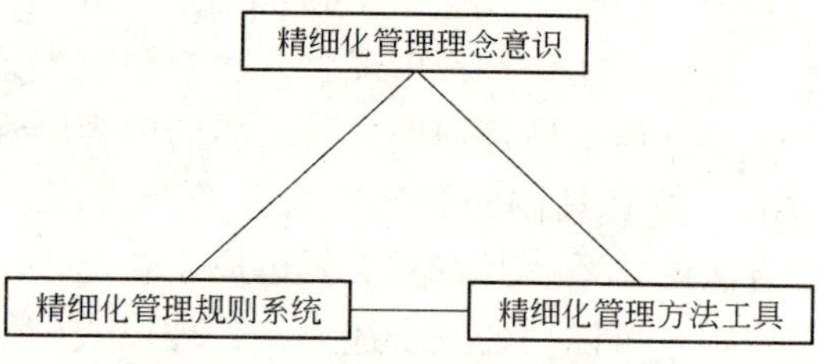

图1-1 精细化管理模式结构图

对精细化管理的概念，可以从以下五个方面来理解：

（1）精细化管理首先是一种理念、意识。理念、意识、文化等决定所采用的工具、方法，决定操作方案的目标、方向以及实施效果。精细化管理是对企业管理现状、发展要求的一种理性认识，从而形成一种管理理念、管理意识。风靡全球的精益管理首先就是形成管理意识，而后产生的一种企业管理模式。丰田精益管理的创始人大野耐一在导入精益管理时，首先产生的是精益管理的理念和意识，即来自于美国超级市场的消除浪费的理念和意识，由此采取一系列管理措施、方法，进而逐渐发展成为一种管理模式。精细化管理的实施必须以企业贯彻这种理念、意识为基础，全员具备精细化管理理念和意识，所形成的企业管理规则、规范与标准才能成为员工的习惯。执行环节的精细化管理意识包括责任意识、团队意识、价值意识、主动工作意识。

（2）精细化管理必须建立规则标准。精细化管理的规则、标准等指导员工落实理念的载体，精细化管理的实施必须以规范、标准、规则的建立为前提，否则理念、意识等无法转化为行动，无法成为企业员工的行为指导。企业是一套规则集合起来的资金、人才、技术、市场的有机体，通过规则整合人、财、物，通过规则规范企业中人流、物流和信息流，进而创造价值。企业中的管理规则是企业根据市场、行业等要求，按照最大化价值创造的目的所制定的规范、标准等，精细化管理必须有规则、标准才能使理念落地，把价值创造与价值实现落实到企业日常运营过程中。精细化管理中的规则、规范是落实精细化理念、意识的载体，包含企业的组织方面的规则、流程方面的规则、目标管理方面的规则、考核评价方面的规则、过程监督规则以及企业用人规则、做事规则等。在现代社会经济环境下，法律、法规是任何社会组织、团队完成一切活动的前提，也是企业精细化管理的基本要求。

（3）精细化管理必须有对应的工具与方法系统。大野耐一在产生了类似于美国超市运行方式节约企业运行成本的意识之后，认为准时生产方式（JIT）和自动化两个工具帮助和促进精益管理方式的推行，后来的研究者加上全面质量管理（TQM）、并行工程（CE）、全面现场管理（5S）、全面设备保全（TPM）、成组技术（GT）等工具和方法。丰田等优秀企业通过以5S、TPM为基础的精益生产排除一切浪费，尽可能降低原价，企业才有良好的效益，才能做强，在经济危机中生存下来，以图危机过后快速增长。没有工具和方法的配合，精细化管理就是空谈。如果仅仅空谈精细化管理，理念高高在上，没有行之有效的方式方法让理念落地，无法真正转变为企业员工的自觉行为，所谓的精细化管理不过是闹剧。只有当企业管理者真正认识到什么是精细化管理，着手让员工积极主动地投入到具体的管理方法落实中，企业才能形成竞争能力。精细化管理的工具和方法是落实精细化理念、意识的措施，精细化管理能否有效推行和贯彻下去，必须以形成这种管理模式对应的工具、方法为基础和前提。

1）波特的战略管理模式。波特在《竞争战略》中提出“五力分析”工具或方法，同时有态势分析法（SWOT）等分析工具的支撑，战略管理成为一种具有实战功能的模式，在企业实践中广泛应用。

2）哈默的流程管理模式。《流程再造》不仅提出流程管理、流程再造的理念与意识，而且开发出一系列的流程管理工具与分析、优化工具，并且与现代信息工具结合，使得流程管理也成为一种可操作的模式。

3）全面质量管理模式。全面质量管理本身是在企业实践中产生、形成，然后上升为一种管理理念和管理哲学，是管理理念、准则与工具的结合，也就自然成为企业一种适用、方便的管理模式。

4）彼得·圣吉的学习型组织。彼得·圣吉在《第五项修炼》中系统提出学习型组织的理念，但没有具体的工具和方法确保把第五项修炼的理念落实到员工的工作行为中，始终只是一种理念，无法成为管理模式。

5）美国《华尔街日报》在2006年有一篇文章——《为何众多管理思潮来去匆匆》，其中有段文字，“路易斯安那州立大学拉斐特分校教授在2000年对过去50年中的16个‘时髦管理’进行了研究，结果发现管理理念的寿命周期在缩短。在20世纪50～70年代，对某一理念的兴趣通常在10年以后才能达到顶峰。到了90年代，这个周期已经缩短到不足3年。”为什么很多管理理念曾经带来强烈震撼，而又迅速消失，原因在于没有工具、方法去落实这种理念。

（4）精细化管理必须充分融合现代技术，进而才能形成对应的管理工具和方法。现代科学技术的发展改变企业运行方式和管理方式。现代科学技术革命开始席卷全球，高新技术的广泛应用不断创造着新的产业群、技术群，极大地改变着这个时代的产业结构、劳动组织和运营方式，整个管理实践和管理理论都进入一个新阶段，管理方式、方法更具有现代化色彩，例如更注重企业的系统性管理，把企业的人、物和企业外在环境综合起来作为一个整体进行研究，更注重企业整体素质的提高，强调在分工基础上必须注意各部门之间的沟通、协调、综合与平衡等。精细化管理方法离不开现代技术的应用，例如精益管理模式中的成组技术、JIT、并行工程等。尤其是企业是个信息集合体，大量的生产运营、过程信息需要流转，通过技术的整合达到成本降低、效率提升的目的，因而精细化管理离不开现代技术的发展和应用。通过使精细化管理的方法与工具获得提升，现代技术推进精细化管理水平与层级提升。

（5）精细化管理是一套系统的、开放的管理体系。精细化管理理念通过规则、方法与工具得以贯彻落实在企业运营管理活动中，形成一套完整的管理体系，这套管理体系包括目标管理、组织管理、流程程序管理、决策控制管理等。有人认为，精细化管理的本质意义在于它是一种对战略和目标分解细化和落实的过程，是让企业的战略规划能有效贯彻到每个环节并发挥作用的过程，同时也是提升企业整体执行能力的一个重要途径。实际上，精细化管理理念需要落实到包括战略、目标等具体的管理活动上，落实到企业的人、财、物与信息管理上，通过系统化、程序化、标准化、数据化和信息化的手段，使组织管理各单元精确、高效、协同和持续运行，以获得更高效率。

至于很多人认为的，精细化管理的内涵是精确定位，精益求精，细化目标，量化考核；是六精五细，是精化、细化、量化等。只能说这些说法忽视或者不了解精细化管理的本质，把手段、工具与规则、理念混淆，把行为与行为的结果混淆，辅之以实践不仅达不到设定的目标，甚至有可能导致非常严重的形式主义、机会主义盛行。

1.1.3 精细化管理的目的

企业进行变革，采用任何新的管理方式、方法、模式等，核心在于价值创造和价值实现，也就是获得利润，而且是最大限度地获得最多利润。价值的实现必须是产品或服务获得市场认同。精细化管理是集市场信息和生产于一体的运营管理系统，尤其是在当今社会经济环境下，市场决定生产运营。正如精益管理创始人大野耐一所说，脱离了市场信息，我们就是瞎子，其实什么也不是。精细化管理也是如此，按照市场要求改善内部生产运营。以市场的角度来衡量一种管理模式，其目标包括四个方面（如果考虑现代企业的社会责任问题，可能就包含五个方面，例如环保问题）：效益、效率、品质和敏捷性（精益管理的目标或目的就是降低浪费，提升运营效率）。

1.1.3.1 效益目标

效益有两个角度：一是增加销售，二是成本降低。企业由相当多的大小流程构成，每个流程的运行（从输入到输出）都需要一定的资源支撑，包括人、财、物。如果仅仅从目标或目标实现的结果角度考虑，不关注过程，不关注实现效益目标的过程细节，那么输入与输出的价值比值就是结果导向需要关注的内容，精细化管理此时需要通过结果监督或控制来达到效益目标；如果从流程实现角度，精细化管理关注细节，关注流程如何实现的过程。不管从哪个角度，流程上不创造价值的环节都需要删除，而且重要的还在于强化流程环节责任者的责任意识、主动工作意识。换句话说，精细化管理意识必须是企业每一个员工所必须具备的职业意识和习惯。流程上的服从也是一种责任，是为着整个流程有效运行的责任。成本降低或浪费减少的两个重要角度为优化流程、强化精细化管理意识。至于销售增加，其实也可从面向市场的流程角度去考虑。

1.1.3.2 效率目标

效率是投入与产出的比较，这里的目标不是精细化管理本身的目标，而是通过精细化管理提升企业运营效率，也就是通过精细化管理提升企业的生产率。生产率是投入的资源和产出（产品与服务）的比率，产品或服务通过各种资源转化而来，这种转化的效率越高，产出越大，就能提供更多的产品或服务价值。一般来说，提升生产率的两种路径是：减少投入的同时保持产出不减少，或者增加产出的同时保持投入不增加。投入包含人力、资本、信息以及管理等，管理是整个运营系统的关键，企业中的资本、技术、市场、人才等资源必须在管理力量介入的情况下才能创造价值，也只有通过管理力量的介入才能最大化地创造和实现价值。管理怎么才能实现企业效率目标？其实无非是通过组织、流程、现场以及班组来实现。

1.1.3.3 品质目标

在ISO质量管理标准中，任何企业都有质量目标，包括产品和服务质量以及过程质量两个方面。任何管理的目的都是生产出符合市场需要的品质或质量的产品或服务，从而通过市场实现价值。如果把企业内部活动也市场化（正如国内很多企业的内部市场化管理），上一道工序的客户或市场就是下一道工序，也必须考虑为下一道工序提供符合标准要求或工序要求的中间产品与服务。管理就是要明确标准与规则，让上道工序提供符合下道工序质量要求的产品与服务，或者直接提供给市场所需要各类品质要求的产品与服务。这里，精细化管理的很多方面可以与ISO质量管理标准体系融合起来，或者借鉴ISO质量管理标准体系的诸多规则、标准以及技术内容，一方面改善企业运营流程质量与品质，提升流程运行效率，另一方面提升输入产品与服务的品质或质量要求。

1.1.3.4 敏捷目标

敏捷包含两个方面：一是灵活地适应市场的需求，二是准时提供恰当的服务。在当今超复杂的竞争环境下，企业必须建立满足市场需要的柔性服务系统，生产出不同品种和开发出新品种或提供不同的服务和开发新的服务，否则就会被市场淘汰。要能够很快适应市场变化，企业必须通过管理来提升生产系统的柔性，也就是处理环境变化的能力，例如提升机器系统的柔性（前几年倡导的敏捷制造），提升人、机、料、法、环系统匹配的柔性，提升组织系统的柔性等，其目的在于提升整个企业的柔性，达成敏捷服务或满足市场需求的目标。另一方面是准时性，即按照客户需要的时间、需要的数量提供所需要的产品与服务，其实这正是JIT工作方法或方式，是以市场角度审视企业内部运营过程，从市场角度审视连续性、平行性、比例性和均衡性。总起来看，敏捷目标的两个维度是：柔性能快速满足市场需求，并且能使企业内部运营灵活、有效率，只有后者达成或满足才能实现系统的柔性，恰当地满足市场需要。

【案例1-2】 细致量化的管理是企业成功的关键

在20世纪70年代，凯玛特是美国零售业的巨头，与凯玛特同一年创建的沃尔玛的销售额当时还只是凯玛特的1/45。但是，沃尔玛配货平均每天一次，凯玛特平均5天一次；沃尔玛严格控制各方面开支，凯玛特却因为与沃尔玛较劲"大出血"；沃尔玛专注于商品经营，做"小买卖"，凯玛特却搞多元化，大肆收购……正是由于在每个细节上凯玛特都略逊于沃尔玛，最终导致凯玛特申请破产保护，而做小商品买卖的沃尔玛竟与做软件的微软一决雌雄，坐上了世界500强的第一把交椅。

沃尔玛的卓越正是以其特有的精细化管理，培育了企业的核心竞争能力，具备了持续的竞争优势。光是被偷窃的损失，沃尔玛就比竞争者少了一个百分点。除此之外，沃尔玛还利用统一采购，集中发货，每天提供低价商品以及建立全国卫星联网的管理资讯系统加强货品传递与管理。沃尔玛就是以这些看似平淡无奇的管理方法，打造出全球最大的零售企业。在过去的40年中，没有任何零售公司能成功地模仿和超越沃尔玛。

差距开始于细节，成功与失败，辉煌与无为，其差别一开始并没有人们想象的那么大，而是远比人们想象的要小得多。

我们知道，世界上任何饮料的构成大多数都离不开水、糖、碳酸和咖啡因等，而且这些成分一般都占了99%以上，当然，可口可乐也不例外。可是，为什么可口可乐每年都会有4亿多美元的纯利润，而其他品牌的饮料每年只要有8000万美元的收入就算满意了呢？其差距就在于可口可乐里有1%的东西是其他饮料绝对没有的，就是这神秘的1%，使得可口可乐在饮料市场上一骑绝尘。

"海不择细流，故能成其大；山不拒细壤，方能就其高。"小的地方看不到、做不细，就会造成大漏洞；小的地方看得到、做得精、做得细，就会延长生命力，提升竞争力。

如果一个公司在产品或服务上有某种精细的改进，这也许只给用户增加了1%的方便，然而在市场占有的比例上，这1%的精细就可能会引出几倍的市场差别。对于用户的购买选择来说，正是这1%的精细优势决定了100%的购买行为。如此一来，微小的、精细的差距往往是市场占有率的决定因素。在成熟的市场中不能指望暴利，善于经营的企业总是在低利润空间中通过精细管理降低成本。运营良好的企业历来主张从神经末梢衡量管理，从精细管理中获得利润，尤其在市场发展较充分、利润空间逐渐缩小的情况下更是如此。竞争优势归根结底是管理的优势，而管理的优势则是通过点点滴滴汇集而成，并通过一招一式体现出来。德鲁克在《卓有成效的管理者》中指出："管理好的企业总是单调无味，没有任何激动人心的事件。那是因为凡是可能发生的危机早已被预见，并已将它们转化为例行作业了。”大起大落必然会损伤企业的元气，没有激动人心的事发生，说明企业运行过程中时时处于正常状态，而这只有通过几十年如一日的严格训练才能做到。无论多么宏伟的工程，多么庞大的企业，其管理最终都要落实到每一个具体环节上，从细微之处加以完善，才能形成势不可挡的真正优势。

1.1.4 精细化管理的要求

全国上下都在探讨精细化管理的时候，我们不禁要问的是，企业实施精细化管理的效果究竟如何，是否达到预设目标？很多企业总是认为自己的精细化管理很成功，创造出了更大的效益。美国麻省理工学院管理学教授丹尼尔·鲁斯在其《改变世界的机器》一书中分析精益管理的效果时认为，结果非常不理想，即使是通用汽车也没有成功。

即使是成熟的精益管理模式，有成功的经典可以考察，有明确的管理方法、工具可以采用，成功或获得效益的企业少之又少，非常不理想。那么，作为一个仍然处于完善中的管理体系——精细化管理，还没有可以称为成功的企业可以考察，管理工具与管理方法仍然不是很明确的管理模式，怎么才可以称得上成功与获得经验呢？精细化管理模式正处于形成、发展与完善过程中，需要有恰当的企业去试点性地实施，在实施过程中总结、完善，融合现代科学技术，不断整合新的工具与方法。

实施精细化管理有其基本要求或前提，即通过全员参与，在人本管理基础上实行过程控制与结果控制。具体要求如下：

（1）必须全员参与。现代任何一种管理方式在企业中采用时，都需要一个基本前提——全员参与，例如ISO质量管理体系、六西格玛管理方式、精益管理。全员参与是ISO质量管理体系的八大原则，是六西格玛与精益管理的基本要求。精细化管理的全员参与就是让每个员工对企业有使命感，对流程有责任感，员工亲身参与到流程改进与优化过程中，有利于调动员工积极性，有利于团队精神和合作意识的培养。基本要点在于：使员工知道自己在流程运营中的责任、制约条件、达成目标；对员工进行精细化管理理念、意识和规则、标准、技能的培训，使员工胜任工作并愿意积极奉献；提供必要的资源和工作条件；规定职责，给员工在职责范围内的自主权，努力实现规定的工作；建立激励机制，激发员工不断进取，并评价、承认成果；在内部组织交流，创造自由分享知识和经验的氛围。

（2）必须强调人本管理。人本管理是把员工作为企业最重要的资源，以员工的能力、特长、兴趣、心理状况等综合性情况来科学地安排最合适的工作，并在工作中充分地考虑员工的成长和价值，使用科学的管理方法，通过全面的人力资源开发计划和企业文化建设，使员工能够在工作中充分地调动和发挥工作积极性、主动性和创造性，从而提高工作效率、增加工作业绩，为达成企业发展目标做出最大的贡献。本质上说，企业最重要的资源是人，是企业的员工，作为管理者都会十分关注组织成员的工作积极性和创造性，这是因为组织目标的达成依赖于组织成员对工作全身心的投入。但在组织目标达成的过程中，组织成员的工作积极性和创造性不会自发存在，巴纳德曾经说过："若要将那些组织内认为有潜能的组织成员按其服务的自愿程度来排列，从最高的自愿渐渐减到中间或零，然后渐渐地到最高的不自愿或反对或厌恶，那么在现代组织中，大多数人都落在负的一边。"由此可见，管理者的重要任务就是要最大限度地激发组织成员的工作潜能，并将他们的行为引向组织目标之途。但问题在于，管理者何以最大限度地激发其组织成员的工作潜能，即组织成员什么状态下愿意充分展现其才能并不断自主地挖掘其自身的内在潜能。这就要求对员工进行人本管理，尊重员工，重视员工，调动其积极性、创造性，增强员工主动工作的意识、主动承担责任的意识以及创新意识。实际上，人本管理是精细化管理的内在要求。

（3）必须能够进行过程监督，具有过程监督的方式或手段。过程监督其实是关注流程运行中的环节是否按照标准、规范要求在流转，需要一系列的工具与方法纠正流程中流转的偏差以确保流程运行效果。规范、标准、规则等是过程监督的依据，方法、工具是过程监督的手段，精细化管理的意识、理念是过程监督的文化保证。精细化管理必须有一系列的工具、方法来监督流程运行的过程和监督细节，确保方向和目标。应该说，关注流程与过程，按照管理学术语来说，就是过程控制，或者流程导向。由于流程范围的差异，企业不同层级的人员关注流程的范围不一样，关注的角度也不一样。因而，不同层级的企业人员对流程或过程监控、监督的环节和范围有差异。

（4）能够进行结果控制。结果控制实际上就是目标管理，按照管理学专业术语来说，就是结果导向。结果导向的管理不关注过程，也不关注细节，但结果控制中的结果或者目标必须符合企业的资源环境条件要求，这种目标是能够控制性实现的，通过目标、结果的负反馈调节流程与过程。结果、目标管理强调自主管理、自适应管理等，同时企业中的创新活动得到加强。例如，为了保证目标的实现，各个层级的员工必然要深思熟虑实现目标的方法和途径，考虑相应的组织机构和人选以及需要怎样的资源和哪些帮助。结果控制或目标管理能使责任更明确，会使控制活动更有效。控制就是采取措施纠正计划在实施中出现与目标的偏离，确保任务的完成。有了一套可考核的目标评价体系，监督就有依据，控制就有准绳，也就解决了控制活动最主要的问题。目前我国很多企业实施所谓精细化方案，往往只是把精细化管理变成一系列的考核表单、考核指标等。其实这不是精细化管理所希望达到的效果，精细化管理需要有目标管理与结果控制的方法、手段，但不局限于此。

【案例1-3】 信任尊重员工，帮助他们成功

1998年6月7日，《新民晚报》刊登了一篇题为《锁住的冰柜》的文章，文章的大意是：1990年，作者在美国某可乐公司在上海的投资企业担任人事经理。上班头一天就发现办公室里的大冰柜上挂着一把大锁，紧紧地锁着各种饮料。经询问得知，饮料过去是放在冰柜供所有雇员和外来客人随时享用的，但每次将冰柜装满，一会儿就空了，最后只能把冰柜锁起来。

第二天一上班，外籍人事经理就召集全体员工开会，这位人事经理对大家讲："昨天总经理告诉我，全世界可乐公司的冰柜都是不上锁的，而在中国上海却做不到。有人认为这是我们上海人的素质差，但我认为这不是人的素质问题，而是管理问题。因为，如果大家不清楚公司对饮料饮用的全部管理要求，一定会在饮用时出现一些混乱。为了我们大家不被别人瞧不起，我昨天主动向总经理提出让我与大家一起就公司的饮料管理问题讲几句话。希望大家配合我，支持我，把冰柜上的锁拿掉！从今天开始，放饮料的冰柜门不再上锁，大家可以在工作时间随时享用公司的饮料，喝多少拿多少，禁止任何人将饮料带回家去。在头三个月里，如果发现有违反规定的现象，我们会提醒大家注意。"他的话刚说完，就有员工说："用不着三个月，从今天开始就行。"结果，从当天起，整整锁了两年的冰柜从此永远打开了！后来，公司里由一个冰柜变成每个楼层都有冰柜，但再也没有发生过饮料异常短缺的事。

《锁住的冰柜》启示我们：要信任尊重员工，要善于从积极的方面激发团队的自尊和荣誉感，要立足于调动人的积极感受。前几年，我曾经去过一个小公司，见公司的墙上贴了不少员工守则之类的东西，大概看了一下，几乎全是对员工的要求，使用频率最多的词是"不准"、"不许"等词。可员工的表现如何呢？在与老板的聊天中，这位老板一提起员工就是满肚子的牢骚，显然是对员工的管理出现了问题。我们在管理员工时常常强调"没有规矩，不成方圆。"但是，却忽视了对员工的信任与尊重。我以前的一位同事与他的老板全是我的朋友，有次我与这位同事聊天时，他诉说老板不信任他，而且他还根据几年的工作经历总结出一条"真理"：任何一个老板都不会信任员工的。不管"规矩"也好，"提防"也罢，如果人的积极性未能充分调动起来，规矩越多，管理成本越高。所以，我认为企业管理最基本的规矩就是对人的信任与尊重，如果做不到这点，再多的规矩也形同虚设，员工反而会有逆反心理。阿布雷在其所著的《管理的演进》中提出了"管理的十大要领"。在这十大要领中有六项是关于员工管理的，而在这六项中，我认为有四项与"尊重员工，帮助员工成功"有关，它们分

别是：

(1) 定期检查员工的工作绩效及个人潜力，使员工个人得到成长和发展；

(2) 协助并指导员工提高自身素质，以作为企业发展的基础；

(3) 应有恰当及时的鼓励和奖赏，以提高员工的工作效率；

(4) 使员工从工作中得到满足感。

查尔斯.M. 萨维奇在其《第五代管理》一书中说："怀疑和不信任是公司真正的成本之源。"日本索尼公司的一位主管提出："即使不相信那个人的行为，也要相信那个人。"如果把管理看成简单的"管制"，过多地强调了"约束"和"压制"，往往适得其反。聪明的企业和企业家已经意识到这一点，开始在"尊重"和"激励"上下工夫，了解员工的需要，然后满足他；而不是"骗（聘）"用他，"断其喉，尽其肉，乃去。"

马斯洛的需要层次理论也告诉我们，在五个层次的需求中，被尊重和自我实现是人最高层次的需求，而人的五个层次的需求常常同时存在。当一个人满足了温饱和安全等低层次需求后，他将产生实现自我价值的欲望。因此，如果能让员工在工作中不断获得成就感，他的价值就得到了实现，他所在的企业也会一往无前。

对一个管理者来说，如果用权力压制员工，就不是一个称职的管理者，至少不是一个具有现代意识的管理者。管理者最重要的事情是要用他的权力、他的专长、他的影响力来帮助员工成功，而不能让自己手下的员工不断失败，不断炒员工的鱿鱼。管理者要真正关心员工，不单是关心员工的现状，更重要的是关心员工的前途和未来，包括员工的学习机会、得到认可的机会和得到发展的机会。

只有信任、爱护、尊重员工，并帮助他们成功，员工才会信任你、尊重你、帮助你，跟你走。如果员工不配合的话，管理者再好的计划也将成为一纸空文。英国航空公司创立20年后，由一家不起眼的航空公司转变成了"世界上最受欢迎的航空公司之一"。1997年之前，英国航空公司员工的优良素质和完善服务得到全行业的首肯。但是，1996年成为首席执行官的艾林所追求的战略却引起了混乱和危机。在1997年的夏天，公司全体乘务人员发动罢工，使得数百架次英国航空公司的班机被迫取消。员工的罢工使英国航空公司损失了1.3亿英镑。问题出在哪儿呢？

英国航空公司的经理们违反了公平程序——在做出决定和具体执行时的公平。当公司班机都客满且利润很高时，公司领导突然向员工宣布一项削减开支计划。他们没有同员工通报这么做的必要性，也没有让员工参与到这样的计划中。员工们没有获得清晰的指示，到底该怎么做。没有讨论、解释和澄清，员工们感到被欺骗，感到他们失去应有的尊重。于是，他们开始反抗。这个案例警示我们：有了公平程序，就会得到员工的信任和合作，即使再难达到的目标都能实现。但是，如果没有公平程序，即使是员工们都支持的目标也可能很难达到。

日立公司研究开发的主体是一支庞大的专业公司员工队伍，他们是如何培养和使用这些人才的呢？日立公司在对国内外人才进行充分研究之后发现：只要让员工做他想做的工作，员工的能力就会有很大的提高。所以日立公司为专业公司员工安排工作的方针是：按照本人的意愿，做想做的工作，去想去的地方。从录用员工的那天起，日立公司就爱惜每个人，想办法培养他们，开发他们智能。日立公司通过研究，了解到“人有了目标，就有了精神”。所以，在专业公司员工的培训中，公司强调让员工了解公司的使命、经营方针以及各种制度，使员工认识到个人的责任，自主自立、自我提高。鼓励专业公司员工根据经营环境的变化主动学习、更新知识、启发思想，同时对研究开发人员的学习和工作成绩及时给予评价。由于重视专业公司员工的培养，日立公司形成了自己引以为豪的技术优势和专业公司员工精神。从某种意义说，这也是日立公司的一种企业精神。

1.2 精细化管理的来源与实施背景

1.2.1 精细化管理的来源

现代管理理论、管理模式来源于国外工业化实践，因此必须追踪国外管理理论、模式的发展脉络（管理学理论史书籍上叙述得很丰富，本书只从精细化管理的角度来认识）。

在管理思想和理论发展的历史上，美国“管理运动”具有里程碑式的意义。19 世纪中叶以后，现代公司制度在美国确立，企业的规模、数量不断扩大，管理人员碰到了许多以前没有碰到过的问题，于是研究新的管理理论、规则和方法成了一个社会性潮流，直接导致 Tailor 制度等现代管理理论的出现。因此，“管理运动”是现代管理的前奏，是古代管理走向现代管理的标志。

在企业规模变大，管理人员失去了对工人直接监督的情况下如何设计激励性的薪酬制度以提高劳动效率成为当时一个突出问题。1889 年，亨利·汤在美国机械工程师协会年会上介绍了其企业中应用 5 年之久，成效显著的“收益分享方案”；1891 年，弗雷德克·哈尔西发表《劳动报酬的奖金方案》一文，分析当时普遍采用的计时工资制、计件制、分红制三种工资形式的缺点，提出“奖金方案”，成为以后工资制度的一种基本模型；1895 年，泰勒的一篇论文发表了他的最新研究成果，提出在科学地测定工时、动作、劳动定额基础上，实行“差别计件工资制”的方案。在企业财务方面，工厂制度在铁路企业的基础上也不断发展，亚历山大·丘奇、亨利·甘特等人提出完善成本会计分析；杜邦等人打破成本会计、财务会计和固定资本核算相互分隔的现象，发展出工业企业标准的会计程序和方法，奠定了现代企业财务的基础。此外，爱默生对消除浪费、降低成本和直线职能制改进效率进行了研究，柯克把科学管理扩大应用到教育和市政组织上。20 世纪初，制造企业的组织管理方法进行了改组，这标志着制度化和科学化“管理运动”的高潮。1910 年，福特发明流水线的批量生产方式；20 年代初，斯隆创立了广泛适应的事业部制；尤其是泰勒的“科学管理理论”走向成熟并普遍推广，使管理理论研究走上科学的轨道，成为管理学产生的标志，也使社会化的“管理运动”圆满完成了历史使命。100 多年以来，管理运动时期所确立的现代企业制度、组织结构以及一系列管理规则在经历沧桑巨变后仍然充满生机与活力，管理运动中所研究的问题已经遍及现代管理的各个方面。“管理运动”奠定了现代管理的基础。

——1903 年泰勒的科学管理理论形成，它将科学化、标准化引入管理，更重要的是泰勒所倡导的精神革命，这是实施科学管理的核心问题。科学管理是一场重大的精神变革，每个人都要对工作、对同事建立起责任观念；每个人都要有很强的敬业心和事业心。

——1907 年吉尔布雷思夫妇所做的动作研究表明，通过有效的训练，采用合理的工作方法，改善环境和工具，可使工人的潜力得到充分发挥，并保持良好的心理状态。人们可以根据他的工作成果制定出更好的动作模式，从而提高生产率，并以此建立健全激励报酬制度。

——1916 年法约尔的一般管理理论从经营职能中独立出管理活动，提出管理活动所需的五大职能和 14 条管理原则，这三个方面也是其一般管理理论的核心。

——1933 年梅奥的人际关系理论认为，管理不仅是对物质生产力的管理，更重要的是对有思想、有感情的人的管理。人的价值是无法估量的，是社会上最宝贵的资源，是生产力最耀眼的明珠。

——1938 年巴纳德的系统组织理论认为，传统的组织偏重于非正式组织和非结构化的决策与沟通机制，目标也是隐含的，要将其改造为现代组织，就必须明确组织的目标、权力结构和决策机制，明确组织的动力结构即激励机制，明确组织内部的信息沟通机制，这三个方面是现代组织的柱石。同时在转变的过程中，要充分考虑利用非正式组织的力量。

——1956 年斯金纳的强化理论有助于对人们行为的理解和引导，因为一种行为必然会有后果，而这些后果在一定程度上会决定这种行为在将来是否重复发生。

——1965 年西肖尔的组织效能评价标准：对组织效能进行综合评价的层次系统，以及评价过程中要有行为学指标等思想。

——1965 年菲德勒的权变管理思想认为，并不存在着一种绝对的最好成绩的领导形态，企业领导者必须具有适应力，自行适应变化的情境，同时也提示管理层必须根据实际情况选用合适的领导者。

——1966年麦克利兰的成就动机理论认为，首先在人员的选拔和安置上，通过测量和评价一个人动机体系的特征对于如何分派工作和安排职位有重要的意义；其次由于具有不同需要的人需要不同的激励方式，了解员工的需要与动机有利于合理建立激励机制；再次动机是可以训练和激发的，因此可以训练和提高员工的成就动机，以提高生产率。

——1990年圣吉的学习型组织理论认为，在新经济背景下，企业要持续发展，必须增强企业的整体能力，提高整体素质。也就是说，企业的发展不能再只靠像福特、斯隆、沃森那样伟大的领导者运筹帷幄、指挥全局，未来真正出色的企业将是能够设法使各阶层人员全新投入并有能力不断学习的组织——学习型组织。

——1993年哈默的企业再造理论认为，应以工作流程为中心，重新设计企业的经营、管理及运作方式。为了适应新的竞争环境，企业必须摈弃已成惯例的运营模式和工作方法，以工作流程为中心，重新设计企业的经营、管理及运营方式。

以上管理学理论应该说都有影响，加上很多人提出的质量管理理念以及精益管理理念等都可以作为精细化管理的理论来源。本质上说，我国越过了资本主义的社会形态，但无法越过工业化阶段的管理基础和社会发展基础，在管理上需要弥补夯实企业基础管理的课程。这就是我国很多企业引入国外先进的管理理念，但实施效果很差，或者说与预设目标大相径庭的原因。在这种背景下，结合工业化实践的管理学理论基础，并有现代工具、方法的特殊管理模式——精细化管理模式就产生和形成了。

其实，精细化管理强调动作分解、责任分解，强调效率提升，把泰勒科学管理当成其理论来源；强调全员参与、控制管理等，把戴明当成其理论先驱；强调持续改进、精准恰当与适时等，把精益管理工具当做精细管理工具等。所谓的精细化管理模式强调细节与流程，融合了科学管理、质量意识、精益管理的理念与方法，也融合了目标管理、流程管理、权变管理等相关理论和方法。问题在于精细化管理强调的是什么，某个阶段的社会需求是什么。

实际上，精细化管理模式既不先进，也不落后，不过是适应当前我国企业管理需求的一种管理模式。我国社会还没有在观念上完成工业化阶段的转变，企业内部各种理念、观念等相冲突。精细化管理逐渐形成自己的理念、意识体系，规则标准系统，方法工具系统，具有一个企业管理模式的基础，根本在于在某种程度上能够对现阶段人们观念的变化产生影响，也能融合中华传统文化的要素。本质上，精细化管理是一种本土化的管理模式，是把东西方思想、理念以及传统与工业化、信息化的管理方式工具融合起来的管理模式，能够获得普遍接受。从这个意义上看，很多人说的我国未来十年是精细化管理的十年，也许并不为过。

但目前的精细化管理模式并不成熟，很多内容相对欠缺。综观目前比较流行的精细化管理书籍、文献等，精细化的框架仍然不过是以前规范化管理的那一套，问题不在于结构相同与相似，在于规则、标准与方法不匹配，理念与规则、标准不匹配等。从这个角度看，需要认真研究日美等国出版的精益管理专著、六西格玛专著，明确理念、意识与规则、工具方法融合和匹配的一致性要求。

1.2.2 我国企业实施精细化管理的原因

前面谈到，海外企业管理过程中可能有很多环节、过程与精细化管理相似，但没有一个企业把精细化管理当做一个管理项目实施，只有我国的企业才实施精细化管理项目，原因何在？可以随手选择一些出版物的观点，例如：企业竞争进入精细化时代需要精细化管理；追求卓越、追求完美需要精细化管理；市场分工越来越细需要精细化管理；企业内部复杂性需要进行精细化管理；实施精细化管理是企业科学发展的要求等。

其实，所有这些都不是理由，也不能成为必然性的理由。实际上，世界上的企业所面对的竞争形势、环境是一样的，面对的竞争规则、法则也是一样的。很多企业因为竞争失败而消失，有很多企业因为抓住环境变化所带来的机遇而快速成长起来，也有很多企业因为能够进行组织、流程变革而适应环境的变化，因此不能把我国企业的现在和未来拔得太高。那为什么只有我国企业在实施精细化管理项目呢？原因主要有以下三个方面。

1.2.2.1 我国企业管理的社会环境问题

国内企业面对比成熟市场经济环境下的企业更为复杂的社会环境，企业尤其是企业管理层必须建立起有效的社会资本网络。有资料表明，国内企业管理层有60%以上的时间要处理与政府部门、相关单位的关系，真正用于企业内部管理的时间不到1/3。在这种复杂环境下，企业管理层总是希望通过某种适合的管理方式、模式来解决企业的管理问题，提升企业运营效率。其实这些企业管理层关注的是精细化管理的结果控制，关注的是员工操作与流程运行的监督控制，应该说是有选择性地实施精细化管理项目。我国企业乃至我国社会的实用主义倾向相当浓厚，实用主义、功利主义的价值观导致实施精细化管理的效果大打折扣。应该看到，国内不管是煤炭行业、冶金行业、烟草行业、电力行业、电信行业、通讯行业还是民营企业主导的精细化工行业、电子行业等，很多实施精细化管理项目的企业尽管声称取得很大经验，效果显著，但企业还是老样：运行效率没有变化，运行效益没有变化，管理基础没有变化。这方面最明显的是煤炭行业，这几年由于煤炭价格不断上扬，企业积累了丰厚的利润，于是纷纷引进各类管理模式、手段，但基本上实施包括精细化管理在内各类管理项目的效果非常不佳，尤其是管理基础没任何变化。有时候感觉非常奇怪，为什么包括煤炭开采在内的采掘企业那么热衷精细化管理？其实，应该说，这些企业都急于摆脱以往粗放式经营、管理的局面，希望给人耳目一新的形象。但是，理念没变，外在的形式做得多了，结果按照鲁迅的说法，形象不自觉地也发生变化。

还可看到我国企业界运用管理模式的一个现象：那些国际化程度较高，或者较早进入国际化市场参与竞争的国内企业，无论国企、民企，大都直接采用国外比较成熟的管理模式，例如中兴通讯的六西格玛管理、海尔的精益管理等，而资源类企业、完全国内市场竞争的企业等采用本土化管理模式的居多，这个现象值得深思，也是很有意思的。

1.2.2.2 我国企业管理的理念问题

前面已经说过，我国社会还没形成达到或者迈过工业化初始阶段的观念和意识，需要通过工业化来进行观念、意识的改变。这样，现代先进实践下总结出的管理理念、方法才能在我国企业落地。目前我国企业处于观念、意识变革的冲突期。其实，我国企业家这个阶层绝大部分已经完全具备现代工业文明下的管理意识、管理理念，但企业的中间管理层，尤其是基层管理人员、企业操作性员工的意识、观念仍然没有改变，工作主动意识、责任承担意识、团队合作意识、规则意识等都没完全形成或建立起来，必然在管理上产生各类冲突，导致效率损失。实际上，精细化管理正好是个衔接，通过实施精细化管理项目达到企业各个层级的观念、意识变革，与信息化时代的竞争环境协调，适应信息化时代的竞争环境要求。

1.2.2.3 我国企业发展阶段以及管理基础问题

我国企业跨越式接受工业化国家的很多先进管理理论，例如流程再造、平衡记分卡等，但由于我国企业发展阶段以及对应的管理基础仍然处于工业化初始阶段，先进的管理理论、工具、方法与落后的管理理念、意识以及管理基础往往发生冲突，换句话说，实行先进管理理论、管理方法、管理模式的基础条件并不成熟，尤其是意识、观念，例如 ERP 管理，国内没几个企业能说成功，能说达到预设目标要求。我国企业还处于工业化初期的观念、意识变革阶段，基础管理水平仍然处于提升、改变过程中。从这一点出发可以理解，精细化管理的理论来源之一是泰勒的科学管理，毕竟在很多方面，尤其是在企业基础管理、意识与理念方面还处于科学管理阶段上。

泰勒的科学管理的根本目的是谋求最高效率，而最高的工作效率是雇主和雇员达到共同富裕的基础，使较高工资和较低的劳动成本统一起来，从而扩大再生产，促进生产的发展。达到最高工作效率的重要手段是用科学化、标准化的管理方法代替旧的经验管理，为此泰勒提出一些基本的、标准化的管理制度。科学管理不仅仅是将科学化、标准化引入管理，更重要的是泰勒所倡导的精神革命，这是实施科学管理的核心问题。许多人认为雇主和雇员的根本利益是对立的，而泰勒所提的科学管理却恰恰相反，其相信双方的利益是一致的。对于雇主而言，追求的不仅是利润，更重要的是事业的发展，而正是事业使雇主和雇员联系在一起。事业的发展不仅会给雇员带来较丰厚的工资，而且更意味着充分发挥其个人潜质，满足自我实现的需要。只有雇主和雇员双方互相协作，才会达到较高的绩效水平，这种合作观念非常重要。正像1912年泰勒在美国众议院特别委员会听证会上所作的证词中强调的，科学管理是一场重大的精神变革，每个人都要对工作、对同事建立起责任观念；每个人都要有很强的敬业心和事业心。这样雇主和雇员都把注意力从利润分配转移到增加利润数量上来。当双方友好合作，互相帮助以代替对抗和斗争时，通过双方共同的努力，就能够生产出比过去更大的利润来，从而使雇员提高工资，获得较高的满意度，使雇主的利润增加起来，使企业规模扩大。在当今，精神革命的实质就是通过合作将蛋糕做大，否则只能在沉默中死亡。其实，这正是一种意识、一种理念。我国的企业缺少的正是这种理念、意识。有人认为，精细化管理是在深入分析我国企业面临的现实挑战的基础上，系统整合国外的科学管理理论以及现代管理理论提出的思想和理论。应该说，这种说法比较公允，不管是整合还是糅合、捏合，总之是致力于解决大量我国企业共同面临的突出问题，希望能系统提升我国企业的基础管理水平。从这个角度来说，精细化管理是当前大多数我国企业的必然选择，必经之路，也是唯一选择。毕竟严格的精益管理搞不来，只能是本土化的精细化管理最为实用和有效。

1.2.3 我国企业管理存在的问题与精细化管理实施误区

1.2.3.1 目前国内企业管理存在的问题

著名趋势学家、美国宾夕法尼亚大学教授杰里米·里夫金的《第三次工业革命——新经济模式如何改变世界》再次勾勒出“第三次工业革命”令人震撼的图景。当今世界经济形式发生了深刻的变化，第三次工业革命改变世界的未来，也使企业竞争的形势、格局发生巨大的变化。由于新的产业革命是以信息技术和能源技术融合为特征，生产正在走出大批量制造和流水线式的规模生产，这使得生产成本不再是决定企业成本的关键因素，终端产品的竞争优势来源也不再是同质产品的低价格竞争，而是通过更灵活、更经济的新制造装备生产更具个性化的、更高附加值的产品，这对于凭借低要素成本实现大规模生产同质产品的我国企业来说，将是极大的挑战。企业怎么才能在这种激烈变化的竞争环境中存续和发展？一个核心的问题是，任何企业必须具有可持续的竞争能力与竞争优势。美国的战略管理专家提出企业要建立的优势共性有三条，即企业要有高质量的优势，要有低成本的优势，要有快速反应的优势。

企业要形成上述三条优势，其内部管理必须高效、有效。我国台湾一名管理专家曾经提出，大陆企业管理存在着 12 个问题，例如管理中摸着石头过河、有效沟通不畅、有效授权困难、人治与法治分不清、管理方法八仙过海、以我为本等。其实，从我国绝大多数企业管理现状来看，主要的问题在于基础管理不扎实、企业人员责任意识不强、企业员工积极性没有有效调动起来。具体来说，我国绝大多数企业管理中存在的问题主要表现在以下方面。

（1）经验主义的管理。国内很多企业家或企业管理者非常迷信自己过往成功的经验，对经验过于自信，把这种经验持续地应用到企业运营管理中，而且对经验与创新的理解往往形而上学，忘了经验所处的环境已经发生改变。经验是有用的，但其有用性是有条件的，无视经验所发生作用的条件，唯经验是从，以为一个经验可以放之四海而皆准，就是经验主义。这些企业家或企业管理者很少进行理论学习，对企业不是通过规范、制度等进行管理，企业规范化管理程度较低。现实社会输在过分相信曾经成功经验上的大企业很多，中小企业就更多。

（2）功利主义的管理。照搬国外企业和国内优秀企业成功的经验，不管什么管理模式、方法等，只要认为有用有利。照搬其他企业成功的经营模式、管理模式，拿来就行，以为这样就可以一劳永逸地解决企业所有管理问题。近年来，流行于国内的经营及管理模式有多元化经营、OEM、连锁加盟、联营并购、上市、零收购、深度分销、管理者收购、管理扁平化，供应链管理、ERP、执行力理论、平衡记分卡、战略管理、流程管理、绩效管理等，被很多企业引进，而且是不加改变地引进。它们或许对某些企业带来了积极的作用，但多数随潮流而动的企业在运用这些经营模式或管理模式后的成果并不让人乐观。即使碰到偶尔有失败者著书立说告诫，希望人们克服表面上的效仿，进行系统客观的对象性研究，但仍然难以阻挡人们对这些新名词的热衷，并总是在形式上徘徊不前。

（3）形式主义的管理。国内很多企业似乎在管理上总是赶时髦，纷纷引进时髦的管理理论、管理手段以及管理模式等，对企业基础管理视而不见，总以为时髦的管理内容能够解决企业中所有管理问题，能解决企业运营中的所有问题。例如 ISO9000 的引入不在于改善企业运营质量，提升企业产品服务质量，而是编写复杂的质量管理体系文件；企业绩效管理演变为期末填写考核表格的形式过场。企业注重表象，而忽略管理最应尊崇的本质，其结局就是虽然投入了大量的资源，却始终得不到当初设计的效果，甚至导致基础管理失效。管理中形式主义的问题出在管理层面，是管理者自身思想和行为的结果，员工无非是其思想的执行者而已。

（4）命令主义的管理。这种形式的管理强调企业管理者的意志，企业的任何行为、活动唯企业管理者的意志而行，迎合管理者的需求和偏好，企业所形成的制度体系、规范规则可以因管理者的意志而发生改变，企业领导者的个人意志就代表管理的方向。一方面，企业制定了许多规章制度，但结果却是“上有政策、下有对策”，好的制度总是无法得以贯彻实施，根源在于企业管理者有着浓重的“人治”思想；另一方面，企业管理者以个人意志代替企业管理，管理者的想法和思想就是企业文化，形成绝对权威；再者，很多企业根据企业管理者的意图来制定制度，随意性很强，制度执行表现出等级性，规章制度朝令夕改。

1.2.3.2 国内企业实施精细化管理的误区

推行精细化管理的误区，其实与我国企业界实施现代化管理的误区是一样的，问题多多。

（1）形式主义严重。首先是组织机构的设置——成立领导小组并下设办公室，然后就是大张旗鼓地宣传，内刊、墙报、宣传栏、领导讲话等有机会就说，有的还以“精细化管理年”的方式强调，但精细化管理是什么、怎么做则语焉不详，也很少讨论具体的方法、工具、切入点、计划进度等。往往是热热闹闹搞形式，轰轰烈烈走过场。

（2）不从系统着手。把精细化管理解释成一点一滴的细节，甚至把精细化管理概括成若干个“精”加若干个“细”（其实，这应该是咨询师或社会讲师的功劳，几精几细，精和细结合），对作为系统工程的管理进行肢解。头痛医头脚痛医脚，按下葫芦起了瓢。一旦有了局部的效果就更加坚定了固有的认识，就可能养成见树木不见森林的习惯，既不能发现问题的本质，也不可能找到解决问题的根本。

（3）未能解放员工。由于认识不完整，精细化管理变成简单地提高所有工作的标准，员工的压力越来越大，甚至工作量迅速加大到难以接受，组织中形成上面以精细化管理的口号给下面无限加压，下面觉得这样越来越难以忍受或付出与收益不对称而强烈抵制。精细化管理不能成为解放管理者和劳动者的科学管理，势必会形成决策者和执行者之间的对立，使工作不可能有效地推进下去。

（4）过于依赖领导。由于领导（特别是主要领导）个人管理风格比较强调深入、细化、完美，于是整个组织有了提出精细化管理的动因。在展开过程中，也就更多地依靠少数领导的高关注度，基层因为不想让领导不满意也就有了一些行动上的响应，有的更因为考核的加强而不得不表现出起色，但如此一来，反而强化了人治的管理氛围，使得这种“个性化”的所谓精细化管理不伦不类，甚至离科学管理都越来越远。

实际上，国内企业还是“人治”，效率表现在精明领导的意识里。问题就在于企业领导的观念、意识仍然是传统管理的内容，所以即使再好的管理模式、方式、手段、工具，如果不能与企业领导意识契合，那么实施起来难度很大，效果绝对不会好。所以，以上所有的误区其实是观念、理念误区，尤其是领导的观念、理念误区。

1.3 精细化管理与其他管理模式的关系

精细化管理是我国本土化的管理模式，不仅融合了中国传统文化中与工业化具有一致性的理念要素，重要的是糅合了工业化国家先进的工业化理念、要素以及管理方法、工具，把现代技术也融合到体系或模式中。某种程度上说，精细化管理是一种管理上的整合者角色：强化企业的基础管理与规范化管理，以科学管理的理念、意识强化国内企业的规则管理、标准管理，同时把现代工业化体系下的质量管理体系（ISO 体系）、六西格玛管理、精益管理、流程管理等的方法、工具融合起来。在形成自己的理念、意识体系之后，精细化管理需要着手对国内企业已经运行的一些管理体系进行整合，是横向整合，而不是沿袭以前的只是对企业的职能搞精细化。横向整合的方法是把有利于本模式的其他模式中的规则、方法甚至理念融合进来（当然核心理念除外），拓展本模式的应用范围与发展空间。具体怎么整合和融合，应结合企业管理实践，而不是理论推演。同时，精细化管理要想成为未来十年我国企业的必需管理模式，或精细化为未来十年的必经之路，不能总是搞那些五精六细，精细化是细化、精化，是细节化管理，是战略的精细化、人力资源的精细化等之类的事情。理念导入都成问题，更不要说实际操作。

精细化管理如何整合其他管理体系的理念、规则、标准与方法、工具，精细化管理究竟是什么样的体系、架构，其核心理念与主要规则、标准是什么，这是一个很大的课题，同时也需要在实践中解决。

【案例1-4】 张国祥：企业规范化管理之精细化管理

看到这个题目，我有点惶惑。精细化管理是一种理念，还是一个体系，我真搞不清楚。我也了解了几个主讲精细化管理的专家的课程大纲，结果更让我惶惑。有人以5S管理为精细化管理的基石，有人以某一企业的案例为模板解读精细化，也有人以丰田管理为中心演绎精细化，当然影响最大的是汪先生的《细节决定成败》，似乎精细化就是汪先生首创的。搞规范化管理的权威专家则认为，精细化管理是一种理念，落实它的还是要靠规范化管理的技术和方法。

管理有法，但无定法。其实摒弃门户之见，精细化也好，规范化也罢，能解决问题就好。细节决定成败是用语绝对了一点，但如果加上若干定语，细节影响成败还是说得过去的。我从军工企业出来，知道在某些环节“差之毫厘，谬以千里”所言非虚。如果管理能够从目标入手，在细节上落实，可能会比较全面一点。

有人对精细化的定义是：精细化是一种意识、一种观念、一种认真的态度、一种精益求精的文化。

有人提出精细化管理方法就是：简单化、流程化、定量化、信息化。

有人提出精细化管理有三大原则：(1) 注重细节；(2) 立足专业；(3) 科学量化。

有人说精细化管理要求在企业管理中多用“数学”：重点是关注细节、数据、工具！少用或不用“语文”。

看得多了，我感觉到精细化就是一个筐，你想往里装什么都行。只要你重视细节就行。总之，认为精细化是理念的占多数，认为精细化是方法的也不少，还有认为精细化是一种文化的也有一定比例。前面的都有道理，说精细化是一种文化就让人匪夷所思了。什么文化？谁的文化？没有不依附于实体而独立存在的文化，这是常识。

最后我认为，精细化管理是一种理念最恰当。不论是流程化、信息化，还是专业化、系统化都不是精细化所独有，只有专注于细节，把细节作用夸大到极点是精细化所独有的。精细化管理可取之处有下面三个方面：

(1) 化繁为简，专注细节。化繁为简是管理追求的永恒主题，但是管理不能简单化。任何企业任何时候，都不该忘记管理的本质就是提高人的积极性，提高办事效率和效益。在目标明确、方向正确的前提下，细节把握得越准、控制得越严，就可以说越有成效。

(2) 流程管理，控制细节。不可否认，流程管理正越来越受到重视，控制细节没有系统的流程优化设计，就谈不上“控制”。流程管理的最大好处在于系统分析了企业运行的所有事务工作，对企业各项工作之间的相互衔接做出了非常具体的界定，让管理者不再茫然无序，让员工不再不知所措。

(3) 细节入手，培养习惯。我们知道“习惯成自然”，如果高效而又标准的作业方式能变成工作习惯，那该多好。培训好习惯，请从细节入手。

从来没有最好的管理，只有合适的管理。就像世上没有最好的药一样，能治好你病的药才是好药。任何管理理论、管理方法都必须适合企业的实际，更要适合管理者的水平，能为你所用，你能运用自如，就是好的理念和好的方法。千万别重蹈邯郸学步的覆辙。

1.3.1 精细化管理与ISO管理

ISO9000:2000质量管理体系提出八项质量管理原则：关注顾客、领导作用、全员参与、过程方法、管理的系统方法、持续改进、基于事实的决策、互利的供方关系。应该说，这八项原则融合工业化阶段以及后工业化阶段企业成功运营的关注重点、工作方法以及正确处理各种利益关系的准则，其意义远远超过质量管理本身的范围。精细化管理是什么？是企业通过目标、流程、组织责任以及现场的运营分析，对管理与效率的一种追求，核心在于柔性、敏捷适应市场需求基础上的运营成本降低与运营效率提升。ISO9001 中的管理原则与精细化管理的追求完全一致。

1.3.1.1 以顾客中心

这是任何现代管理模式一致的要求，企业是依赖于市场与顾客，必须理解顾客与市场当下需求与未来需求，超越客户期望，在此基础上安排运营活动，并开展管理活动。在企业运营活动中，失去市场与顾客，企业就失去发展的动力，客户关系到企业在市场中的发展战略定位与发展目标，企业是否能够持续发展以及持续发展的依据都在客户，在市场，在现在的顾客与潜在的顾客，在顾客现在的期望以及未开发的期望。管理与运营的目的在于主动、快速抓住市场与客户。精细化管理不可能不关注市场，否则这种管理没任何价值。

精细化管理在什么角度、什么方面采取什么措施、方法等去关注顾客需求？可考虑如下方面：

（1）调查、识别并理解顾客的需求；

（2）确保客户需求、期望与企业目标结合；

（3）确保整个企业内沟通顾客的期望与需求；

（4）测量顾客的满意程度，并根据结果采取相对措施；

（5）系统管理企业与顾客的关系。

以上问题怎么融合到精细化管理的原则、标准中，进一步通过什么路径、方式贯彻到目标、流程、组织权责中，进而落实到班组日常活动与现场管理活动中，这些是仍需探讨的问题。

1.3.1.2 领导作用

不论中外企业，领导者始终是企业持续发展的关键因素，尤其是国内企业，领导者决定企业成败与衰落。企业领导者是企业运营活动的中枢，确立企业统一的宗旨与方向，在创造和保持员工充分参与和实现企业目标的内部环境方面发挥决定性作用。对于包括 ISO9000、精细化管理在内的管理活动来说，领导者不能置身于体系外。精细化管理项目不是只给操作性员工制定管理标准与约束标准。很多人认为，我国企业乃至我国社会缺乏执行力，其实这是误区。问题在于我国社会包括企业组织的管理者总是把自己排除在规则、标准之外，所以破坏了整个系统的运行法则，导致表面“执行”的力量不够。精细化管理在体系内可通过如下方式强化企业领导者的领导作用：

（1）领导的职能职责；

（2）领导如何履行职责，如何执行规则；

（3）为员工创造一个企业与员工共同发展的环境。

1.3.1.3 全员参与

企业提供的产品与服务是由企业员工都参与到运营活动中而形成的，如果不是企业全员参与，每个人的积极参与和主动工作、主动承担责任，企业运营不可能取得绩效。从质量管理角度来说，员工的积极性、主动性和创造性的充分发挥，员工素质的全面发展与提升，是质量管理取得实效的前提条件。实际上，从企业运营与行为科学角度来看，全员参与能满足员工的自我成就愿望，当企业和员工之间的需求相互得到满足，员工在心理上就会得到信任感，从而激发其聪明才智和创新精神，为企业带来更大经济或者社会效益。其实，在现代管理学发展过程中，闵斯特伯格的工业心理学、梅奥的人际关系理论、马斯洛的需要层次论、斯金纳的强化理论、亚当斯的公平理论、赫茨伯格的双因素激励理论、麦克利兰的成就动机理论、弗鲁姆的期望理论等都非常关注企业员工积极性与创造性的发挥。基本上现在流行的企业管理理论都强调全员参与，精细化管理通过以下几个方面来落实这个规则与要求：

（1）企业中的每个员工是否了解自身的贡献度以及组织角色；

（2）如何贯彻员工的主动工作意识以及主动承担责任的意识；

（3）企业中的每个员工如何根据活动结果与规则标准评价业绩；

（4）企业员工如何寻找机会增强自身能力、知识与经验；

（5）企业通过什么规则落实上述保证活动。

1.3.1.4 过程方法

实际上，精细管理在很多人看来，不过是一种理念、一种意识，原因在于缺少规则、标准，缺少方法、工具，即使有部分规则、标准也不能与精细化管理理念有机融合。换句话说，某种工具、方法并不是在精细化管理中特别有用，不可缺少；离开某种规则、标准，精细化管理还是有所谓的“化繁为简、专注细节”的理念，细节成为精细化管理的唯一和至上要求。ISO9000 特别强调质量管理原则中的过程方法，这是值得精细化管理借鉴的。企业是一组输入转换为输出的活动集合，为了使企业有效完成这些活动，必须识别和管理很多相互关联和相互作用的过程与活动，或者是流程。一个流程或过程的输出直接转换为另一流程的输入，系统识别和管理企业内应用的过程，特别是这些过程之间的相互作用，就是过程方法。现代企业管理关注的不仅仅是输出本身，更重要的是关注转换过程与转换效率，所以过程、流程、细节成为管理中的关注点。过程方法就是能系统地识别企业的各个活动过程、相关资源、运行接口与相互作用，并把相关资源与活动作为过程进行管理，以获得高效和期望的结果。那么，精细化管理如何强调这种过程方法，把过程资源与过程流动结合，以市场需求与期望为投入，以获得社会、市场满足的产品、服务为产出？例如，如何识别企业的流程；如何分析企业运营过程；如何过程控制。这也是需要探讨的问题。

1.3.1.5 管理的系统方法

在质量管理中运用的系统方法是把质量管理体系当做一个大系统，对其中各个子系统和过程加以识别、理解和管理，以期通过各个子系统的协同作用和相互促进，使总体效应大于各个子系统之和，从而企业提高实现目标的有效性和效率。那么对于精细化管理来说，是不是需要借鉴这种理念，充分理解企业各类管理活动是如何运作的，各个过程内在的相互依存关系如何，如何通过系统工作和管理方法，使得企业整体运营效率提升，效益最佳。管理的系统方法是精细化管理能否成为一个模式、体系的核心。不能想当然地认为企业未来发展就需要精细化管理、精细化是企业未来管理的必由之路等。问题在于精细化管理为企业带来什么，创造什么，需要通过方法工具，而且是系统的方法与工具。精细化管理如何建立一个体系，以最佳效果和最高效率实现企业目标；如何理解体系内各过程之间的相互关系；如何更好理解为实现企业共同目标所必需的责任和作用，减少运营障碍；如何在设定目标基础上，确定并管理体系中的特殊活动。这些问题需要研究。

1.3.1.6 持续改进

企业要把产品、过程和体系的改进作为企业内每个员工的目标，持续改进不仅是企业质量管理体系的目标，也是所有企业管理模式的目标。企业要在复杂多变的市场环境中立于不败之地，必须持续不断地改进产品和服务质量，持续不断地改进企业管理活动，优化企业内部运营流程，提升企业管理质量和效果，降低企业运行成本，让顾客满意、员工满意、股东满意、社会满意。企业的持续改进与质量追求是个永不止境的过程，正如很多人认为精细化管理的细节追求是个永不满足的过程一样。实际上，企业的持续改进应该作为一个战略和目标，贯彻到企业的各类活动中，致力于提升企业运营效率。精细化管理如何贯彻企业持续改进的原则和理念；如何内化为其基本原则；如何在精细化管理中确定持续改进的原则和方针；如何改进的方法与工具。这些问题也需要研究。

1.3.1.7 基于事实的决策方法

精细化管理是用来调整产品、服务和运营过程的技术方法，以专业化为前提、系统化为保证、数据化为标准、信息化为手段，那么专业化、系统化、信息化、数据化如何贯彻到体系中，以什么方式进行，如果没有方式方法的保证，精细化管理的这个界定没有任何意义，最后的结果还是精细化不过是一种理念、说教而已。可以借鉴质量管理体系的第七个原则：基于事实的决策方法。企业质量管理的有效性之一就表现在数据的准确和信息流的畅通。要保证数据和信息充分可靠，并采用正确的方法分析数据和信息，然后根据对实施的分析，加上经验和判断，做出决策和采取行动。

以上七个准则，加上互利的供方关系准则，对于一个企业建立和完善质量管理体系至关重要，其实对精细化管理的发展、完善也是至关重要，问题在于如何整合，整合的方式与内容。

1.3.2 精细化管理与流程管理

根据ISO9000标准给出的定义，流程是一组将输入转化为输出的相互关联作用的活动，流程是规范企业内部门和员工做事的先后顺序问题，可以解决企业跨部门协调配合不力、效率低下等情况，从而提升企业整体运行效率和效益。流程管理（process management）是一种以规范化的构造端到端的卓越业务流程为中心，以持续地提高组织业务绩效为目的的系统化方法，是一个操作性的定位描述，指的是流程分析、流程定义与重定义、资源分配、时间安排、流程质量与效率测评、流程优化等。流程管理是为了客户需求而设计的，因而流程会随着内外环境的变化而需要被优化。企业流程管理主要是对企业内部改革，改变企业职能管理机构重叠、中间层次多、流程不闭环等，使每个流程可从头至尾由一个职能机构管理，做到机构不重叠、业务不重复，达到缩短流程周期、节约运作资本的作用。

现代社会，一方面产品个性化、生产复杂化、企业经营多元化，片面追求分工精细，强调专业化，使企业的整体协调作业过程和对过程的监控日益复杂，管理环节越来越多，管理成本越来越高，结果致使整个企业效率低下，以至于走到了分工原则初始动机的反面；另一方面，高科技的发展，特别是计算机的普及，使简化管理环节成为可能。但在当前，我国企业基本都采用“科层制”的组织结构形式，很多企业都存在横向缺乏沟通协调；沟通渠道冗长，无效环节多，企业运行效率低下；中、低层员工不敢承担责任，导致责任上移，高层忙于日常事务；出现“官本位”现象，中间层利益本位，利益分散，内耗大等问题。需要对流程进行分析、管理、优化。实际上，为了解决这些难题，国内很多企业都进行流程型组织变革，从职能驱动业务向流程驱动业务转型，即在发挥职能型组织优势的同时，利用流程打破部门间的“部门墙”，用流程实现信息、物资以及资金在不同部门或者业务单元之间的流转，从而提升企业运行效率，降低运营成本。

本质上说，精细化管理离不开持续优化的流程。对于企业管理来说，流程是核心要素，流程管理水平的高低将决定一个企业的整体管理水平。通过流程规范化和精细化可以提高业务过程受控程度和工作效率，通过流程可以实现隐性知识显性化，利用企业知识积累和创新，同时提高企业资源合理配置程度。我国企业早已进入国际化市场，市场化程度比较高，企业要在市场上立足，比拼的不仅仅是产品，更重要的是服务，这些都离不开流程的持续优化。流程和细节是精细化管理的两个支点，而且前者比后者更为重要。基于流程的企业运营管理可以提升企业持续竞争能力。

对于企业管理者来说，产品质量是生产出来的，不是检验出来的。企业不同层级的管理者都应关注造成结果的过程而非结果本身，当过程正确时得到的结果自然也就正确。对于产品质量的管理是这样，那么对于企业的管理呢？现在的管理人员进行企业管理的主要手段是各种报表，但报表体现的是管理的结果，并不能体现管理的过程。所以，对于企业的管理也应关注管理的过程，过程正确结果自然正确。而对于企业管理来说，所谓的“过程”就是企业的各种业务流程。管住了流程就等于管住了企业，管好了流程就等于管好了企业，优化了流程就等于优化了企业的管理。现代化的管理首先体现在现代化的业务流程中。业务流程优化不是改变传统的，而是优化现在的、改变不合理的，而且这种改变是一个长期持续的过程，就像GE一样每年都有变动，因为企业经营环境不断变化。企业要不断地优化现有流程，甚至对流程进行再造。

流程决定绩效。企业管理层可以通过动员、强调达到一时效果，但不改变流程及其背后的规则，这种效果是暂时的。流程管理和改进的关键是确定目标和战略，书面化流程，实施流程，确定责任人并定期评估。在此基础上，开发一系列的指标，确保流程按既定方式运作，并与前面讲的按时交货率、质量合格率等挂钩。这样，从流程到绩效，再由绩效反馈到流程，形成一个封闭的管理圈。

要做好企业流程管理，首先需要领导全面支持，只有领导有主动变革的决心和意愿，流程管理的成功才有保证。第二是需要持之以恒的培训，包括管理思想和管理团队的培训，一把手的改革思想逐层传递到员工和真正的改革执行者，使全体员工统一思路，保持一致行动。最后需要发动员工广泛参与。这样保证流程管理获得所需要的资源，同时，也有利于在组织内部传播改革的思想。因为员工是流程的最终执行者，员工的参与有助于及早适应和改进流程。而且，流程管理不可能一步到位，要通过“试点—改进—推广”的多次循环，不断发现问题和做出改进。

流程管理应该成为精细化管理的一个重要内容。但实际上，现在的精细化管理文献更多地关注做事的细节，而不是做事的程序、流程。

（1）精细化管理应该关注流程或把流程内容纳入其中作为一个重点，这是比所谓的细节更为重要的内容。

（2）通过精细化管理提高流程受控程度。

（3）精细化流程本质上是流程优化。

（4）流程管理的工具、方法也可成为精细化管理的工具、方法。

（5）通过流程的优化提高企业运营的效率。

（6）通过制度或规范使隐性知识显性化。

（7）通过流程化管理提高资源合理配置程度。

（8）快速实现管理复制。

1.3.3 精细化管理与规范化管理

精细化管理与规范化管理无论在内容、结构、框架，还是在方法、工具，甚至理念、意识上都具有一致性。

（1）在管理理念上，两者具有一致性。精细化管理的出发点和目的在于建立起我国企业现代化和工业化基础上的企业管理基础，把企业基础管理夯实，无论采用科学管理的方法，还是质量管理的方式等，目的在于推进国内企业的基础管理工作，提升我国企业基础管理水平，本质上是按照规范化要求强化企业基础管理，提升企业运营效率。这与规范化管理的目的、出发点、理念完全一致，只是称呼上有所不同。

（2）在管理规则、标准、准则上，两者具有一致性。精细化管理中的控制措施、控制标准、行为标准、关键控制点等与规范化管理的相关内容基本一致，两者都在于建立一套包含中华传统文化要素的现代化管理标准体系，形成一套带有传统文化中精华因子的、系统的、现代的价值观体系。

（3）从两者的框架、结构上看，两者是一致的。规范化管理体系强调目标、组织结构、战略与规划管理、流程管理、支撑系统管理（人力、财务、后勤）的规范化、制度化，强调决策程序化、考核定量化、组织系统化、权责明晰化、奖惩有据化、目标计划化、业务流程化、措施具体化、行为标准化、控制过程化。实际上，这正是精细化管理也同样强调的内容。两者在框架、结构上完全一致。

总体来看，这种中国式的管理模式可以称为规范化管理体系，也可称为精细化管理体系，两者没有实质差异。

1.3.4 精细化管理与精益管理

精益管理是对丰田生产方式的总结与提升，代表了在众多行业和领域丰富的实践经验和深刻的管理思想。精益管理的本质是通过消除各种形式的浪费，不断提升价值流效率。精益管理的主要内容至少包括以下几个方面：

（1）理念——对浪费的定义和深恶痛绝的态度。除了在制造领域都很熟悉的经典的7种浪费外，在企业经营活动中还普遍存在着如沟通障碍、架构僵化、方向冲突、错误工具、断层、无用信息、等候、知识废弃、过早设置、人力资源和劳动技能等各种形式的浪费。

（2）理念——精益企业文化。站在顾客的立场审视企业活动，力求提高价值流效率；劳资双方的和衷共济，企业内部建立真正的团队；对员工热情追求完美，持续改善、精益求精的理念贯彻到每个人的头脑里。

（3）方法——准时制（JIT）的运作。在适当的时间适当的地点提供适当数量的产品或服务，并且用最少的资源。做到动如脱兔，静如处子。按顾客的需要适时提供适量产品和服务，不早不晚刚刚好。企业的流程标准不僵化，内部流程可因市场变化而更改，对市场的反应更为灵敏和快速。

（4）准则——企业流程的自动化。企业运营机制被设计成能自动识别异常，提示异常，必要时中止操作。特别是在各种重大决策流程，如企业战略、运营体系的调整和设置过程，从一种制衡的角度应该包括风险评估和防范体系以及应急计划和措施。

（5）方法——防呆体系与防错系统。各种操作、流程、体系能有效防止各类容易发生的低级错误，降低各类质量事故和安全事故。

（6）理念与准则、方法——企业运作体现"拉动"思想。企业以市场的反应和顾客的需求为导向，企业内部建立对市场需求的快速反应和拉动机制。企业的发展和运作不是以行政命令为特色，而是更关注人性化管理，用一种"引导"而不是"推动"的方式带领和提高全体员工朝发展方向前进。

以上六条基本概括了精益管理模式的理念、标准和准则、方法，核心在于其理念和思想，可以概述为：由顾客确定产品价值结构、变"成批移动"为"单件流动"、生产由顾客拉动、消除产业价值链上的 Muda（任何没有附加价值的作业，在日本称为 Muda。大野耐一是第一位认出在现场里存在着庞大 Muda 的人。日文的 Muda，是浪费的意思。但是，Muda 还带有更深一层的内涵。工作是由一系列的流程或步骤所构成的。从原材料开始，到最终产品或服务为止，在每一个流程，将价值加入产品内，然后再送到下一个流程。在每一个流程里的人力或机器资源，若不是从事有附加价值的动作，就是进行无附加价值的动作）。

精益管理产生于现代工业生产过程中，是市场的变化引起的一种生产方式与管理方式的变革，适用于已经具备现代生产的价值理念体系的环境下的运营管理。很显然，精细化管理可以借鉴其理念、准则、标准与方法，但精细化管理更主要的适用对象是需要强化基础管理、提升价值理念的生产环境下的企业运营管理。在这种环境下，主动工作、主动承担责任、团队意识、创新意识上没有形成普遍的环境意识，需要不断培育。重要的是管理环境的差异，需要强化的是企业的基础管理工作。

1.4 精细化管理的内容、特征和模块

1.4.1 精细化管理的内容与模块

精细化管理需要落到实处，这样才能成为一种管理模式。所谓的细化、量化

的方法仍然不过是一种理念，是操作性理念，而不是哲学层级的理念。精细化管理需要落实到企业运营所需要的资源以及资源的结合上，形成对人、事以及过程的管理、控制，这就是精细化管理的内容，见图 1-2 和图 1-3。

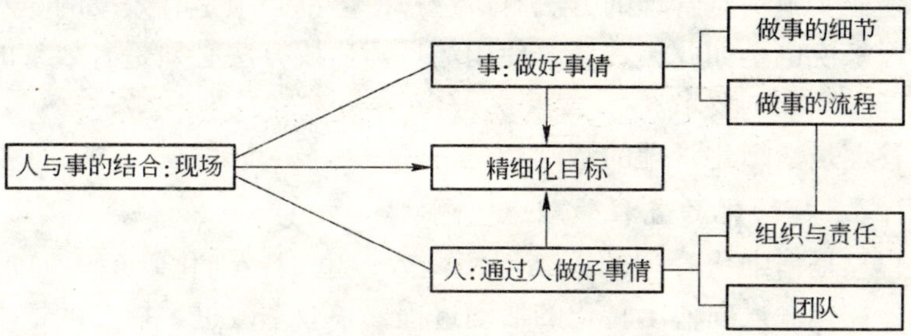

图 1-2　精细化管理内容结构图

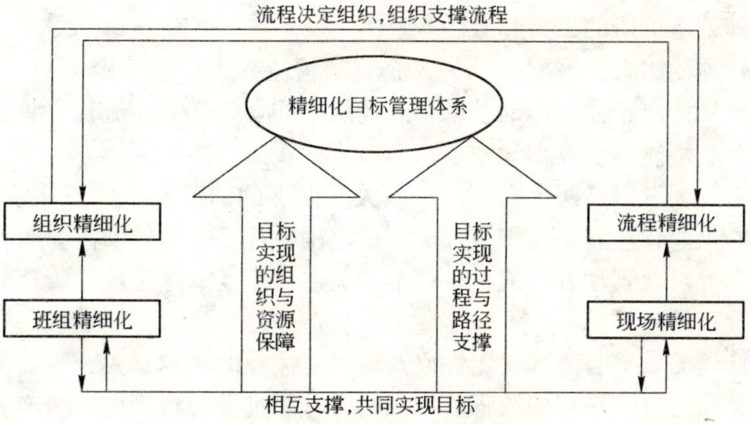

图 1-3　精细化管理内部关系图

由此，通过分析可以了解精细化管理的五个内容。

1.4.1.1　精细化的目标管理

目标是精细化的第一层级，目标是企业开展运营活动的根本，目标驱动着企业采取各类管理活动整合资源，提升资源使用效率，达到价值创造与价值实现的目的。从精细化管理模式的角度来看，目标管理是其他一切管理活动的基础。在这个层级上，可以谈论细化、量化的要求，进而采取或使用一些可以细化、量化的工具与方法。

大野耐一认为，精益管理的目的与目标在于效率与消除 Muda，目标驱动方法与过程，由此，从“顾客决定的产品价值结构”到流程分析，进而到采取一切方法消除过程中的 Muda。大野耐一是在整体目标基础上寻找目标实现的方法与工具。

在整体目标层级上，精细化管理的目标是企业目标。在此层级上通过一系列的行为准则、价值准则等支配、约束，寻找完成任务的方法、手段与工具。企业目标需要组织中的个体与团队的目标同时达成。

不同企业实施精益管理的方法有所选择，但都必须是有效率的。对于精细化的目标管理来说也是如此，选择、使用的目标达成方法必须是有效率的，符合精细化管理理念和准则要求。

目标管理是精细化管理的基础。

1.4.1.2 精细化的流程管理

流程管理是精细化管理的第二层级内容，也是精细化管理中的重要组成部分。分析、优化输入向输出转化的活动过程，是效率改进、提升的根本，资源在这个输入输出转换过程中实现价值转移，流程管理是现代企业最重要的管理课题之一，也是精细化管理必须关注和处理的过程与内容，从宏观层面上来说，也是精细化管理创造价值的工具和方法。

精益管理创始人大野耐一认为，企业运营流程中存在着庞大的Muda，必须优化。流程是任何企业运作的基础，企业所有的业务都需要流程来驱动，优化流程可提升企业整体运营效率和效益。

企业中管理者包括两个内容：一是关注做事的细节，一是关注做事的流程。不同层级的企业管理者关注细节和流程的范围、程度有差异，需要明确流程中的责任、权力等以及管理者与流程、细节的关注对应度。这是流程管理的内容，也是精细化管理的内容。

流程管理的效率与流程稳定性以及环境对流程的影响有关，要确保流程稳定性效率，必须通过一系列的流程管理工具、方法进行流程管理。明确流程的责任者、客户、目的与结果。精细化管理通过对流程进行管理，确保流程稳定运行，从而达到企业运行的目标。流程管理是目标管理的手段和工具，也是实现目标管理的过程基础。

1.4.1.3 精细化的组织管理

组织与结构内容是企业实现目标的保证，组织精细化的内容主要包括以下几方面：

（1）组织与目标、环境的适应性；

（2）组织效率；

（3）组织中的层级划分；

（4）组织的权责；

（5）组织的功能；

（6）组织与流程的匹配性；

（7）组织文化；

（8）组织中的资源。

实际操作中关注的是通过组织管理达到流程稳定性运行，确定组织功能与组织中个体、团队的权责、目标等至关重要。组织是流程有效、稳定运行的制度保证和规则保障。

组织精细化与流程精细化是从属于目标精细化的管理内容。

1.4.1.4　精细化的班组管理

班组是企业所有管理活动与生产运营活动落实的基本单位，是企业最基层的生产管理组织。班组承载着精细化管理的目标内容，是目标落实的指向点。

班组精细化管理使班组在企业中发挥出最大化的效能，确保企业制度及目标的有效执行和落实。班组精细化管理是组织、流程精细化管理的落脚点。

1.4.1.5　精细化的现场管理

现场精细化管理也是组织、流程精细化管理的落脚点，是人与事结合点。

与精细化管理的五个内容相对应，精细化管理有五大模块，分别为目标精细化管理模块、流程精细化管理模块、组织精细化管理模块、班组精细化管理模块、现场精细化管理模块。精细化管理模块图见图1-4。

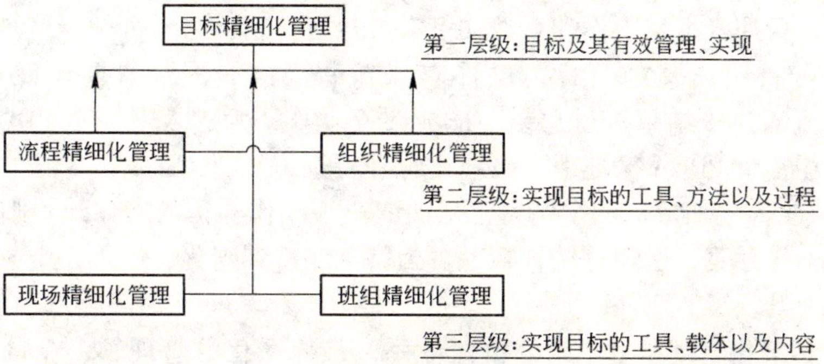

图1-4　精细化管理模块图

1.4.2　精细化管理的特征

精细化管理应该具有以下几个基本特征。

（1）精细化管理必须是专业化的管理。精细化管理强调的“细节”、“精准”等对工作、流程等的管理要求首先体现在“专业”，现代管理必须从侧重操作、凭经验进行管理转变到具有较强专业能力、能以系统的管理方法与管理工具来处理企业问题，实际上这也是现代社会分工日益细化的必然要求。精细化管理强调一个“细”字，不仅体现在责任要求的“细”，流程管理上的“精”与“细”，而且是“过程控制”方面的“细”，这是关键。要控制过程就必须对过程中的每一个动作控制到位，需要执行这些动作的专业能力。专业化是精细化管理的首要条件，管理欠缺专业能力，精细化管理就不可能成功。专业化不只是对管理者的专业能力提出要求——它要求管理者必须持续学习，以提供工作所需要的各种知识，同时也对管理者的工作方式提出了挑战，例如传统的财务管理人员以办公室为办公地点，以核算数据、提交财务报告为主要工作，而精细化管理则要求财务管理人员必须成为财务管理与控制方面的专家，必须用工作中一半以上的时间深入到企业运作的各个环节，了解企业成本流及主要的成本中心，找到成本控制点，以提出可行的成本控制方案。另一方面，精细化管理中的专业化特征还在于同等条件下要想把事情做得精，就必须把有限的资源投入到最能产生效益的事情上去，把有限的精力投入到效益最大的管理活动中，投入到最熟练与具有专业性经验、财富的管理活动中。管理中的专业化是精细化管理的途径。

（2）精细化管理是系统化的管理，强调整体与系统的体系化管理。精细化管理对管理工作提出系统性思维要求，要求管理者将企业视为一个整体而不是分裂开的事物，从全局的角度来思考问题，并发掘发展机会。系统性在企业中具体运用的例子莫过于 PDCA 管理循环。企业管理问题之所以重复存在，一个重要原因在于管理者的工作没有做到很好的衔接，而是处于断裂状态，如同 PDCA 中的管理循环。管理者拟定工作计划，却没有人执行计划；有人执行计划，却没有人检查计划有无偏离预期目标；也许有人监督、检查，但结果往往是只监不“控”，无人对检查结果进行总结，形成改善动作，为进入下一个 PDCA 循环创造条件。在整个 PDCA 循环中，精细化管理特别侧重于“总结/改善”环节，因为“总结/改善”所形成的生产力正是前面三个动作的价值所在，否则，管理行为就无法去伪存真，去粗存精，管理行为就无法得到固化、优化，企业就不能呈现螺旋式上升发展。

（3）精细化管理具有系统的价值体系，是体系化的管理。企业是一个有机整体，对企业进行管理的行为方式、方法等不应该是拼凑起来的、支离破碎的。按照科技哲学家库恩的说法，模式是核心理念加准则、规范与方法，准则、规范与方法是服务于理念体系、价值体系的。精细化管理的核心价值理念在于满足客户价值基础上实现企业价值，精细化管理就是从这一价值理念为指导思想来协调企业组织运行和管理的行为，使企业方方面面的管理方法和技术融合为一个整体，并彼此协调照应。按照规范化管理专家舒化鲁的说法，一套系统的、在企业内部广泛认同的价值观念体系，是构成企业组织自我免疫、自动修复机能的基础。企业组织有了这样一套价值观念体系为企业组织的运行提供指导思想，任何有违于企业发展正道的行为和做法才能被及时纠正，避免不利于企业持续稳定发展的行为和做法。精细化管理正是具有一套为企业员工所认同的价值体系，才能整合企业相关管理方法、工具，形成提升企业运营效率、推进企业发展的管理系统或模式。

（4）精细化管理强调人本管理，注重个体价值实现。精细化管理是在深刻认识人在社会经济活动中的作用的基础上，突出人在管理中的地位，实现以人为中心的管理。第一是依靠员工的管理理念。在生产经营实践中，决定企业发展能力的主要不在于机器设备，而在于人们拥有的知识、智慧、才能和技巧。企业最重要的财富是人，必须树立依靠人的经营理念，通过全体员工的共同努力，去创造企业的辉煌业绩。第二是开发员工的潜能，这是最主要的管理任务。人们通常都潜藏着大量的才智和能力，管理的任务在于如何最大限度地调动人们的积极性，释放其潜藏的能量，让人们以极大的热情和创造力投身到企业价值创造过程之中。第三是尊重每一位员工，这是企业最高的经营宗旨。每一个企业员工都是具有独立人格的人，都有做人的尊严和做人的应有权利，必须充分肯定和尊重每一个员工的工作。不仅尊重每一名员工，更要尊重每一位消费者、每一个用户。第四是在企业内塑造高素质的员工队伍。一支训练有素的员工队伍对企业至关重要。精细化管理强调，企业都应把培育人、不断提高员工的整体素质，作为经常性的任务，尤其是在急剧变化的现代，技术生命周期不断缩短，知识更新速度不断加快，每个人、每个组织都必须不断学习，以适应环境的变化并重新塑造自己。提高员工素质，也就是提高企业的生命力。第五是确保员工的全面发展，这是精细化管理的终极目标。第六是凝聚员工的合力，确保企业有效运营。精细化管理不仅要研究每一个员工的积极性、创造力和素质，还要研究整个企业的凝聚力与向心力，形成整体的强大合力，把企业建设成现代化的有强大竞争力的团队。

1.4.3 精细化管理的步骤

1.4.3.1 运营现状和管理现状评审

“知己知彼，百战不殆”，孙子兵法中的战争原则也适合精细化管理活动的实施。对于企业来说，管理变革本身就是一场战争活动，这里敌方就是管理改进、提升，是精细化管理的目标，而我方是目前的管理与企业运营现状。推行任何一项管理变革或实施一项管理活动，必须首先了解本企业的管理现状以及管理中经常出现的问题，也就是需要对企业的管理现状进行审计，明确将要推行的活动重点以及侧重点，有针对性地解决企业运营中的问题，提升企业运营与管理水平，把握现状，明确目标、理想、定位与现状的差距。

为此，企业在推进精细化管理之前，必须根据精细化管理的基本要求，对企业的管理现状和运营现状进行诊断评论。通过诊断，可以比较客观地掌握企业的整体水平。需要考量的问题大致如下：

（1）迄今为止，企业实施了哪些管理活动以及做过哪些变革，这些变革、管理活动与精细化管理活动在内容上有哪些交叉，是否覆盖相关部分？

（2）这些管理变革以及管理活动在哪些部门实施，实施的时间多长，实施的效果如何，效果好与坏的原因有哪些，解决了管理上的哪些问题？

（3）员工是否能正确对待上述管理活动以及变革的推行，是否理解？

（4）与精细化管理活动在内容上交叉的那些部分员工是否理解，实施效果如何？

（5）企业员工对推行一项新的管理活动是什么态度？

（6）企业是否已经形成、确立起推行或实施精细化管理的三大支柱？

1）企业领导者推行与实施的意愿；

2）企业员工的工作积极性、主动性；

3）精细化管理推行的方法准备。

（7）企业所处的运营与管理水平、阶段。

（8）企业有哪些强项，有哪些薄弱的环节？

（9）在本企业，精细化管理推行的难易度在什么地方？

其实，以上对于企业的审计也就是推行精细化管理前的活动策划，主要内容如下：

（1）采取各种能采取的方式收集相关信息，例如通过内部网络、报刊、会议、建议书等方式收集信息；

（2）记录下管理审计的各种审计或诊断结果；

（3）分析、研究推行或实施精细化管理活动的效果测定方法。

1.4.3.2 精细化管理的推行步骤

在实践活动中，推行精细化管理的步骤根据企业情况不同而有差异。不管理论分析上还是实际做法上的差异有多大，实质内容基本一样。本小节以较通俗的“三阶段，六步骤”介绍精细化管理的推行步骤。

三个阶段分别介绍如下：

（1）准备阶段。首先必须了解什么是精细化管理，通过基础培训了解精细化管理以后，对企业的现状要做对照检查，发现差距，同时在有条件的情况下，通过参观标杆企业，做一个外部交流，横向对比也容易发现不足，发现差距，从而对精细化管理的必要性、紧迫性达成共识，在这个基础上建立企业的推进体制，也就是说企业的精细化管理推行组织应该怎么做，应该明确哪些责任人。

（2）实施评估阶段。这个阶段就是要导入精细化管理。首先通过标准建设、制度建设、流程分析等建构企业的目标管理、流程管理、组织管理、现场管理、班组管理系统，局部试推行；然后全面铺开，全员行动，全面进行改善，通过导入精细化管理发现问题，推动问题解决，而且做到奖优罚劣，推动相关问题的解决，形成一个自主的推动方式。

（3）巩固阶段。固化准则、制度、程序，标准化行为、规范等，做到让员工容易遵守，使员工形成良好的习惯，形成一个自主改善的状态。把这一个过程固化成企业的制度、企业的标准。

六个步骤分别是：成立推行组织，明确职责；精细化管理策划与管理审计；宣传造势、教育训练；全面导入；巩固，纳入日常管理活动；深入，持续改进与提升。

第2章 目标精细化管理的内容与操作

目标精细化是精细化管理的核心内容。企业如果没有目标，就会失去方向；没有目标的精细化管理，企业的目标就很难落地、实现。

2.1 目标精细化管理的依据与分类

目标管理（management by object ，MBO）最早出现于20世纪50年代中期的美国，经过50多年全球企业的实践和丰富，已经发展成为一个完整的管理体系，也成为精细化管理的重要组成部分。根据注重结果的执行力原则，通过由决策者提出组织在一定时期内适应外部环境的企业发展战略总目标，然后由组织内各部门和员工根据总目标确定各自的分目标，并在获得适当资源配置和授权的前提下积极主动为各自的分目标而奋斗。在运行过程中，目标管理以“沟通和教练”为核心，通过上下的“自我控制”，增强组织执行能力，从而使组织的战略目标成功执行。

2.1.1 目标精细化管理的理论依据

目标精细化管理体系的理论依据包括需要理论、强化理论、期望理论和公平理论。

2.1.1.1 需要理论

需要理论主要包括三个理论，即马斯洛的需要层次理论、赫茨伯格的需要双因素理论和麦克利兰的需要动机理论。

马斯洛的需要层次理论认为人的需求有五种层次：（1）生理需要，是个人生存的基本需要，如吃、喝、住等；（2）安全需要，包括心理上与物质上的安全保障，如不受盗窃和威胁，预防危险事故，职业有保障，有社会保险和退休基金等；（3）社交需要，人是社会的一员，需要友谊和群体的归属感，人际交往需要彼此同情互助和赞许；（4）尊重需要，包括要求受到别人的尊重和自己具有内在的自尊心；（5）自我实现需要，指通过自己的努力，实现自己对生活的期望，从而对生活和工作真正感到很有意义。马斯洛的需要层次理论认为，需要是人类内在的、天生的、下意识存在的，而且是按先后顺序发展的，满足了的需要不再是激励因素等。仅当较低层次的需求满足后，人们才会追求高一层次需求的满足。满足需求的愿望对人产生激励作用。马斯洛理论是一些激励理论和领导风格理论的基础。

赫茨伯格的需要双因素理论促使企业管理人员注意工作内容方面因素的重要性，特别是它们同工作丰富化和工作满足的关系。赫茨伯格告诉人们，满足各种需要所引起的激励深度和效果是不一样的。要调动人的积极性，不仅要注意物质利益和工作条件等外部因素，更重要的是要注意工作的安排，量才录用，各得其所，注意对人进行精神鼓励，给予表扬和认可，注意给人以成长、发展、晋升的机会。双因素理论提出对员工的激励效果与“保健因素”和“激励因素”相关。仅注重“保健因素”的提高，对员工并不能产生有效的激励，“激励因素”才能真正起到激励的作用；而且，有了“保健因素”，员工不会产生满意感，而缺少了“保健因素”，员工肯定会产生不满意感。赫茨伯格的需要双因素理论认为，保健因素包括公司政策和管理、技术监督、薪水、工作条件、安全以及人际关系等，而激励因素则包括工作本身、认可、提升、成就、责任等。

麦克利兰的需要动机理论认为个体在工作情境中有三种重要的动机或需要：(1) 成就需要，争取成功，希望做得最好的需要；(2) 权力需要，影响或控制他人且不受他人控制的需要；(3) 亲和需要，建立友好亲密的人际关系的需要。在大量的研究基础上，麦克利兰对成就需要与工作绩效的关系进行了十分有说服力的推断。首先，高成就需要者喜欢能独立负责、可以获得信息反馈和中度冒险的工作环境，他们会从这种环境中获得高度的激励；其次，在大型企业或其他组织中，高成就需要者并不一定就是一个优秀的管理者；再次，亲和需要与权力需要和管理的成功密切相关；最后，可以对员工进行训练来激发他们的成就需要。麦克利兰的动机理论在企业管理中很有应用价值。首先，在人员的选拔和安置上，通过测量和评价一个人动机体系的特征对于如何分派工作和安排职位有重要的意义。其次，由于具有不同需要的人需要不同的激励方式，了解员工的需要与动机有利于合理建立激励机制。再次，麦克利兰认为动机是可以训练和激发的，因此可以训练和提高员工的成就动机，以提高生产率。

2.1.1.2 强化理论

强化理论是美国的心理学家和行为科学家斯金纳等人提出的一种理论。根据强化的性质和目的可把强化分为正强化和负强化。在管理上，正强化就是奖励那些组织上需要的行为，从而加强这种行为；负强化就是惩罚那些与组织不相容的行为，从而削弱这种行为。正强化的方法包括奖金、对成绩的认可、表扬、改善工作条件和人际关系、提升、安排担任挑战性的工作、给予学习和成长的机会等。负强化的方法包括批评、处分、降级等，有时不给予奖励或少给奖励也是一种负强化。强化理论具体应用的一些行为原则如下：

（1）经过强化的行为趋向于重复发生，例如，当某种行为的后果是受人称赞时，就增加了这种行为重复发生的可能性。

（2）要依照强化对象的不同采用不同的强化措施。

（3）小步子前进，分阶段设立目标，并对目标予以明确规定和表述。

（4）及时反馈。要取得最好的激励效果，就应该在行为发生以后尽快采取适当的强化方法。强化理论并不是对职工进行操纵，而是使职工有一个最好的机会在各种明确规定的备选方案中进行选择。因而，强化理论已被广泛地应用在激励和人的行为的改造上。

（5）正强化比负强化更有效。

2.1.1.3 期望理论

期望理论是著名心理学家和行为科学家维克托·弗鲁姆对管理思想的重要贡献。期望理论的基础是：人之所以能够从事某项工作并达成组织目标，是因为这些工作和组织目标会帮助他们达成自己的目标，满足自己某方面的需要。弗鲁姆的期望理论辩证地提出了在进行激励时要处理好三方面的关系，这些也是调动人们工作积极性的三个条件。

（1）努力与绩效的关系。人们总是希望通过一定的努力达到预期的目标，如果个人主观认为达到目标的概率很高，就会有信心，并激发出很强的工作力量，反之如果他认为目标太高，通过努力也不会有很好绩效时，就失去了内在的动力，导致工作消极。

（2）绩效与奖励的关系。人总是希望取得成绩后能够得到奖励，当然这个奖励也是综合的，既包括物质上的，也包括精神上的。如果他认为取得绩效后能得到合理的奖励，就可能产生工作热情，否则就可能没有积极性。

（3）奖励与满足个人需要的关系。对于不同的人，采用同一种奖励办法能满足的需要程度不同，能激发出的工作动力也就不同。

2.1.1.4 公平理论

公平理论又称社会比较理论，是美国行为科学家亚当斯提出来的一种激励理论，侧重于研究工资报酬分配的合理性、公平性及其对职工生产积极性的影响。公平理论的基本观点是：当一个人做出了成绩并取得报酬以后，他不仅关心自己所得报酬的绝对量，而且关心自己所得报酬的相对量。

公平理论重要的启示有：首先，影响激励效果的不仅有报酬的绝对值，还有报酬的相对值。其次，激励时应力求公平，使等式在客观上成立，尽管有主观判断的误差，也不致造成严重的不公平感。再次，在激励过程中应注意对被激励者公平心理的引导，使其树立正确的公平观，一是要认识到绝对的公平是不存在的，二是不要盲目攀比，三是不要按酬付劳，按酬付劳是在公平问题上造成恶性循环的主要杀手。

2.1.2 对目标精细化管理实践的认识

2.1.2.1 目标精细化管理的基本特点

目标精细化管理的特点如下：

（1）参与导向。目标精细化管理是参与管理，上级与下级共同确定目标，目标的实现者同时也是目标的制订者。

（2）系统导向。目标精细化管理用总目标指导分目标，用分目标保证总目标，形成一个目标手段链。

（3）控制导向。目标精细化管理强调自我控制，通过对动机的控制达到对行为的控制。

（4）授权导向。目标精细化管理促使下放过程管理的权力。

（5）结果导向。目标精细化管理注重成果第一的方针。

2.1.2.2 目标精细化管理的要素

目标精细化管理有8个要素，一个优秀的目标精细化管理体系相应要解决好8个问题，见表2-1。

表2-1 目标精细化管理的要素

要 素	解 决 的 问 题
目标是什么	实现目标的中心问题、项目名称
达到什么程度	达到的质、量、状态
谁来完成目标	负责人与参与人
何时完成目标	期限、预定计划表、日程表
怎么办	应采取的措施、手段、方法
如何保证	应给予的资源配备和授权
是否达成了既定目标	对成果的检查、评价
如何对待完成情况	与奖惩安排的挂钩、进入下一轮目标管理循环

2.1.2.3 企业实施目标精细化管理的原因

“明确的目标是成功的开始”，当今企业首要的任务就是确定企业的战略发展目标，然后根据战略目标制订经营目标和经营计划，进而加以实施和控制，使企业生存发展。同时，企业还应该根据内外部环境的变动，适当调整经营目标。另外，对经营目标制订的程序进行有效管理与合理控制，可使企业经营目标更具有可实现性、可执行性。目标精细化管理的本质是绩效价值导向，目标精细化管理使整个企业、各个部门、各个人事先可以有明确量化的指标，事中可以检查考评，事后可以奖罚兑现，实现全面、公平和互动的管理。

（1）目标精细化管理能实现企业全面发展，例如实现远景清晰，管理透明、双向提高、多点控制、公正考核等。

1）目标精细化管理为企业制定发展蓝图，促进“向前进的管理”。

2）通过精细化目标体系明确个人和部门的责权利，消除死角、暗区和交叉带。

3）使个人目标、团体目标和企业目标融为一体，既避免了本位主义，又能集思广益。

4）通过授权和自我管理，既提高了管理者的领导水平，又提高了员工素质。

5）通过人人制定目标，迫使每个人为未来做准备，防止短期行为。

6）通过上下级共同制定精细化目标，便于对目标进行调整及对目标的实施进行控制。

7）精细化目标管理形成一套完善的目标考核体系，从而使员工的实际贡献大小得到如实的评价。

（2）目标精细化管理能实现个人全面发展。

1）挑战精神：能够使得个人自我挑战目标。

2）主动精神：工作不是由他人强加于己，能参与计划和自己管制。

3）创新精神：为了达成目标，还得进行各种创新。

4）认同感：使组织目标与个人目标紧密结合，以增强员工的满足感、积极性和凝聚力。

5）自我评价：在达成目标的过程中，要经常进行自我评价，以利于提高自己的能力。

6）自我实现：达成目标会获得很大的满足感。

7）人际关系：能把人与人之间的关系以“连带感”联结。

2.1.3 目标精细化管理的类型

目标精细化管理的类型因对象职能、管理阶层、作业类别不同而有所区别。

（1）主管中心型和全体员工型。根据推行目标精细化管理的对象范围分为主管中心型和全体员工型。无论什么情况，只在管理阶层实施，就会变成没有手脚、仅有头部的目标管理，产生不了作用。既然要推行，不妨一开始就全员推行。

（2）绩效导向型和能力开发型。绩效导向是以组织为主的做法，能力开发则以人性为主，两者应该加以整合，才是目标管理的真面目。不管是哪一种职能，都必须努力做到两种类型合并实施，但仍要不断调整各项职能所占的分量。一般来说，现场工作中“绩效导向”所占的分量要高，分析工作则应偏重“能力开发”。至于管理者方面，越是上级，越需要提高绩效导向的分量；越是下级，越需要提高能力开发的分量。根据每一个人的职能，视情况需要来决定某一成分的比重。

(3) 业绩主导型和过程主导型。目标精细化管理的最终目的在于业绩，目标管理也称为业绩管理。但目标管理应该不仅追求业绩，同时应重视过程的管理。业绩必须作为一种结果列出来，但业绩的实现在业绩未显现前，要重视并关注过程。业绩主导型和过程主导型并不是对立的，没有业绩的过程是无效的；不经过程的充分酝酿，业绩无从产生。一般来说，对管理阶层采用业绩主导型，而对一般阶层，宜采用过程主导型。

(4) 个人中心型和团队中心型。目标管理不只是以个人为中心，也有以小团队为中心设定目标，而且一般认为小组方式的效果更好。一般说来，在一个工作场所里，分配给每一个人的工作，因人而异的话，就应该采取“个人中心”方式。如果分配给小组的工作，是相同性质的话，就应该采取“小组中心”方式。如果单纯采取以个人为中心，则过去那种互相依赖的不负责体制，就有可能被消灭掉，进而迈向专业化的方向；如果以小组为中心，小团体的好处可以充分发挥出来。

2.1.4 目标精细化管理的基本要求

为了使目标精细化管理能顺利实施，需要遵循以下要求：

(1) 企业精细化目标体系应保持一致性，下级目标要以上级目标为基准，其目标值之和不应低于上级目标，以略高于上级目标为宜。如本部门无法确定与总目标直接相关的目标时，选择本部门的重要工作事项作为目标，并尽量使其与企业总目标挂钩。

(2) 目标的设定应以可量化的工作业绩（结果目标）为主，同时兼顾资质目标并尽量和绩效考核体系的考核指标相一致。

(3) 目标制定的 A-SMART 原则，即认同的、明确的、可衡量的、可达成的、相关性与时限性。目标项目力求明确具体，并作为本年度的工作重点。如属不需努力而能在短时间内完成的工作，不能列为一项目标。

(4) 目标项目不宜过多，以 4~8 项为好，可视具体情况酌情增减。

(5) 目标管理制度是建立在现代人力资源管理体系基础上的，在整个目标管理制度中始终贯穿“以人为本”的管理原则。企业上下职责明确，各司其职，以员工自我管理和自我控制为主，上级只对例外发生的重大问题进行指导和控制。以员工为中心，即员工人人参与管理，并力图使员工的利益与单位利益的一致。

(6) 在目标管理运行中要建立 P(计划)—D(执行)—C(检查)—A(处理;改

进)的PDCA循环，使公司管理始终处于不断改进和提高的良性循环之中。

2.2 目标精细化管理的程序与步骤

目标精细化管理应用最为广泛的是在企业管理领域。企业目标可分为战略性目标、策略性目标以及方案、任务等。一般来说，经营战略目标和高级策略目标由高级管理者制订；中级目标由中层管理者制订；初级目标由基层管理者制订；方案和任务由职工制订，并同每一个成员的应有成果相联系。自上而下的目标分解和自下而上的目标期望相结合，使经营计划的贯彻执行建立在职工的主动性、积极性的基础上，把企业职工吸引到企业经营活动中来。

2.2.1 目标精细化管理的体系建设与实施程序

2.2.1.1 目标精细化管理的组织

根据企业的特点，目标管理体系的设计应遵循以下组织原则，即企业决策委员会为企业目标管理工作的最高领导机构，负责企业总目标的审议、修正以及各业务板块目标修正、考核指导等工作。决策委员会主要由企业决策层组成，企业各级领导应在决策委员会的领导下进行目标管理工作。一般来说，由企业企划部门或者企划部门与人力资源部门联合起草企业战略目标及企业规划总目标；由企业与审计、法务相关部门协助企业最高领导人组织实施日常目标管理控制工作，督导监控目标计划执行过程。人力资源部负责对员工进行考核和奖励等各项绩效考核具体工作。企业内部下属运营单元，例如分、子公司负责分管公司或部门目标管理的领导工作。

2.2.1.2 目标精细化管理的体系建设

目标精细化管理体系的核心是适应外部环境的企业发展战略。

目标管理可以概括为：一个中心（以目标为中心统筹安排工作）、三个阶段（计划、执行、检查（含总结）三个阶段）、四个环节（确定目标、目标展开（分解）、目标实施和目标考核）、五层行动。

目标管理三个阶段的内容如下：

（1）制定目标。制定目标共有五个步骤，即准备；由组织的高层以领导制定战略性目标；在各级管理阶层制定试探性的策略目标；各级管理人员提出各种建议，相互进行讨论并修改；就各项目标和评价标准达成协议。

（2）实现目标。在一般监督下为实现目标过程管理。这主要是职工的自我管理和自我控制，上级只对例外发生的重大问题进行指导和控制。

（3）对成果进行检查和评价，即把实现的成果同原来制定的目标相比较。

经过三个阶段的循环往复，不断提高管理工作的质量。

目标管理“五层行动”（五个层次的行动）的内容如下：

（1）重要又紧急。这些事情比任何事情都要优先，是必须立刻去做或在近期内要做好的工作。

（2）重要但不紧急。工作中大多数真正重要的事情都不是急的，可以现在或稍后再做。对这类工作的注意程度，可以分辨出一个人办事有没有效率。所以要把这类工作列入优先的行列之中。

（3）紧急但不重要。这一类是表面上看起来需要立刻采取行动的事情，但客观而冷静地分析一下，就可以把它们列入次优先工作中去。

（4）繁忙。很多工作只有一点用，既不紧急也不重要，而常常在做重要的事情前先做它们，这是本末倒置。因为这些事情会让人分心，它们给人一种有事可做和有成就的感觉，让人觉得有借口把重要的工作向后拖延。

（5）浪费时间。是不是浪费时间，每个人有不同的看法。但工作效率低肯定是浪费时间。

目标精细化管理各要素的关系如图 2-1 所示。

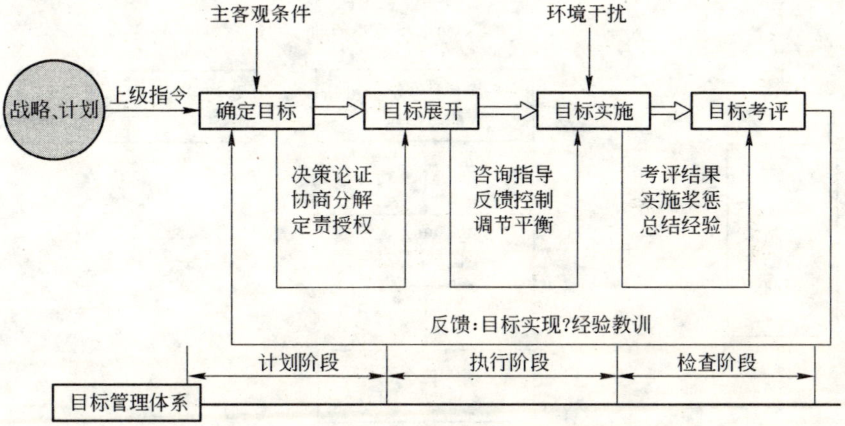

图 2-1 目标精细化管理要素关系图

2.2.1.3 目标精细化管理的实施程序

目标精细化管理实施程序图如图 2-2 所示，目标精细化管理的具体操作步骤如下：

（1）制定企业组织的整体目标和战略；

（2）在经营单位和部门之间分配主要的目标；

（3）各单位的管理者和其上级一起设定本部门的具体目标；

（4）部门的所有成员参与设定自己的具体目标；

（5）管理者与下级共同商定如何实现目标和行动计划；

（6）实施行动计划；

（7）定期检查实现目标的进展情况，并向有关单位和个人反馈；

（8）基于绩效的奖励将促进目标的成功实现。

目标精细化管理通过一种专门设计的过程使精细化的目标更具有可操作性，这种过程一级接一级地将目标分解到组织的各个单位。企业组织的整体目标被转换为组织内的每一级单元的具体目标，即从整体组织目标到经营单位目标，再到部门目标，最后到个人目标。

因为较低层单位的管理者参与设定自己的目标，MBO 的目标转化过程既是“自上而下”的，又是“自下而上”的。最终结果是一个目标的层级结构，在此结构中，某一层的目标与下一级目标连接在一起，而且对每一位员工，MBO 都提供了具体的个人绩效目标。因此，每个人对他所在单位成果的贡献都很明确，如果所有的人都实现了他们各自的目标，则他们所在单位的目标也将达到，而组织整体目标的实现也将成为现实。

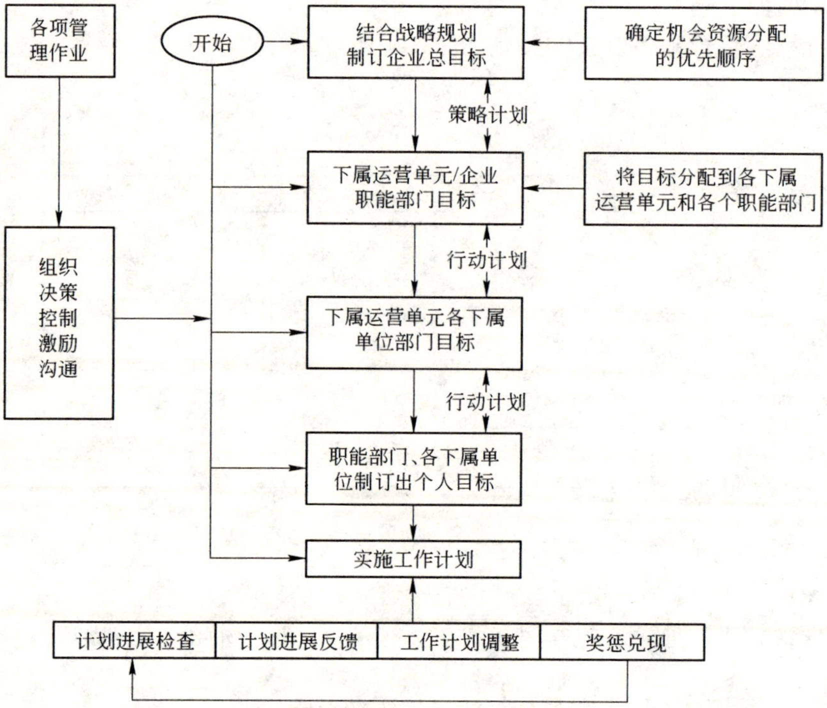

图 2-2 目标精细化管理实施程序图

2.2.2 目标精细化管理体系与绩效考核体系的衔接

目标管理与绩效考核在指标体系上应保持一致。从深层次上讲，目标精细化管理是绩效考核的前提，不制定目标，考核就无从谈起。绩效考核又是目标精细化管理的结果，同时起着推进目标管理实施的作用。绩效考核在指标设定和考核方法上需要同目标精细化管理保持一致性与连贯性，形成一个相互连贯的管理链。将目标精细化管理与考核结合在一起，按照既定的目标进行工作，分阶段实施考核计划，按期检查目标管理各项目标的完成情况，并按照不同层次不同时段发放绩效工资。

目标精细化管理体系（MBO）与绩效考核体系（PA）之间的衔接，如图 2-3 所示。

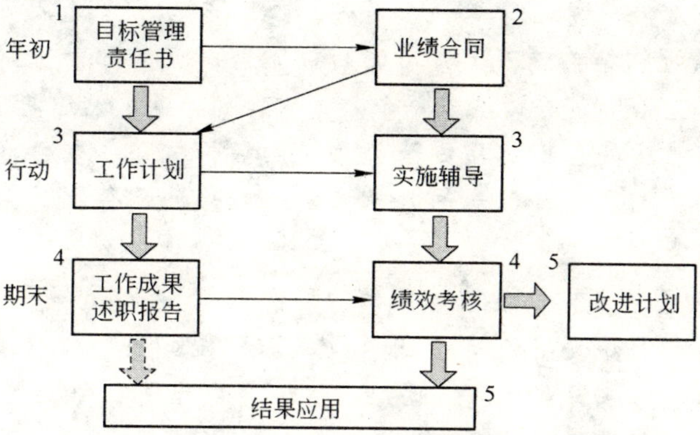

图 2-3　目标精细化管理体系与绩效考核体系的衔接图

目标精细化管理体系实际操作中，具体步骤如下：

（1）企业各个层级的主管或负责人，通过上下级面对面的沟通，确定目标精细化管理责任书。

（2）针对目标精细化管理责任书，所有员工制定相应的业绩合同。

（3）首先，根据目标精细化管理责任书的内容，所有员工制定实现目标的具体工作计划；其次，在工作计划具体的实施过程中，上级与下级及时沟通日常工作中存在的问题，并给予下级及时适当的辅导。

（4）在考核期末，每位员工对自己的工作成果加以总结，撰写述职报告，并向上级述职；在考核期末，人力资源管理部门主导绩效考核工作，企业各层级主管或负责人实际操作，所有员工共同参与。

【案例 2-1】　东芝公司的目标管理内容

谈到土光敏夫时代，不能不涉及东芝公司独具特色的目标管理方式。目标管理作为一种先进的管理方式，并非由日本人首创，但是东芝公司接受和借鉴了德鲁克的“目标管理”的管理理念，并应用到实践，有效地提升了企业的绩效。东芝公司目标管理主要包括以下四个部分。

(1) 制定目标。在目标管理实施中，东芝公司首先把目标的制定放在首位。在制定目标时要求两点：员工的目标和企业的目标保持一致；每个人都要制定切实的目标。另外在制定目标时还遵守以下原则：目标数量不宜过多，目标的内容具体明确、目标难度以略高于本人能力为准、不能失去长远的观点等。

(2) 东芝目标管理的特征。东芝目标管理的特征主要包括两点：直接结合经营需要的一贯性，即目标管理必须从企业的整个经营体制出发，保持完整的一贯性；以个人为中心提高能力，具体来说，每个人的目标是按照本人的能力、适应性和性格等特点个别确定的。

(3) 目标管理的结构。东芝公司的目标管理，重要的前提就是相信每个人的能力和积极性，恰如其分地明确每个人的工作和任务，然后通过权力下放和自我控制，确立好整体的目标体系以及每个人的目标体系。在目标管理的最后阶段，实施成果评价，并与绩效考核挂钩，给予相应的奖惩措施，提高员工的积极性。

(4) 目标管理的实施。在东芝目标管理实施过程中，坚持少而精主义和能力主义；在实施过程中还坚持“信任下级”原则，适当下放权限，上下级之间建立信任；最后，依据达到程度、困难程度、努力程度三个要素进行成果评价，进行相应的奖励，保证目标管理的有效性。

总体来看，东芝公司目标管理成功之处在于以下几个方面：

(1) 具备一套完善的管理流程。东芝公司的目标管理之所以成功，离不开与之相匹配的一整套管理流程。首先高层管理人员确定公司未来的战略和目标。其次由上至下，逐级确立各级的任务和目标。最后将绩效与目标管理的成果评价结合起来，确保员工能从中受到激励，让员工更有积极性。

(2) 对细节的注意。东芝公司严格遵循了目标管理的四个要素，设置的目标要明确，让员工参与决策，规定了目标管理的一定时限，通常是半年或者一年，最后将成果评价与人事安排结合起来。

(3) 高层管理人员和基层员工共同参与。东芝公司的目标管理是高层人员亲自关注和参与，从而提高了目标管理被重视的程度，扫清了一些不必要的障碍。日本东芝公司编写的《目标管理实践》中指出，每一个职工，由于亲自参加制度目标，无疑会感到自己为达到目标负有责任，并以极大的热情投入工作。

(4) 基于Y理论，充分信任员工。东芝公司的目标管理基于Y理论，认为“人，就其本性而言，有劳动的欲望、自我提高的欲望和承担责任的能力。”本着这种思想，东芝公司形成了信任员工的氛围，对他们抱有积极的期望，激发员工的工作热情，同时上级下放权力，无权过分干涉员工达到目标的具体措施。

(5) 以员工为中心，提高员工能力。东芝公司把重点放在“提高能力”上，就是要使目标连锁体系中不能充分展开的下级也能实行目标管理。东芝让员工制定略高于自己能力的目标，保证了员工能力的提高。另外，为了保证每个人的努力方向与企业的总目标相一致，又采取了“自上而下有组织地展开”和“以联合讨论为中心展开”这两项措施。东芝公司通过让个人目标与集体目标相一致性，就会让员工自觉自愿地为了集体目标而努力。

（6）与人事管理结合，评价成果并适当奖惩。东芝公司的目标管理，最后的一个环节就是与人事考评、晋升、继任者培养等相结合，依照制定的标准对成果进行评价。有了激励制度，才能保证员工有动力更好地完成自己的目标。最后的成果评价，保证了员工的努力有一个被认可的流程，对员工的奖励可以成为下一阶段员工实现目标的巨大动力，从制度上构成了良性的循环。

2.3 目标精细化管理的实施内容与模板

目标精细化管理作为一种方法、工具，已经为世界范围内很多企业所采用，积累了丰富的应用经验。尽管每个企业使用过程中的路径、方式、程序、内容等必须结合行业、企业性质，有一定差异，但大体差不多。人们总结了目标精细化管理过程中的经验，尤其是结合我国企业使用过程中的特点，形成了一套比较完整的目标精细化管理内容与模板。本节按照实施过程阐述目标精细化管理的实施内容与对应的模板。

2.3.1 企业总体目标与目标精细化标准的确定

目标精细化管理是整个精细化管理的一个组成部分，需要获得领导支持。企业的精细化推进委员会就是精细化目标管理的委员会或推进小组，必须有企业主要领导以及关键领导参与。一般来说，这类推进委员会或推进小组是一个由企业主要领导挂名的跨职能团队。推进委员会或小组的主要职责或职能如下：

（1）选择目标精细化管理的推行方式。

（2）确定目标精细化管理的推行范围。

（3）制订企业目标精细化管理的计划。

（4）制定企业目标精细化管理的制度。

（5）参与制定企业战略与执行目标。

（6）制定目标精细化分解的标准。

（7）指导企业目标精细化的分解与展开工作。

（8）制定目标精细化管理的监控、检查方案，并监督、检查目标实施。

（9）制定目标精细化管理的沟通、考评措施。

（10）总结目标精细化管理过程。

现将确定企业总体目标与目标精细化标准的步骤介绍如下。

2.3.1.1 目标精细化管理方式与推进方式、推行范围的选择

目标精细化管理方式或模式、目标精细化管理的推进方式两者的选择必须结合企业的特性、管理风格等综合确定。不同的企业特性，例如企业是劳动密集型、资本密集型还是技术密集型，企业员工的素质、企业内部文化特征，企业处于产业的发展阶段等，目标精细化管理的方式与推进方式就完全不同。一般来说，目标精细化管理方式有业绩导向与能力导向两种；目标精细化管理的推进方式有渐进与激进（也有的称为一步到位与分步到位）两种基本方式，见表2-2。

表2-2 目标精细化管理方式与推进方式

目标精细化管理方式	业绩导向	能力导向
目标精细化管理的推进方式	渐进或激进	渐进或激进

上述模式的选择并没有一定的固定规则，不同企业有不同的选择。松散型管理风格的企业可选择业绩导向管理方式，也可选择能力导向管理方式。在明确目标精细化管理方式之后，可选择激进的推进方式，也可选择渐进的推行方式。什么样的方式选择必须结合企业实施的目标内容。目标精细化管理方式或模式的比较见表2-3；目标精细化管理推进方式的比较见表2-4。

表2-3 目标精细化管理方式或模式比较

模式	业绩型目标管理	能力型目标管理
特征	自上而下的目标管理	自下而上的目标管理
典型步骤	1. 企业总经理根据长期经营计划制定并公布企业年度总目标； 2. 各部门经理根据年度总目标制定并公布部门目标； 3. 基层单位负责人根据部门目标制定并公布基层目标； 4. 员工根据所属单位目标制定个人目标； 5. 将所制定的各级目标绘成目标体系图	1. 将改进工作的必要性通知各部门及员工； 2. 总结出工作待改进的地方和改进工作的方法，经整理和补充后下发全企业； 3. 员工比照总结材料，制定出对症下药的个人工作改进计划并上报领导； 4. 员工结合领导看法制定出正式的个人目标； 5. 责任管理部门汇总后，提出意见报总经理； 6. 员工实行自我管理，定期报告执行情况； 7. 员工对完成情况自我评价，再报上级考核
优点	1. 目标易于制定； 2. 只要总目标正确，能最大限度地保证企业经营业绩的实现； 3. 形成目标链锁，能增进员工的整体意识和树立团队精神	1. 目标自主制定，不是上级分配，员工实现目标的热情高、动力大； 2. 自己找不足，定目标，定方法，能挖掘潜力，提高自我管理能力，有利于培养人才； 3. 对于难以度量业绩的职能部门特别适合

续表 2-3

模式	业绩型目标管理	能力型目标管理
特征	自上而下的目标管理	自下而上的目标管理
缺点	1. 下级制定目标时，易被上级干涉，自主权会受到限制； 2. 如果总目标错误，会给企业带来灾难性后果； 3. 由于是目标链，一旦某个环节出现问题，会牵一发而动全身	1. 目标之间缺乏整体性和关联性，过分注重个人目标可能导致忽视企业整体目标； 2. 因为没有可遵循的上级目标，好目标难以制定，甚至有敷衍了事的可能； 3. 常因授权不彻底而使其效果大打折扣

表 2-4 目标精细化管理推进方式比较

要素 \ 利弊 \ 方式		激进式	渐进式
特征		把所有部门和所有员工都纳入到目标管理的范围和对象中来	先选择一部分单位或员工推行目标精细化管理，然后通过示范与经验总结，推广到整个企业
行为特征	难易次序	先难后易	先易后难
	受阻程度	先大后小	先小后大
	推行速度	快	慢
	成果表现速度	先慢后快	先快后慢
	政策走形度	能配套，不易走形	难配套，易走形
	彻底性	彻底	难彻底
适应性	企业规模	小	大
	业务内容	简单	复杂
	管理水平	高	低
	筹备时间	长	短

目标精细化管理涉及的利益关系错综复杂，不是很容易做好的工作，选择管理方式与推进方式很重要。实践中有如下两点需要注意：

（1）目标管理是一项改革性活动，员工必须理解并表现出较大热情；

（2）一般企业往往采取渐进推行方式，尤其是企业规模较大时，先试点，再推广。

当然，企业一般采取渐进式方式推行目标精细化管理，但并不排除激进推行方式的可能，需要周密计划、规划，并有良好宣贯教育效果。目标精细化管理的推行范围选择如表 2-5 所示。另一方面，目标精细化管理的应用范围是部门考核，包括薪酬、福利、晋级的人事考核。但目标精细化管理并不是对所有的工作设定目标，只是选择重要的几项工作确定目标，因而，在业绩评价时有必要包括其他方面的内容。

表 2-5 目标精细化管理推行范围

类别	推行过程
业务	先由某个业务开始推行，一般选择相对较难的业务
部门	先在某个部门内实施，一般选择的部门是比较困难的部门，或者关键部门
项目	先实施某个项目，一般是难度较大的项目
层级	先在企业某个层级中实施，一般是某类管理层级

2.3.1.2 目标精细化管理宣传贯彻与培训准备工作

企业管理者在推行任何管理方案时，必须首先转变落后的管理观念，而且要向员工充分介绍，让企业员工有一定程度的了解。目标精细化管理推进小组负责制定宣传与培训、教育方案，企业人力资源部门、公共关系部门、企业文化管理部门等负责执行宣传、培训方案，主要对象是企业的全体员工，首先是企业各类管理人员。宣贯、培训的重点在于，让企业员工尤其是管理人员明确目标精细化对企业发展与员工个人发展的好处，了解目标精细化的方式方法以及过程，促使企业员工在管理观念、管理行为以及管理方式上进行转变。目标精细化管理宣传语培训方式见表 2-6。

表 2-6 目标精细化管理宣传语培训方式

项目		说明
宣传目的		了解什么是目标管理以及如何执行目标管理
宣传培训内容		1. 说明推行目标管理的原因和目的是为了消除危机，为了提升业绩等； 2. 说明目标管理实施步骤； 3. 说明怎样才能制定一个好的目标以及好目标的标准； 4. 说明企业总目标与分目标的关系； 5. 解析目标管理工具、方法的使用，如目标卡的填写与使用； 6. 说明目标精细化管理实施过程的检查、监督方法； 7. 说明目标精细化管理实施情况的考核与奖罚； 8. 对整个目标精细化管理制度进行讲解与宣贯、培训
宣传培训方式	内部宣贯	1. 企业总经理利用各种机会、场合、方式表达企业推行目标精细化管理的决心、目的； 2. 分层逐级为管理者举办简报，通过企业局域网报道目标精细化管理的动态以及过程中的事例； 3. 择期正式举办目标精细化管理说明会，对员工说明推行的原因及目标管理制度的优点； 4. 目标精细化管理的制定与实施办法的印制与下发；

续表 2-6

项 目		说 明
宣传目的		了解什么是目标管理以及如何执行目标管理
宣传培训方式	内部宣贯	5. 各类目标精细化管理的手册、教材的印制和下发，全员了解和熟悉； 6. 目标管理推动单位进行巡回解说； 7. 各级管理人员对本单位员工进行宣传； 8. 企业内部各类宣传、培训渠道的全面宣传、培训； 9. 论文、演讲、读书会、研讨会等
	借助外力	1. 完整有系统的授课方式； 2. 以讨论为主的座谈授课方式； 3. 公开演讲的授课方式； 4. 专家授课方式； 5. 赴外考察、受训

2.3.1.3 目标精细化管理实施规划与管理制度的制定

目标精细化管理是一项系统性工程，需要在实施前制订一个详尽的推进计划安排，确保各项工作协调的目标一致方向。主要包括两个方面，即项目分解与进度计划。目标精细化管理项目工作分解表见表 2-7，计划表见表 2-8。

表 2-7 目标精细化管理项目工作分解表

过 程	内 容
实施前	1. 项目推行小组成员确定，配合与协调的职能部门与人员确定； 2. 宣导与培训工作的安排； 3. 推行工作分解与责任确定； 4. 制定制度、实施办法、表单等文本文件、操作工具
实施中	1. 确定目标的分类和制定目标的原则、程序； 2. 指导各单位目标展开工作并汇总形成目标体系图； 3. 规定目标管理工具（如目标卡）的填写和使用办法； 4. 目标执行过程的控制方法； 5. 目标完成情况的考核方法

另一个重要的问题是，企业必须制定适合企业实际要求的目标管理制度以及详细操作方案。制定目标精细化管理制度的基本原则如下：

（1）告知企业全体员工目标精细化管理制度实施的可行性，完全符合员工的最大利益；

（2）高层管理者积极参与、强力推动；

（3）有周详的计划，并特别重视对各级主管的教育和训练；

（4）确立目标管理制度的思想基础；

（5）目标要尽量细化、量化；

（6）目标管理制度要与现行的信息系统及控制制度相结合；

（7）对良好的绩效应有所奖励；

（8）鼓励企业全体管理人员热心参与讨论；

（9）定期安排检查，并建立反馈制度。

表2-8 目标精细化管理项目工作计划表

项　目		总目标	单位目标	个人目标
目标草案	上半年			
	下半年			
目标定案	上半年			
	下半年			
目标卡签发	上半年			
	下半年			

企业目标精细化管理制度的一般框架见表2-9。

表2-9 目标精细化管理制度框架表

总则	为使公司经营管理规范化、具体化，特制定本制度
管理原则	1. 公司经营管理运作目标通过层层分解，落实到每个部门、分（子）公司、岗位； 2. 企业实行全方位的目标精细化管理体系； 3. 目标精细化管理与部门、岗位职责相联系； 4. 管理办法定量与定性相结合
一般程序	1. 初定各部门的目标精细化管理体系，其影响因素和依据为： （1）部门职责范围、员工岗位职责和责任制体系； （2）依照公司发展规划分解到的年度计划目标； （3）下年度对企业外部、内部、部门前景的预测； （4）上一期目标计划执行情况。 2. 公司就各部门目标计划进行协商，可专门召开公司会议讨论，达成一致同意意见，由总经理批准下达。特殊情况下，有争议和分歧不能克服的，由公司单方面决定下达。 3. 部门与分（子）公司负责人作为部门代表与总经理签订本部门目标管理卡。 4. 部门依此分别同员工签订岗位、人员的目标管理卡。 5. 计划实施及检查。公司依据月度、季度工作情况，评价其进度、效果和存在的问题，可对年度目标计划作出适当的修改。 6. 计划考核和奖惩。在年度终结后，对全年度完成目标计划情况进行总体考核评价，并决定对其的奖励和处罚措施

续表 2-9

指标体系	1. 利润指标。营业收入、销售收入、营业利润、税前税后利润等。 2. 费用开支指标。差旅费、招待费、运输费、办公费等。 3. 项目投资指标。投资项目、投资期限、投资额等。 4. 劳动人事指标。人员数量结构、稳定性、工资福利、培训计划、出勤率等。 5. 财务指标。资金利润率、销售利润率、人均利润、人均收入等。 6. 其他指标。新产品试制计划、产品合格率、优质品率、在制品率、半制品、成品、资金、销售收入计划和销售费用、品种和产量、设备完好率、能耗定额、设备维修费用、事故次数等
目标管理卡内容	1. 目标计划具体指标： （1）定量指标； （2）定性指标。 2. 工作要求和进度： （1）完成指标的工作标准； （2）完成指标的时间进度安排。 3. 公司保障条件： （1）公司的支撑政策； （2）横向协作要求。 4. 完成目标计划的措施体系。 5. 奖罚规定
附则	本规范由××部解释、补充，经公司常务会议讨论通过，总经理颁行

2.3.1.4 制定执行的总体目标以及目标检查标准的制定

企业总体目标是目标精细化管理的出发点和落脚点。从企业总体目标出发，企业逐级制定部门、分（子）公司以及岗位、个人的目标。目标应该变成企业各类人员的必要行动。企业总体目标的依据是企业愿景与企业战略，总体目标是具有执行性的执行目标，因而，企业总体目标必须要求做到：数量化；明确化；能达性；可评估；时间性。

企业总体目标的制定需要建立在对外部环境和内部条件充分分析研究的基础上，要从企业外部和内部两个方面寻找确定目标的依据。一般地说，企业外部的依据大致来源于国家的政策法令、国家和地区的发展规划、市场动态研究、科技发展趋势、竞争对手状况等；企业内部的依据大致来源于高层决策人物的战略思想和意图，员工的愿望要求，通过现状分析所反映的企业能力、潜力、薄弱环节和主要矛盾等。企业应根据特定的外部环境和内部条件，通过领导意图和员工意图的上下沟通，对目标项和目标值反复商讨、评议、修改，取得统一的看法，最终形成企业总体目标。制定的企业总体目标既要保证提高企业的业绩，又要能激励和提高广大员工的积极性和创造性。

企业总体目标确定之后，必须制定出总体目标的实现标准。标准的确立为检查目标达成的效果奠定基础，也是考核的依据。没有标准就无法判断目标达成的程度。标准一般是等级标准，例如，某企业2011年年度利润计划目标1亿元，这是目标指标，其评价标准是计划达成率的百分之多少为某一等级，如利润达成率110%，即1.1亿元，全员每人多发奖金1000元。不仅企业总体目标需要评价标准，下面的分解目标更是需要评价标准。

企业可以根据前面的目标精细化制度中提到的指标制作一个企业总体目标与目标评价标准表，见表2-10。

表2-10 企业总体目标卡片

目标指标	目标指标值	评价标准
利润指标		
费用开支指标		
劳动人事指标		
财务指标		
项目投资指标		
其他指标		

2.3.2 目标分解、展开与目标实现中的责任落实

企业总体目标制定以后，就要把它分解落实到下属各部门、各单位直至员工个人，即目标展开。目标展开的方法是自上而下层层展开，自下而上层层保证，从而构成企业目标连锁体系。

在目标展开过程中，上级的基本态度不应是强迫下级去做，而应促使下级自觉自愿地去做。一般可由上级向下级提出自己的方针目标，让下级制定各自的目标方案，通过协商为下级创造参与规划的条件，充分调动下级的积极性。在目标纵向展开过程中，要注意协调好目标横向之间和斜向之间的关系，以保证目标之间上下左右的系统性和一致性。在目标展开过程中，应编写好目标展开图和目标管理卡，作为目标展开具体内容的书面记录，并寻找目标展开的问题点，提出相应的目标对策。

2.3.2.1 目标展开——目标体系图表

A 实施过程

该步骤包括三个方面内容：一是具体分解目标到部门、岗位；二是分解后的目标必须有具体的落实与完成措施，确保目标能有效落实；三是根据每个部门和每个人的工作目标，明确其在时限总体目标中应该做什么、协调关系是什么以及要达到什么要求等，从而把目标责任落实下来。

企业总体目标制定完成之后就进入目标展开，目标展开是目标从上到下层层分解、落实的过程，目标分解是目标展开工作的第一环。目标分解就是将总体目标在纵向、横向或时序上分解到各层次、各部门以至具体人，形成目标体系的过程。企业目标分解图见图2-4，部门目标分解基本程序图见图2-5。目标分解是明确目标责任的前提，是使总体目标得以实现的基础。目标分解的原则如下：

（1）一致性原则。分目标要保持与总体目标方向一致，保证总体目标的实现。

（2）协调性原则。各分目标之间在内容与时间上要平衡、同步发展，不影响总体目标的实现。

（3）具体性原则。各分目标的表达也要扼要明确，有具体的目标值和完成时限要求。

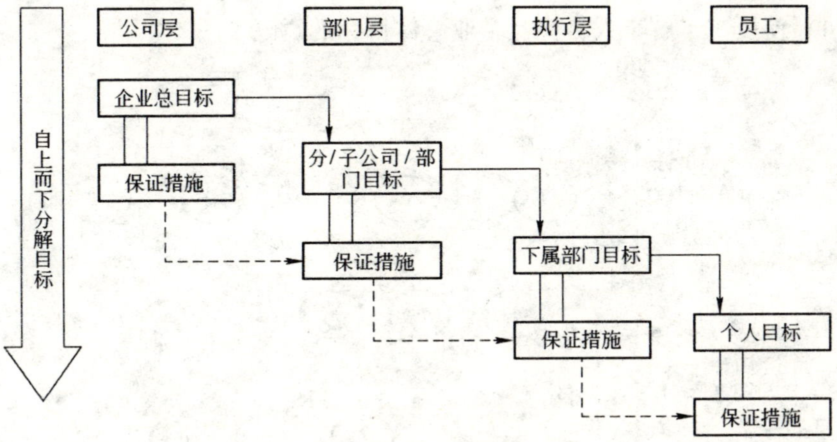

图2-4 企业目标分解图

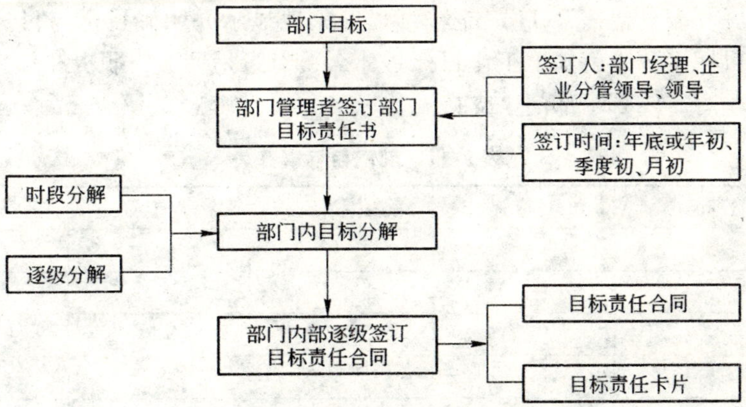

图2-5 部门目标分解基本程序图

（4）前提性原则。要注意各分目标所需要的条件及其限制因素，如人力、物力、财力和协作条件、技术保障等。

目标分解的标准主要有两种：一是时间分解标准，即定出目标实施进度，以便于实施中的检查和控制。这种分解形式构成了目标的时间体系。二是空间分解标准，在纵向上将目标逐级分解到每一个管理层次，在横向上将目标项目分解到有关职能部门。目标分解是否得当就要看分解后是否能有机整合。

如杜邦财务指标图一样，绘制企业目标体系图（见图2-6），这是目标管理的重要工具，企业总体目标与部门、单位的目标的连锁关系通过体系图的形式清晰表现出来。企业目标体系图的作用如下：

（1）加强单位之间的联系，互相了解目标进度。

（2）上级从全局掌握部署目标，便于目标调整。

（3）各目标的均衡控制。

（4）使员工了解个人目标对企业总体目标的贡献率。

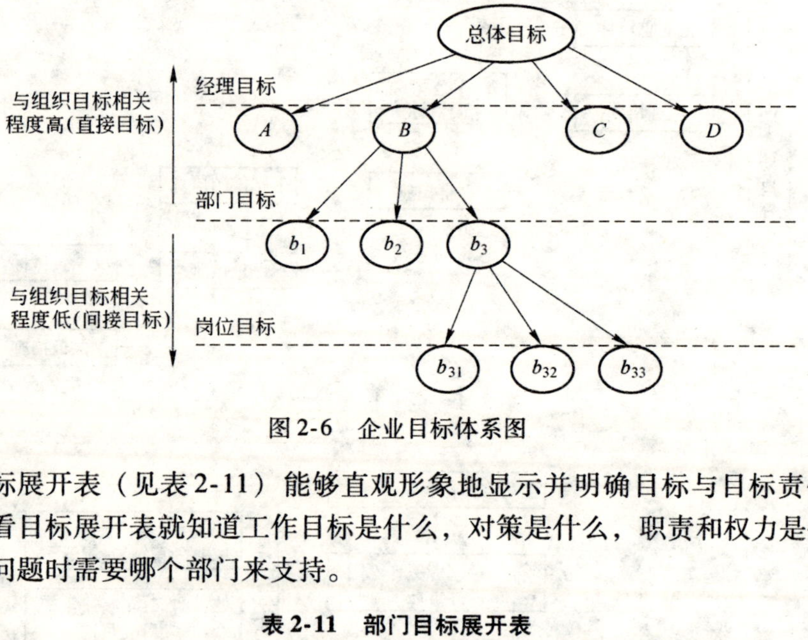

图2-6 企业目标体系图

目标展开表（见表2-11）能够直观形象地显示并明确目标与目标责任，任何人一看目标展开表就知道工作目标是什么，对策是什么，职责和权力是什么以及遇到问题时需要哪个部门来支持。

表2-11 部门目标展开表

序号	目标名称	目标值	对策措施	责任人	备 注
1					
2					
3					
4					
⋮					

B 实施表单样本

企业目标汇总表见表2-12，企业目标结构图见图2-7。

表2-12 企业目标汇总表

层级		目标指标名称		指标值	指标标准	达成时间	责任人	协助部门	备注
企业层面目标	企业总体执行目标	利润指标	目标指标1						
			目标指标2						
			目标指标3						
		费用开支指标	目标指标1						
			目标指标2						
			目标指标3						
		劳动人事指标	目标指标1						
			目标指标2						
			目标指标3						
		财务指标	目标指标1						
			目标指标2						
			目标指标3						
		项目投资指标	目标指标1						
			目标指标2						
			目标指标3						
		其他指标	目标指标1						
			目标指标2						
			目标指标3						
部门层面目标	财务部	目标指标1							
		目标指标2							
		⋮							
		目标指标 N							
	生产部	目标指标1							
		目标指标2							
		⋮							
		目标指标 N							
	人力部	目标指标1							
		目标指标2							
		⋮							
		目标指标 N							

续表 2-12

层级		目标指标名称	指标值	指标标准	达成时间	责任人	协助部门	备注
部门层面目标	其他部门	目标指标 1						
		目标指标 2						
		⋮						
		目标指标 N						

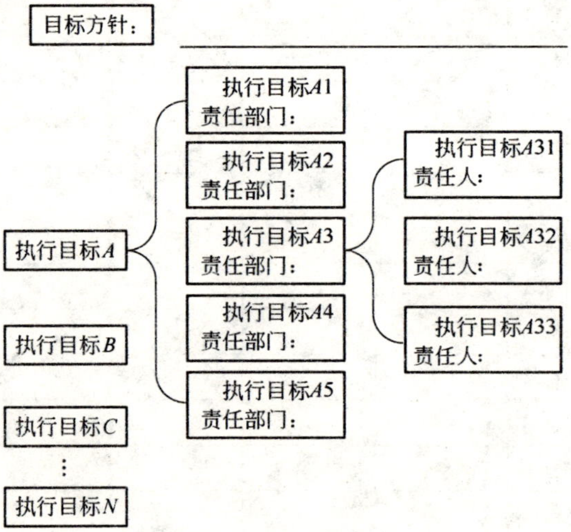

图 2-7 企业目标结构图

2.3.2.2 目标管理卡的绘制和目标责任合同的签订

A 实施过程

本步骤包括两个内容：一是编制企业、部门、岗位目标与目标实现措施表（目标管理卡）；二是部门与企业、岗位与部门签订目标责任合同。

目标管理卡是目标管理的一种重要工具，它通过各级员工与其直接上级平等协商的方式签订，以全面量化的形式明确各级员工及其直接上级在员工年度目标执行过程中的权利和义务，其作用贯穿于目标管理的全过程。目标管理卡栏目的基本内容包括 12 个方面，见表 2-13。

表 2-13 目标管理卡的基本内容

名称	含 义
目标项目	目标项目以及内涵
权数	该项目标在总体目标中所占的比重（百分比）
完成标准	各项目标完成的数量、质量、成本和安全度
进度	责任者及领导者都认可的实施目标的计划进度

续表 2-13

名称	含　义
目标的对策	各项目标执行的范围、对象、工具和流程
难点与措施	阻止各项目标顺利实现的关键障碍以及针对性的清除手段
权限与条件	为实现该项目标，领导者授予目标责任者的权力和提供的人力、财力、物力和信息等资源条件以及目标责任者对领导者和协作部门提出的要求
上级责任	在各项目标执行过程中上级的控制、培训和辅导责任
目标变更	由于企业内外主客观因素发生重大变化导致目标无法按原定计划实现时，对目标完成的标准、时限乃至目标本身进行调整的条款
激励措施	目标完成或不能完成时，对员工或其直接上级在任用、职级、薪酬等方面的奖励和处罚
自我评价	目标责任者对该项目标实施情况及实现成果的自我评价以及实施中的主要经验和教训
领导评价	领导者根据目标管理卡的要求和责任者的自我评价，对目标实施成果的评价和考核意见

B　实施表单样本

目标管理卡样本见表 2-14，部门对员工的目标合同样本见表 2-15。

表 2-14　目标管理卡样本

责任单位			责任人			签发人			
目标项目	目标值	权数	权限与保障条件	进度（月）					奖罚规定
				1	2	3	…	12	
1									
2									
⋮									
自我评价				领导评价					

表 2-15　部门对员工的目标合同样本

部门：　　　　　　　　岗位名称：　　　　　　　　目标合同时间：

序号	目标指标	目标值	目标标准	完成情况	完成人	责任人	未完成原因
1	目标指标 1						
2							
⋮							

责任人：　　　　　　　　签字时间：

部门经理：　　　　　　　签字时间：

填写目标管理卡的步骤具体如下。

（1）计划：根据上级下达的任务，下级拟制目标管理卡原件交上级审查；上下级共同协商修改补充定稿，上下级各一份。

(2) 实施：目标管理卡作为实施阶段的依据，遵循目标管理卡执行

(3) 检查：在下级进行自我评价的基础上交给上级评价，上下级对评价意见进行协商加以补充修改，下级手中的目标管理卡自行保存，上级手中的目标管理卡则作为资料存档。

【案例2-2】 北京××科技公司××业务部2011年度经营目标责任书

一、目的

在完善总经理负责的经营管理机制的基础上，充分调动业务核心部门（以下简称乙方）积极性的同时，建立公司（以下简称甲方）的经营目标责任考核体系，同时推动公司经营管理工作逐步向理性、科学、精细和规范的方向发展。通过推行目标责任体系，用科学的指标评价体系推动公司管理手段和经营风格的转变。

二、考核年度

2011年经营考核年度期间为：2011年1月1日至2011年12月31日。

三、双方的权利和义务

(一) 甲方的权利和义务

(1) 甲方有责任为乙方经营过程活动提供必要资金、设备、后勤等支持和保障。

(2) 甲方有权对乙方的经营管理活动过程进行检查和监督，并提出改进意见。

(3) 甲方有权在乙方生产经营活动出现失控或重大失误而乙方又无有效解决办法时，修订责任书有关条款或决定终止本责任书的执行。

(4) 甲方有权对乙方的经营业绩进行定期的审计与考核。

(二) 乙方的权利和义务

(1) 乙方应严格遵守行业准则及公司制定的各项经营政策和管理规定。

(2) 乙方应加强内部管理，降低营运成本，提升营销管理水平，提高市场占有率，增强行业市场地位，提高盈利能力。

(3) 乙方必须定期或不定期地按甲方要求报送（提交）与经营活动有关的各项文件和资料，包括：

1) 年度和月度的经营计划。

2) 年度和月度工作计划。

3) 年度的财务预算。

4) 甲方要求提供的其他文件和资料。

(4) 乙方在核定的费用管理额度内享有　　元以下（含　　元）单据报销

终审权；　　元以上的单据报销审核权。

(5) 乙方应在计划年度内完成下列主要经营管理指标。

工作目标	指标控制标准、工作要求、计算方法等
1. 成本控制指标	差旅费用 商务支出费用 办公费用
2. 经营目标	
3.	
4.	

四、奖惩办法

如超额完成全年经营目标，按照有关规定给予奖励；如未完成全年经营目标，按照有关规定予以处罚。

本责任书由公司总经理和部门经理签署后即生效，并对双方都具有同等约束力。本责任书一式三份，总经理、业务部门、综合管理部各持一份。

公司总经理：　　　　部门负责人：

日期：　　　　日期：

2.3.3 目标实施过程中的检查与监控

2.3.3.1 实施过程

目标落实到每一个部门、岗位之后，就得进行实施过程中的检查与纠偏，确保目标的有效完成。实施过程包括两个环节：目标实施过程中的检查、目标实施过程中的控制。

目标精细化管理主要是员工的自我管理和自我控制，上级进行检查和控制。目标检查是获取运行信息和掌握目标状态，以便及时采取有效的对策措施纠正目标偏差，保证目标得到实现。主要内容包括如下几个方面：

(1) 进度检查。检查各项目标按规定进度实施的情况。

(2) 质量检查。检查目标完成的过程质量等。

(3) 均衡检查。检查各项目标均衡进展的状态。

(4) 协作检查。检查目标实施过程中部门之间配合、协作情况。

企业中不同层级目标检查的内容不同。对于决策层来说，主要检查整体目标进度均衡和重大对策的落实情况；对于企业职能管理层来说，主要检查横向协调情况和保障措施的落实；对于操作层员工来说，主要检查执行细节。目标执行与检查的层次结构见表2-16。企业对目标检查的主要方法见表2-17。

表2-16 目标执行与检查结构表

类别 层级 目标相关者	总体目标	单位目标	部门目标
目标制定者	领导	各单位管理者	各部门管理者
目标执行者	领导	各单位管理者	各部门管理者
目标检查者	专职检查部门	领导	各部门管理者
目标检查单位	专职检查部门	领导办公室	各部门管理者
目标备查	董事会备案	领导办公室备案	各单位备案

表2-17 目标精细化管理的检查方法

关系	逐检	目标责任者的直接领导者进行的检查
	自检	目标责任者根据承担目标的要求进行自我检查、自我分析
	互检	目标责任者的同级之间的互相检查
内容	单项检查	只检查目标实施中的某一方面的情况，如只检查目标实施的进度等
	综合检查	检查目标实施的全面情况
时间	全面检查	检查各个目标责任者实施目标的情况
	抽样检查	选择某些部门或个人进行检查
范围	定期检查	对于目标值已量化的目标进行检查
	不定期检查	对于目标值不能量化的目标进行检查

目标检查之后就是过程纠偏，也就是目标控制和协调。目标控制是在目标检查的基础上，采取控制手段，纠正目标偏差，保证各方面和各环节上的均衡和调节，使系统恢复到正常状态，以保证目标的实现。目标控制的要领如下：

(1) 控制必须能高瞻远瞩，并且多做预测和估计；

(2) 控制必须能够反映出行动的性质和基本要求；

(3) 控制要能做到对差异的发生迅速觉察出来，才能进行有效预防和避免；

(4) 控制应把握关键点；

(5) 控制要以适当的标准为前提；

(6) 控制要有适度弹性；

(7) 控制必须合乎经济的原则；

(8) 控制要表现出组织的效能；

(9) 控制方法与技术要做到易于了解；

(10) 控制应能指出要改正的行动。

目标控制之中的协调包括均衡保持、协作配合和修改目标三种动作。均衡保持要做到两点，即时间与空间均衡，由此需要协作配合，目标均衡的要求和协作内容与方式分别见表2-18和表2-19。

表2-18 目标均衡的要求

均衡保持	目 的	方 法
时间均衡	每个目标在目标期限内相等的时间实现大致相等的进度，防止目标实施过程中出现时松时紧	1. 平均分配法。目标按时间等量分配，每月完成值相等。 2. 分期递增法。将目标值阶段化，阶段间增长，阶段内相等。 3. 小幅增长法。使每月完成的目标值都有小幅增长
空间均衡	各部门分目标在实施中均衡地发展，防止因某一部门不正常而影响其他部门目标乃至总目标	以承担主要目标项目的部门为中心，按实现该目标项目所需要的内容和时间进度为依据，来编排和调整其他部门和与该项目标有关的项目的内容和进度

表2-19 协作内容与方式

协作类别	协作方式	协 作 内 容
协作情况	规定协作	有些目标项目往往不是哪一个部门或是哪一个人能够独立完成的，因此在目标体系中应列入协作项目
	临时协作	某部门或个人在目标实施中遇到了意外困难，必须由其他部门或个人援助才能解决的协作
	主动协作	有些部门或个人主动去协助遇到困难者
协作内容	资源协作	目标实施过程会出现某一部门资源不足，需要其他部门从全局出发给予支援
	技术协作	技术部门为其他部门提供所必需的技术支持以及部门与个人之间的技术交流
	配合协作	在实现目标过程中与其他部门或个人的工作互相配合
	信息协作	部门与部门之间、个人与个人之间及时的信息交流和情报传递

在检查、控制过程中发现，目标实施出现意外或其他情况无法完成时，需要对目标进行修正。一般来说，企业需要按照一定程序实施目标修正，但总的原则是确保企业总体执行目标的完成，如果企业总体执行目标因意外可能无法完成时，需要经过董事会认同进行目标修正。总体执行目标修正之后，其他目标随之也需要修正。

2.3.3.2 实施表单样本

主要实施表单包括目标控制表、目标跟踪单、目标管理记录卡片、目标管理报表、目标检查记事表、目标修改报告单、目标执行困难报告单、目标修正卡等，分别见表2-20～表2-27。

表 2-20 目标控制表

目标事项：

检测时间	计划目标值	实际目标值	偏差		解决措施	检测人
			绝对值	相对值		

表 2-21 目标跟踪单

填表日期：

目标项目	权重	本月进度		累计进度		完成程度	得分	自评（检查与改进措施）	处理结果
		计划	实际	计划	实际	达成率			

直接管理人签名：　　　　　　目标执行人签名：

日期：　　　　　　　　　　　日期：

表 2-22 目标管理记录卡片

目标责任人：　　　　　　　　时间：

序号	工作目标	目标实施要点	重要程度	工作业绩

表 2-23 目标管理报表

目标项目	权重	本周情况		当月累进	当月目标	目标达成率	工作重点、难点
		计划	实际				

表 2-24 目标检查记录表

目标项目	
目标责任人	
检查记录人	
检查时间	
检查记录	

表 2-25 目标修改报告单

原定目标	原定工作计划书	原定进度							
修正目标	修正工作计划书	修正进度							
修正原因									

表 2-26 目标执行困难报告单

目标项目	进展情况	困难情况	拟采取措施	措施效果
补救措施商讨结果				

2.3.4 目标实现结果评估与反馈

企业需要对目标精细化管理过程的目标实施情况也就是结果进行评估，并与绩效评价结合起来，把评估结果向目标责任人反馈。目标实施结果评价与考核是目标精细化管理能否持续下去的关键环节，也是 PDCA 循环的起点。

本过程的关键在于确立考核与评价标准以及进行考核结果沟通。考核标准关注的主要是考核内容，考核内容如下：

（1）目标实现程度（对目标值的定量测算与定性评价、目标值的调整与确立）；

表 2-27 目标修正卡

目标执行单位：　　　　　　　　　执行人：　　　　　　　　　填表时间：

目标		进度
原目标	原定工作计划	原定进度
		1月
		2月
		3月
		4月
		5月
		6月
		7月
		8月
		9月
		10月
		11月
		12月
修正目标	工作计划	修正进度
		1月
		2月
		3月
		4月
		5月
		6月
		7月
		8月
		9月
		10月
		11月
		12月
目标修正理由		
审核		

说明：目标修正卡式三联表，一份自存，一份由直接管理人存档，一份由企业管理部存档备查。

（2）评价目标进展的情况（目标完成率=实际完成/计划完成、目标进度偏离程度=实际完成率/计划完成率、目标进度均衡率=理想均衡率−目标进度偏离程度）；

（3）目标难度的比较（目标的性质、目标对象的客观条件、目标的外界因素）；

（4）评价实施手段的优劣（评价其在技术上的先进性、经济上的合理性、内容上是否具有创造性）；

(5) 对工作态度的考评（工作热情、协作态度）。

目标考评中沟通相当重要（一般是以面谈的形式进行），需要审慎进行准备和安排。

(1) 明确面谈目的，双方就被考评者的表现，达成一致的看法，指出被考评者优点所在，辩明被考评者的不足与努力方向，共同为被考评者制订相应的改进计划。

(2) 在具体实施面谈时，需要注意以下问题：

1）为使双方顺利地实现交流和沟通，应营造一个融洽的面谈气氛；

2）明确说明这次面谈的目的；

3）根据考评已确定的标准和目标，说明评分的结果和理由；

4）充分利用角色换位和聆听技巧；

5）避免算旧账；

6）不要说教；

7）先表扬、后批评；

8）让被考评者了解自身的发展前景，共同制定新的工作目标；

9）用鼓励的口吻结束谈话。

(3) 管理者需要对每次面谈的效果进行评价。主要评价以下方面：

1）此次面谈是否达到了预期目的？

2）下次面谈应怎样改进面谈方式？

3）有哪些遗漏需加以补充，哪些讨论显得多余？

4）此次面谈对被考评者有何帮助？

5）面谈中被考评者充分发言了吗，面谈是否增进了双方的了解？

6）在此次面谈中自己学到了哪些辅助技巧？

7）自己对此次面谈结果是否满意？

8）此次面谈的总体评价如何？

当整个目标精细化管理的评估与反馈沟通活动结束之后，企业应该对整个目标精细化管理的过程进行总结，并把评价结果与薪酬福利、职位升迁、培训学习等结合起来，为下一个目标管理阶段奠定良好的基础。

2.4 目标精细化管理的基本方法

2.4.1 参与式目标分解方法

目标分解一般采用“参与式”方式进行。以下是这种方法的具体步骤和要求。

2.4.1.1 基本步骤

主管人员必须自行了解，当与部属商谈目标的设定过程中，自己应以何种步骤来进行。通常步骤如下：

（1）确定上级已设定的大目标及本单位所承诺的目标。

（2）将本单位的目标与所属单位的职能性质发生关系。

（3）将所属各单位的承诺目标转换为较具体的工作项目。

（4）为各项工作项目设定完成时间及测定的标准（指标）。

2.4.1.2 准备会议程序

准备会议程序如下：

（1）主管应向部属说明本单位总目标范围与方向，同时应说明给上级。

（2）事先个别地与部属检讨各个工作范围、一般环境与条件及如何达到目标的途径与手段，并指出该人员担任的角色。

（3）交换意见，听取该员工对于上述目标意见和看法，讨论该员工最合适的工作项目是什么。

（4）征询该员工能否胜任愉快，以确认该员工的负责能力。

2.4.1.3 准备资料

（1）依照企业组织系统，将所有接受直接指挥的人员，就其姓名、职位、职责说明、目标内容、评语等项目搜集简要资料。

（2）发给目标卡。此卡在设定目标会谈时，由主管和部属当面填写。

（3）发出通知，约定会议。

2.4.1.4 会谈种类

会谈的种类如下：

（1）直接会议。这是主管与部属面对面直接研讨目标的最好方式。此时，主管与部属的气氛要尽量和谐融洽、轻松愉快。主管应多听少讲，尽量使工作人员发表他的意见，甚至这意见是浅薄的、幼稚的，也要在不损害对方自尊心的原则下，予以启发、加以诱导。

（2）间接会议。此一会议方式适用于大型企业机构。因其分支部门遍布各地，企业总主管不便与各分支部门主管直接会谈时，则可事先颁发“总目标”及有关资料，使各级单位全体人员充分了解。最重要的，如提供上期及本期的各项业务量成长和绩效比率，把握诱导、激励的要领，使各级单位全体人员充分了解，进而主动争取荣誉，这样亦可达到订立具有挑战性计划的单位目标。

（3）集体会谈。性质较为广泛的工作项目必须由几个单位主管共同努力才能完成，或某一单位的目标需要其他有关几个单位提供必要的支援与协助，才能在一定期限完成，可由上级主管采取集体会谈方式，邀集有关主管共同会商、分别承诺、互相支援，以完成共同的目标。

2.4.1.5 会谈技巧

(1) 气氛要轻松，态度要认真。

(2) 确定会谈目的。

(3) 保持平等立场，让对方（部属）多想多说，如果对方不善辞令，或有自卑感，仍须启发鼓励其发言。

(4) 把握要点，发掘问题。

(5) 该称赞、该指点之处，要明白指出，不要含糊。意见分歧时，不要争论，以冷静态度，共同研商得出正确结论，切勿坚持成见或意气用事。

(6) 会谈要点要记录下来，互相承认。

(7) 会谈时间不要太长。

(8) 地点环境要宁静舒适，不受干扰，不受拘束。

(9) 杂务事应事先安排妥当，避免中途打扰、接见访客或接听电话，专心于目标会谈。

(10) 利用会谈机会，提供情报资料，使部属扩大眼界。培养部属有担当责任或尝试失败的勇气。同时主管也要表示对完成目标的决心及协助部属克服困难的勇气。

2.4.1.6 会谈工作

(1) 确定概念。除非工作人员会前已接受了一些目标管理的训练，而且也考虑过他的工作目标，否则主管开始时应先谈有关这项计划的概念，因为这是工作人员第一次谈到他的工作目标。

(2) 检讨交换。与工作人员检讨本业务目标，询问有关人员对其目标的认识，并说明这些目标的内容。

(3) 决定权责。使工作人员了解本身业务与总目标所发生的密切关系，并决定其自身的职责。

(4) 奠定基础。如果工作人员对目标的设定与关系感到陌生，切勿马虎，一定要再广泛地讨论，这种时间的花费是最有价值的，因为这是相互关系的重要接触，必须要有一个好的开始。

(5) 深入讨论。工作人员的主要目标固然应由主管决定，但应尽量避免以生硬、严肃的口吻与部属谈论，会谈中主管应尽可能少用管理术语，不管在任何情况之下，应该让部属用他自己的语句去决定其自己职位的主要职责。不过，主管自己提出附属与部属的职责范围内的工作目标，也是很重要的，因此必须同时提出，深入讨论、琢磨，最后必须导致主管和所属工作人员的会谈意见趋于一致。这也正显示出事业目标的决定与工作人员职责的关系，意见非常重要，也就是工作目标的初步界定。

(6) 草拟目标。经过以上会谈的步骤，主管和工作人员用一种普通使用的纸张或表格写下来，开始草拟各项工作目标。

(7) 决定目标。讨论过所有工作的范围，决定了所有工作目标的成效标准以后，接下来主管和工作人员所要做的事就是决定各项工作目标的重要性比率并顺序排列起来。

2.4.2 平衡计分卡目标分解方法

2.4.2.1 平衡计分卡的基本内容

平衡计分卡（BSC）以企业战略为导向，通过财务、客户、内部业务流程和学习与增长四个方面及其业绩指标的因果关系，全面管理和评价企业运营目标与综合业绩，是企业愿景和战略的具体体现，既是一个战略绩效评价系统也是一个有效的目标管理系统。

(1) 平衡计分卡是战略管理与执行的工具。平衡计分卡是在企业总体发展战略达成共识的基础上，通过科学的设计，将其 BSC 四个维度的目标、指标以及实施步骤有效地结合在一起的一个战略管理与目标实施体系。它的主要目的是将企业的战略目标转化为具体的行动，为企业的战略搭建执行平台，以提升企业的战略执行力。

(2) 平衡计分卡是目标绩效管理的工具。BSC 从四个纬度设计适量的绩效指标有效运作企业的战略目标。BSC 为企业提供的绩效指标具有可量化、可测度、可评估性，有利于全面系统地监控企业战略目标的执行，促进企业战略与远景的目标达成。

(3) 平衡计分卡是企业各级管理者进行有效沟通的一个重要方式。为了战略的执行，必须将企业的远景规划与各级组织包括各管理层乃至每个员工进行沟通，使企业所有员工都能够理解战略与远景规划，并及时地给予有效的反馈。

平衡计分卡包括四个维度（见图 2-8），四个维度的具体内容如下：

(1) 财务维度。其目标是解决“股东如何看待我们”这一类问题。表明我们的努力是否对企业的经济收益产生了积极的作用，因此，财务方面是其他三个方面的出发点和归宿。

(2) 客户维度。这一维度回答的是“客户如何看待我们”的问题。客户是企业之本，是现代企业的利润来源，客户理应成为企业的关注焦点。客户方面体现了公司与外界、部门与其他单位变化的反映，它是 BSC 的平衡点。

(3) 内部运作流程维度。内部业务维度着眼于企业的核心竞争力，回答的是“我们的优势是什么”的问题。因此，企业应当甄选出那些对客户满意度有最大影响的业务程序（包括影响时间、质量、服务和生产率的各种因素），明确自身的核心竞争能力，并把它们转化成具体的测评指标。内部过程是公司改善经营业绩的重点。

（4）学习和成长维度。其目标是解决“我们是否能持续为客户提高并创造价值”这一类问题。只有持续提高员工的技术素质和管理素质，才能不断地开发新产品，为客户创造更多价值并提高经营效率，企业才能打入新市场，增加红利和股东价值。

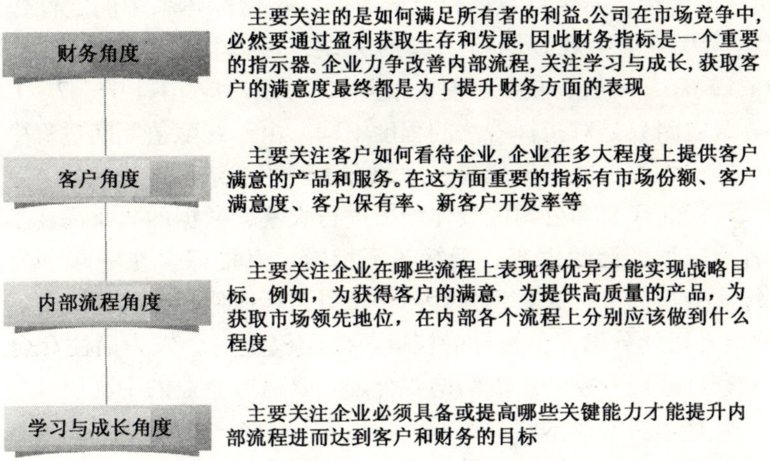

图 2-8 平衡计分卡四个维度的内容

平衡计分卡中的每一项指标都是一系列因果关系中的一环，既是结果又是驱动因素，通过它们把相关部门的目标同组织战略联系在一起。员工的技术素质和管理素质决定产品质量和销售业绩等；产品和服务质量决定顾客满意度和忠诚度；顾客满意度和忠诚度及产品和服务质量等决定财务状况和市场份额。为提高经营成果，必须使产品或服务赢得顾客的信赖；要使顾客信赖，必须提供顾客满意的产品，为此改进内部生产过程；改进内部生产过程，必须对职工进行培训，开发新的信息系统。

2.4.2.2 平衡计分卡的实施步骤

（1）制定企业远景目标与发展战略。平衡计分卡贯穿于企业战略管理的全过程。由于应用平衡计分卡时，是把组织经营战略转化为一系列的目标和衡量指标，因此，平衡计分卡对企业战略有较高的要求，企业应在符合和保证实现企业使命的条件下，在充分利用环境中存在的各种机会和创造机会的基础上，确定企业同环境的关系，规定企业从事经营范围、成长方向和竞争对策，合理地调动企业结构和分配企业的全部资源，从而使企业获得竞争优势，制定出适合本企业成长与发展的企业远景目标与发展战略。企业战略要力求满足适合性、可衡量性、合意性、易懂性、激励性和灵活性。

（2）把组织经营战略转化为一系列的衡量指标。遵循SMART原则，即具体的（special）、可衡量的（measurable）、可达到的（attainable）、相关的（relevant）和有限时的（time-based）。平衡计分卡是一个战略实施机制，它把组织的战略和一整套的衡量指标相联系，弥补了制订战略和实施战略间的差距，能使企业战略有效地实施。为了使企业战略有效实施，可逐步把组织战略转化为财务、客户、内部业务流程、学习与成长四个方面的衡量指标。

1）指标的衡量包括定性数据和定量数据。对指标体系中的定性数据需要设计调研问卷。为避免主观判断所引起的失误，可以将定性指标分成7个档次（很好、好、较好、一般、较差、差、很差），分别对应7~1分。7~1表示不同的等级，等级之间只是对指标看法的程度不同。由于在赋值判断过程中已内含标准，可以直接计算评价值。用加权平均的方法对调查结果进行计算。定量指标的数据值按照指标的释义和公司的具体情况进行收集，数据的收集需要不同部门配合。由于各项定量指标的内容、量纲各不相同，直接综合在一起十分困难。因此，必须将这些指标进行无量纲处理，将定量指标原值转化为评价值。

2）确定平衡计分卡评价指标的权重。确定权重一个较为简便和合理的方法就是通过专家打分。专家的组成结构要合理，要由本企业的中高层管理人员、技术人员，也要有基层的技术和管理人员，还要有企业外的对本企业或本行业熟悉的专家，如行业协会的成员、大学或研究机构的成员。同时，对不同的企业权重选择应根据不同行业、不同企业的特点进行打分。如高科技企业，技术更新快，因而学习创新成长性指标所占的权重就较大；对大型企业而言如美国通用公司，运作流程的顺畅就显得很重要，因而该指标所占权重也相对较大；对银行等金融企业而言，财务指标事关重大，该指标的权重自然也较大。

（3）将战略与企业、部门、个人的短期目标挂钩。为了有效避免出现企业战略目标、部门计划目标、个人绩效考核目标的纵向矛盾以及各部门间计划的横向不和谐应进行战略目标分解。战略分解理论可以按图2-9所示的流程来实施，将战略与部门、个人的目标挂钩。

企业应该将这看成是整个管理体系的一个组成，而不单单是上级工作的附加部分。上级必须将制定目标的权力下放给员工，给员工自行决断的自由（但要求员工对工作结果负责）。实际操作过程中应注意以下几点：

1）上级和员工必须愿意一起制定目标。数据显示，这种目标的制定过程能使员工的工作绩效提高10%~25%。这一过程之所以起作用，是因为这一过程帮助员工将精力集中在重要工作上，并促使员工对自己完成的工作负责。

2）目标应该是长期和短期并存，且可量化和可测量。而且，在制定目标时还必须说明实现目标的步骤。

3）预期的结果必须在员工的控制之中，因为可能会有标准被污染的情况。

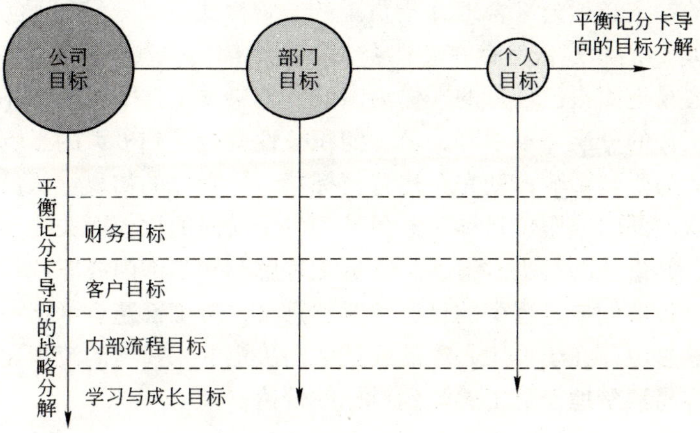

图 2-9 战略目标分解图

4）目标必须在每一个层次上保持一致。

5）上级和员工必须留出特定的时间来对目标进行回顾和评估。

(4) 战略目标的具体实施、反馈和中期调整、修正。完成了绩效考核指标和目标的确定之后，系统科学的绩效考核内容设定体系便形成了。很有必要制定“绩效考核——工作计划表”，将员工绩效考核内容书面记录下来，作为绩效考核的依据。

(5) 建立健全的考核体系，根据平衡计分卡的完成情况进行奖惩。建立健全的考核体系，将员工奖金、晋升、教育培训等与员工所完成平衡计分卡的情况直接挂钩，形成有效的管理回路。在薪酬结构方面，应建立绩效考核和年终奖金，对平衡计分卡完成好的员工进行奖励，对完成不佳的员工进行惩罚；在教育培训方面，对优秀员工进行提高性深造，对不佳者进行强制性学习；在晋升方面，建立优胜劣汰、能上能下的机制，实行能者上、庸者让、平者下。使平衡计分卡的实施实现评价员工的业绩和能力，激发员工的热情和潜力，最大限度地开发和利用企业的人力资源，从而提高整个企业的绩效水平。

2.5 目标精细化管理需要注意的问题

2.5.1 目标精细化体系横向流程化构建

目标精细化体系的横向流程化构建体现在其内在的合理性上。流程产出结果，基于此种假设，以体现在流程上的价值增值过程为目标构建路径和目标标识就是建立目标精细化体系合理性的依据之一。另外横向流程化的构建目标精细化体系的合理性还体现在“公平”上，目标精细化管理的横向公平就是说在同级员工中目标的制定必须公平合理（指员工的心智模式范畴）。我国企业“重权尚均”、“患不均”的痼疾依然存在。在企业同一个部门，甚至说在同一个企业内，员工往往最容易把离自己最近的人作为参照，如果员工之间发现工作之间的分配有失公平，工作的分配并不平等，员工的积极性就会受到极大的影响。如果员工的积极性因此而受到影响，就完全违背目标精细化管理的初衷。从员工的心智模式上让员工认同部门或职位目标，避免员工由于横向的比较而关注于目标本身的大小、难易，其最佳的解决方案就是让员工理解和知晓部门或职位目标的价值所在以及在整个价值创造过程中的目标位置和意义，员工都愿意承担被企业认为有价值的事，这是由存在于员工心中的成就取向决定的，横向的流程化构建目标精细化体系最容易清楚地使员工感受到目标的价值。

2.5.2 目标精细化体系纵向逻辑化构建

目标精细化的纵向合理性体现在层级目标的逻辑化构建上。企业层与层的结合所成的立体结构构成企业的整体。企业作为整体的存在，加上企业的核心竞争力，才是企业在激烈的市场竞争环境中生存的基础。一个层下面分有几个分层，目标的这种纵向的结合，构成企业的目标体系。企业目标的实现依托于各个层目标的实现。但是如果企业的目标精细化体系在逻辑关系上支离破碎，它可能不会直接影响企业的结构，最大的直接影响是企业无法形成“核心能力”，因而谈不上企业的竞争优势。因为核心能力的建立从形式上是企业在追逐和达成目标的过程中形成的，可本质上确是在目标的方向、路径以及目标的逻辑关系等内在因素的作用下达成的，这些因素恰恰是目标逻辑性的关键所在。所以，建立目标体系时一定要注意纵向逻辑的合理性。

2.5.3 企业与个人在目标体系中的关系协调

企业在制定目标精细化体系时注意与个人目标相协调。员工不仅仅是实现的企业目标的载体，他们也会有自己需要完成的个人目标。只有企业的目标与个人的目标达到完美重合的时候，迸发出来的创造力才犹如排山倒海，而这正是企业创造价值的源泉。如果员工忠于事业，他会尽量地调整自己的个人目标；如果员工更忠于自己，当个人目标与企业目标偏离得越远，工作完成的可能几率就越低，甚至员工的出走，离开企业都是很有可能的，从而造成企业的无谓损失。越来越多的员工忠于自己。忠于自己的员工，有永不疲惫的工作动力，这是企业开动引擎所需要的导火索。所以，目标的制定同时也要考虑员工自身的需求。当然，企业毕竟处于主导地位，不应该也不可能过度考虑员工个人目标。企业任何个体行为都是为企业这个整体服务的。

2.5.4 重视如何设立目标以及设立目标的过程

如何设立目标以及设立目标的过程体现企业文化、发展理念，应该比目标本身重要得多，对于管理者首先应关注如何设立目标，对员工而言，参与目标的设立过程要比简单地知晓目标重要得多，实际上让员工参与目标的设立过程就是让员工了解价值创造的过程，就是让员工明晰目标方向的过程，就是管理者与员工相互承诺的过程。另外，员工可能不了解市场，不了解企业的任务，不了解需求，但一定了解自己，了解自己所处的环境，因为他处于企业的最前线。目标的制定者并不一定比员工更了解这些。让员工参与进来，可以提高员工在企业中的地位，还使目标的制定更为合理，从而更易实现。员工的主人翁感对员工的积极性影响重大。这是目标实现的保证。最后也是最为重要的就是，管理者制定目标体系后，进行目标执行过程中必须适时地进行适量的指导与调控。目标管理有松散目标实现过程的重要特征，但是这一特征并不等于放任。目标制定，落实下放到具体的人员后，并不是说上级的指导就不再需要了。适量的指导对某些员工的工作所起的作用是非常明显的。百分百近乎完美地完成任务的员工毕竟是少数，而员工所需要的指导，常常是自己不能解决的，有经验方面的原因，也可能有个人能力方面的原因，但是都有一个共同的目标，那就是实现企业的整体目标与任务。不要以为目标管理只管结果，过程就可以完全放弃，这是对目标管理的误解，管理更为重要的是过程。

第3章　组织精细化管理的内容与操作

组织精细化管理是企业目标精细化管理的组织实现基础和资源保障基础，组织精细化之后明确的职能划分、岗位设置、职责明确等使企业目标与战略得以有效分解，并有了目标落地的具体内容和措施，确保企业目标与战略的实现。组织精细化管理实际上是明确企业的组织功能，明晰组织结构内容与组织制度内容，界定权责与运行规范。组织精细化管理是企业精细化管理的重要内容。

组织精细化管理是在企业经营目标的基础上，考虑经营环境等设计参数的影响，充分利用组织资源，确定组织的职能模块，选择适用的组织模式，实现岗位的合理设置，确定组织架构，运用业务流程检验完善组织架构。

3.1　组织精细化管理的原则、步骤与影响因素

3.1.1　企业组织精细化管理的基本要求

企业组织精细化管理就是确定企业功能、功能分解以及为实现这些功能的机构设置和权责配置。企业组织精细化管理并没有一个固定的模式，应该因具体情境而异，但有些基本要求和原则是共同的。根据企业的任务、目标以及企业的外部环境和内部条件，确定企业进行组织精细化管理的基本思路，规定一些设计的基本要求和主要参数。

3.1.1.1　企业集分权原则要求

企业组织结构精细化管理必须处理好企业内部集权与分权的关系，集分权问题的处理同整个企业的控制力和凝聚力密切相关。集权可以提高企业的控制力，但不一定能够解决企业的凝聚力问题。企业可以根据如下几个具体原则寻找集权与分权的平衡点：一是以整个企业市场竞争力为根本目标，着眼于塑造企业内在凝聚力，而不能单纯地为了控制的目的而进行集权。二是企业内部的集分权程度要与企业内的股权关系、文化力量和外部经营环境相适应，如具有较强文化力量的企业宜于实行较大程度的分权，面临复杂多变的外部环境的企业也必须实行分权。三是企业内部的集分权程度的把握需要考虑企业发展的成熟程度和产业领域的关联度，企业在发展初期，一般要通过强化集权和控制来促进企业整体规模和

实力的提高；当企业发展到一定阶段后，扩大分权就成为客观需要。

3.1.1.2 指挥同一原则要求

企业内部的单位和职位之间的地位并不平等，而是有个层次结构，这一点在企业表现得尤为明显，这就产生了上级如何指挥下级的问题。在进行企业组织精细化管理时，必须贯彻统一指挥的原则。一是每个单位或职位只有一个上级领导，其他上级单位无权指挥本单位或本职务；二是每个单位或职位只向其直接领导报告工作，不能越级报告工作，但可以越级申诉；三是每个单位或职位只能指挥其直接领导的单位或职位，不能越级指挥。

3.1.1.3 分工协作原则要求

企业的部门和下属单位应根据企业的具体情况建立，从各项管理职能的业务性质出发，在部门之间进行合理的分工，划清职责范围，提高管理专业化程度，以达到提高工作效率的目的。部门在分工的基础上，必须加强协作、相互配合，因为各项专业管理工作之间都有着内存的联系。在实现企业经营目标过程中，为了使各部门各项专业管理工作能够协调一致，必须加强它们之间的横向联系，注意综合管理的问题。企业部门之间的分工不能过细，不能片面强调制约，以避免机构增多，浪费人力等。

3.1.1.4 任务目标原则要求

企业组织精细化管理的根本目的是为实现企业的战略任务和经营目标服务。组织结构的全部精细化管理工作必须以此作为出发点和归宿点，即企业任务、目标与组织结构之间是目的与手段的关系；衡量组织结构设计的优劣，要以是否有利于实现企业任务、目标作为最终的标准。从这一原则出发，当企业的任务、目标发生重大变化时，例如从单纯生产型向生产经营型、从内向型向外向型转变时，组织结构必须作相应的调整和变革，以适应任务、目标变化的需要。应该以企业的经营目标为中心，把各级、各部门的目标分别建成体系。

3.1.1.5 精干高效原则要求

企业组织精细化管理要因事而异、因职配人，先要有事，然后才设机构，才配备人员，并且尽量减少管理层次，员工配备也要精干。贯彻精干高效原则应很好地解决管理层次和管理幅度问题。企业管理层次的多少是根据管理幅度，即一个主管人员能够直接指挥的下属单位的人数决定的。扩大管理幅度，可以减少管理层次，组织机构可以相对地简单些，所需的管理人员、时间和费用要少，上下级之间的联系和信息传递的渠道可以缩短。在处理管理层次和管理幅度问题时，应考虑各级管理人员的业务技术水平和能力、管理活动的复杂性和相似性、上下级之间相互联系的频繁程度和密度、新问题的发生率、业务标准化程度以及机构在空间上的分散程度等因素。

3.1.1.6 责权利结合原则要求

企业组织精细化管理的结果是一些组织有内部单位，而内部单位又由一些职位组成，即职位组成单位，单位组成组织。每个单位和每个职位肯定都有一定的职责，无职责的单位或职位在组织内部是不可能存在的。同时，为了使单位和职位能完成其职责，必须赋予他们一定的职权，否则有职无权无法完成职责。分派的职责和赋予的职权必须相匹配，职权过大，会滥用职权，职权过少会影响职责的完成。因此，在进行企业组织精细化管理时，就必须考虑企业内部各单位和职位的责权利应该相匹配。

3.1.1.7 稳定与适应结合原则要求

一旦确定的组织结构被企业采纳，一般要保证其具有较长时期的稳定性，不宜随便更改。但企业又必须使得其组织结构适应外部环境的需求，当外部环境的变化或企业自身发展的需要导致企业战略发生变化时，往往需要企业组织结构能够适应变化了的战略的需求。企业组织结构的设计必须把握好一个度，既不轻易破坏其稳定性，又必须在关键时刻进行结构调整以适应企业发展的需求。

3.1.2 企业组织精细化管理的程序

企业组织精细化管理是一个动态的工作过程，包含了一系列的工作步骤和工作程序。一般来说，企业组织设计通常有三种不同情况，其一是新建组织需要设计管理组织的系统；其二是当原有组织机构出现较大的问题或整个组织的目标发生变化时，需要对原有组织机构进行重新估价与设计；其三是对组织机构的局部进行增减或完善。虽然情况不尽相同，但组织设计的基本程序是一致的。

（1）对企业管理工作过程的总设计。在对组织结构进行设计时，首先要在已定企业组织目标的引导下，围绕组织目标的完成进行管理工作，使管理工作达到最优化，这是企业组织精细化管理的出发点。企业管理工作活动在相对稳定的程序中反复循环的过程，叫做管理工作过程，好像是管理工作活动的轨道。但对管理工作过程方案的选择不仅仅是一个，而是多个，所以就有一个选优问题。要寻找那些过程时间最短，管理岗位设置数量最少，最省费用的过程，并使管理工作过程内达到四项衔接，即工作项目衔接、岗位衔接、实物衔接、信息衔接，从而达到管理工作过程最优化。

（2）设计企业的管理岗位。管理岗位是管理工作过程的必要环节，又是组织结构的基本单位。由岗位组成科室，再由科室组成部门以至整个管理系统。岗位的设置要适度，既要考虑管理工作过程的需要，又要考虑管理的方便。

（3）规定岗位的输入、输出与转换。企业管理岗位是管理工作的转换器，也就是把输入的业务经过加工、转换为新的业务进行输出。通过输入与输出就能从时间上、空间上把各管理岗位纵横联系起来，形成一个整体。设计岗位时，要对每个管理岗位进行工作分析，规定输入与输出业务的名称、时间、数量、表格、实物、信息等，并寻找出该岗位最优的管理操作程序，用工作规范将其固定下来。

（4）给岗位定员、定编和定质。给岗位定员、定编和定质就是按照管理岗位上工作量的需要定下相应数量的人员编制以及岗位所需人员的素质特长。

（5）规定岗位人员工资和奖励级差。设计时应根据该岗位在管理工作过程中的重要程度、任务量大小、工作强度、技术复杂程度、工作难易程度、环境条件、政策水平高低、风险程度等八个指标来考虑管理工作岗位报酬的差别。

（6）设置控制的组织机构。设置控制的组织机构就是按照管理工作过程的连续程度和工作量大小确定管理岗位以上的各组织机构，这套组织机构必须保证管理工作过程的畅通无阻。

3.1.3 影响企业组织精细化管理的因素

由于市场竞争的日益激烈和外部环境的不断变化，权变的组织设计思想被广泛地应用。就是以系统、动态的观点来思考和设计组织，对企业组织进行精细化管理。权变思想要求把企业组织看成一个与外部环境有着普遍直接联系的开放式系统。

在现实生活中，企业组织结构是千姿百态的。普遍适用的、最好的组织结构是不存在的。管理者必须根据所面临的特定情况，选用一种最适合于本企业组织的结构设计。现代管理学者提出的“权变理论”，就是强调不同的企业以及同一企业在不同发展阶段上，都应当根据特定的具体条件来选择和设计相适应的组织结构，影响结构精细化管理模式选择的主要权变因素包括环境、战略、规模、技术、人员素质等。

环境是管理者选择组织模式时必须考虑的一个重要影响因素。这里的环境指外部环境和特定环境。外部环境即对组织管理目标有间接影响的因素，如政治、经济、文化。特定环境即对管理有直接影响的因素，如政府、顾客、竞争对手。外部环境和特定环境会相互影响。由于环境的复杂性和频繁变化，引起了管理者因不了解环境而无法做出正确决策的情况。管理者可以通过以下手段提高组织适应环境的能力：

（1）对传统职位和职能部门进行调整；

（2）根据外部环境的不确定程度来设计不同类型（机械或灵活）的组织结构；

（3）根据组织各部门对目标的差别性、整合性设计组织结构；

（4）通过加强计划和对环境的预测减少不确定性；

（5）通过组织之间的合作减少组织对环境的过度依赖。

战略决定和影响企业组织活动性质的总目标以及实现目标的路径和方法。钱德勒认为组织战略发展有四个阶段，每个阶段都有相应的战略目标。

（1）数量扩大阶段：目标为扩大组织规模。

（2）地区开拓阶段：目标为建立新的组织结构协调各个业务单元。

（3）纵向联合发展阶段：在原有行业的基础上向其他领域扩展，需要建立与相关部门适应的职能部门。

（4）产品多样阶段：利用现有资源实现组织转型，这也要求创造转型所需的职能部门。

企业规模、技术、人员素质等也影响组织模式的选择。比如，推行单一产品经营的企业可以选用职能型组织，而大型企业尤其是在多个产品或广泛市场领域开展多元化、跨地区经营的企业选用事业部制会显示出更大的优越性。小型组织在发展的初期经常采用直线型组织形式，在规模扩大以后就要向更为复杂的组织模式转变。使用非常规技术的企业和经常使用常规技术的企业，在组织结构设计上追求更大的灵活性。人员素质越高，组织结构设计上也要求保留更大的弹性和灵活性，以便使高素质的人员能更好地发挥主动性、创造性。

3.2 企业组织精细化管理的内容与组织结构类型

3.2.1 企业组织精细化管理要素

企业组织精细化管理要素包括以下四个方面：

（1）企业组织应有完整的纵向层次。无论企业选择什么样的组织结构模式都有利和弊，企业组织精细化层次管理的依据基本上是对市场需求的快速反应和实现规模经济，但两者之间存在诸多矛盾，因而需要权衡进行选择。

（2）企业组织需要对决策过程进行管理。企业组织精细化管理往往注重业务而忽视决策过程，但实际上现实中的企业抱怨最多的是决策问题，决策在组织上要注重科学性，但科学决策并不是唯一的决策途径，有时在市场需要瞬间决策时，往往企业家或者决策人的直觉决策可能效果更好。因而，企业组织精细化管理必须充分考虑决策过程的各个方面。

（3）企业组织需要设计协调机制，尤其是企业组织的横向协调机制。企业组织中必须有横向沟通过程，横向沟通就是协调过程。企业内职能职责明确之后，并不需要事事、处处的横向协调，但组织内必须有协调机制，而且是有效的协调机制，以解决可能出现的需要协调的过程与内容。实际上，组织精细化管理中的横向协调是否有效是衡量企业组织是否有效的一个重要指标。

（4）企业组织精细化管理必须有充分的时间与资源保障。企业需要进行组织精细化管理的原因应该从企业目标、价值观、战略等方面去寻找，而且在组织精细化管理中需要清晰描述预期的结果，新的组织结构也需要一定的时间与组织去运作。

3.2.2 企业组织精细化管理的基本内容

现代企业组织精细化管理的内容主要包括六个方面，这六个方面又可以分为两组，即结构本身精细化管理和运行制度精细化管理。

（1）企业组织的职能精细化管理。职能精细化管理是指企业的经营职能和管理职能的精细化管理。企业作为一个经营单位，要根据其战略任务设计经营、管理职能。如果企业有些职能不合理，那就需要进行调整，对其弱化或取消。

（2）企业组织的框架精细化管理。框架精细化管理是企业组织精细化管理的主要部分，运用较多。其内容简单来说就是纵向的分层次、横向的分部门。

（3）企业组织的协调精细化管理。协调精细化管理是指协调方式的设计。框架精细化管理主要研究分工，有分工就必须要有协作。协调方式的设计就是研究分工的各个层次、各个部门之间如何进行合理的协调、联系、配合，以保证其高效率的配合，发挥管理系统的整体效应。

（4）企业组织的规范精细化管理。规范精细化管理就是管理规范的设计。管理规范就是企业的规章制度，它是管理的规范和准则。结构本身设计最后要落实、体现为规章制度。管理规范保证了各个层次、部门和岗位按照统一的要求和标准进行配合和行动。

（5）企业组织的人员精细化管理。人员精细化管理就是管理人员的设计。企业结构本身精细化管理和规范精细化管理都要以管理者为依托，并由管理者来执行。按照组织设计的要求，必须进行人员精细化管理，配备相应数量和质量的人员。

（6）企业组织的激励设计。激励设计就是设计激励制度，对管理人员进行激励，其中包括正激励和负激励。正激励包括工资、福利等，负激励包括各种约束机制，也就是所谓的奖惩制度。激励制度既有利于调动管理人员的积极性，也有利于防止一些不正当和不规范的行为。

企业组织结构本身精细化管理包括职能精细化管理、框架精细化管理和协调精细化管理，其实质是从企业的职能出发，设计部门和岗位之间的分工和合作。运行制度精细化管理包括规范精细化管理、人员精细化管理和激励设计，其实质是从结构本身设计出发，设计规章制度、人员的配备和控制。运行制度保证结构本身得以顺利运行。结构本身设计和运行制度设计互为表里。如果说结构本身是硬件，那么运行制度就是软件，两者共同保证企业组织的高效率运转。

3.2.3 企业组织结构的基本形式

随着企业的产生和发展以及领导体制的演变，企业组织结构形式也经历了一个发展变化的过程。企业组织结构主要的形式有：直线制、职能制、直线-职能制、事业部制、模拟分权制、矩阵制等。

3.2.3.1 直线制

直线制组织结构是一种实行直线领导，不设职能机构的管理组织形式。这种组织形式中，各层领导机构都是综合性的，由经理实行没有职能机构的集中管理，经理集直线指挥与职能管理于一身，如图3-1所示。这种组织结构的优点是结构简单、权力集中、指挥统一、决策迅速；其缺点如下：

（1）由于直线指挥与职能管理不分，对领导者的知识和能力要求较高；

（2）各层领导机构实行综合管理，无专业化分工，不易提高专业管理水平；

（3）在层次较多的情况下，横向信息沟通较困难。

直线制组织结构由于受领导者能力的限制，管理幅度不可能宽，因而企业的规模不可能大，只适于小型企业。

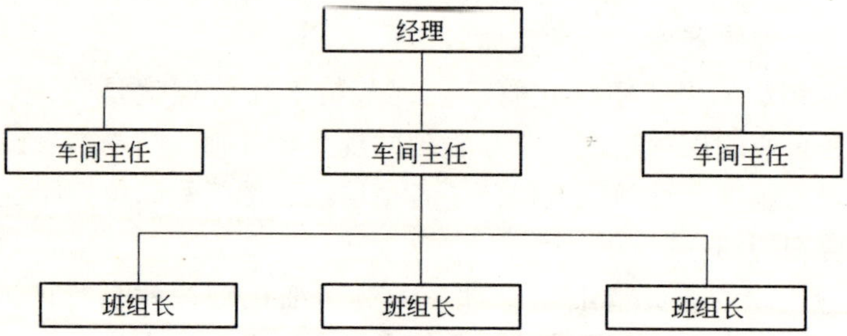

图3-1 直线制组织结构简图

3.2.3.2 职能制

职能制组织结构是各级行政单位除主管负责人外，还相应地设立一些职能机构。如在经理下面设立职能机构和人员，协助经理从事职能管理工作，如图3-2所示。这种结构要求行政主管把相应的管理职责和权力交给相关的职能机构，各职能机构有权在自己业务范围内向下级行政单位发号施令。因此，下级行政负责人除了接受上级行政主管人指挥外，还必须接受上级各职能机构的领导。

职能制的优点是能适应现代化工业企业生产技术比较复杂、管理工作比较精细的特点，能充分发挥职能机构的专业管理作用，减轻直线领导人员的工作负担。缺点是它妨碍了必要的集中领导和统一指挥，形成多头领导，不利于建立和健全各级行政负责人和职能科室的责任制，中间管理层往往会出现有功大家抢，有过大家推的现象。另外，在上级行政领导和职能机构的指导和命令发生矛盾

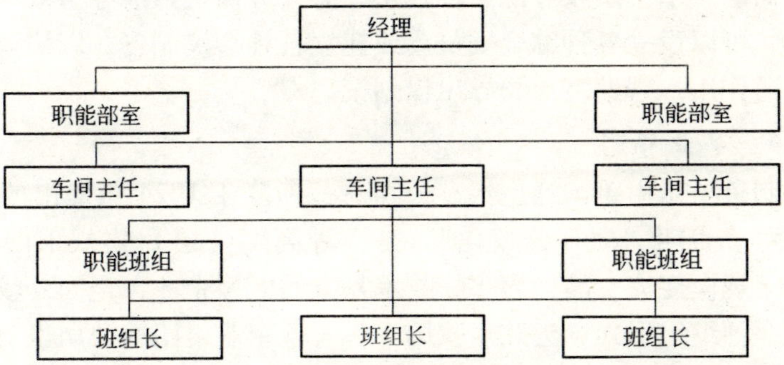

图 3-2　职能制组织结构简图

时，下级就无所适从，影响工作的正常进行，容易造成纪律松弛，生产管理秩序混乱。由于职能制组织结构形式的明显缺陷，现代企业一般都不采用这种形式。

3.2.3.3　**直线-职能制**

直线-职能制也叫生产区域制或直线参谋制。它是在直线制和职能制的基础上取长补短，吸取这两种形式的优点而建立起来的。目前我国绝大多数企业都采用这种组织结构形式。这种组织结构形式是把企业管理机构和人员分为两类，一类是直线领导机构和人员，按命令统一原则对各级组织行使指挥权；另一类是职能机构和人员，按专业化原则从事组织的各项职能管理工作。直线领导机构和人员在自己的职责范围内有一定的决定权和对所属下级的指挥权，并对自己部门的工作负全部责任；职能机构和人员则是直线指挥人员的参谋，不能对直接部门发号施令，只能进行业务指导。直线-职能制组织结构图如图 3-3 所示。

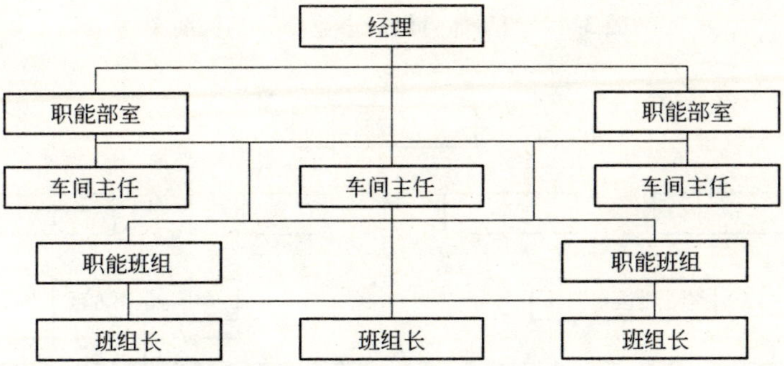

图 3-3　直线-职能制组织结构简图

直线-职能制的优点是：既保证企业管理体系的集中统一，又可以在各级行政负责人的领导下，充分发挥各专业管理机构的作用。其缺点是：职能部门之间的协作和配合性较差，职能部门的许多工作要直接向上层领导报告请示才能处理，这一方面加重了上层领导的工作负担，另一方面也造成办事效率低。为了克服这些缺点，可以设立各种综合委员会或建立各种会议制度，以协调各方面的工作，起到沟通作用，帮助高层领导出谋划策。

3.2.3.4 事业部制

事业部制最早是由美国通用汽车公司总裁斯隆于1924年提出的，故有"斯隆模型"之称，也叫"联邦分权化"，是一种高度（层）集权下的分权管理体制。它适用于规模庞大、品种繁多、技术复杂的大型企业，是国外较大的联合公司所采用的一种组织形式，近几年我国一些大型企业集团或公司也引进了这种组织结构形式。事业部制是分级管理、分级核算、自负盈亏的一种形式，即一个公司按地区或按产品类别分成若干个事业部，从产品的设计、原料采购、成本核算、产品制造，一直到产品销售，均由事业部及所属工厂负责，实行单独核算、独立经营，公司总部只保留人事决策、预算控制和监督大权，并通过利润等指标对事业部进行控制。也有的事业部只负责指挥和组织生产，不负责采购和销售，实行生产和供销分立，但这种事业部正在被产品事业部（见图3-4）所取代。还有的事业部则按区域来划分（见图3-5）。

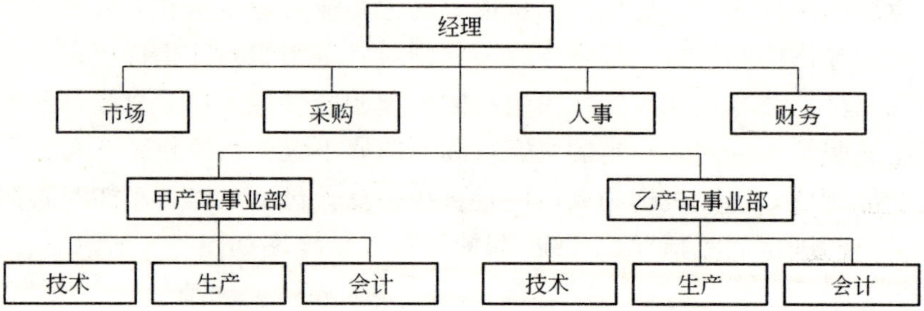

图3-4 产品部门化（事业部）结构简图

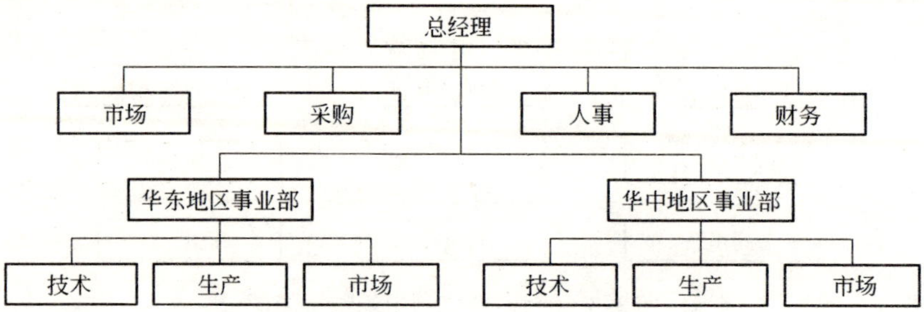

图3-5 区域部门化（事业部）结构简图

总体来说，事业部必须具有三个基本要素：相对独立的市场；相对独立的利益；相对独立的自主权。事业部制的好处是：总公司领导可以摆脱日常事务，集中精力考虑全局问题；事业部实行独立核算，更能发挥经营管理的积极性，更利于组织专业化生产和实现企业的内部协作；各事业部之间有比较、有竞争，这种比较和竞争有利于企业的发展；事业部内部的供、产、销之间容易协调，不像在直线-职能制下需要高层管理部门过问；事业部经理要从事业部整体来考虑问题，这有利于培养和训练管理人才。事业部制的缺点是：公司与事业部的职能机构重叠，导致管理人员浪费；事业部实行独立核算，各事业部只考虑自身的利益，影响事业部之间的协作，一些业务联系与沟通往往也被经济关系所替代，甚至连总部的职能机构为事业部提供决策咨询服务时，也要事业部支付咨询服务费。

3.2.3.5 模拟分权制

模拟分权制是一种介于直线职能制和事业部制之间的结构形式。这种组织结构如图3-6所示。

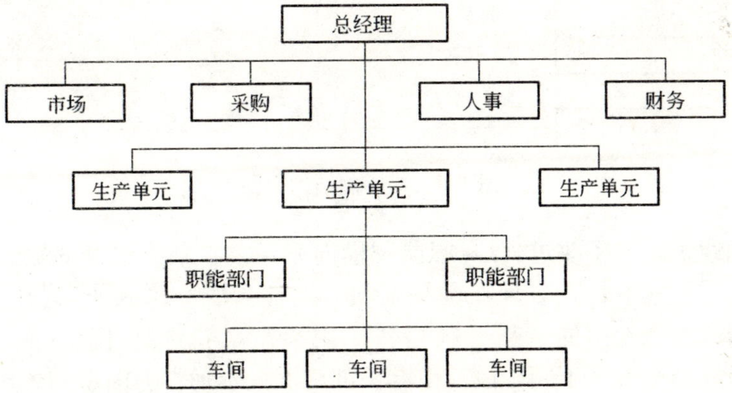

图3-6 模拟分权制结构简图

许多大型企业如连续生产的钢铁、化工企业，由于产品品种或生产工艺过程所限，难以分解成几个独立的事业部，又由于企业的规模庞大，以致高层管理者感到采用其他组织形态都不容易管理，这时就出现模拟分权组织结构形式。所谓模拟，就是要模拟事业部制的独立经营、单独核算，而不是真正的事业部，实际上是一个个“生产单位”。这些生产单位有自己的职能机构，享有尽可能大的自主权，负有“模拟性”的盈亏责任，目的是要调动他们的生产经营积极性，达到改善企业生产经营管理的目的。各生产单位由于生产上的连续性，很难将它们截然分开，以连续生产的石油化工为例，甲单位生产出来的“产品”直接就成为乙生产单位的原料，这当中无须停顿和中转。因此，它们之间的经济核算只能依据企业内部的价格，而不是市场价格，也就是说这些生产单位没有自己独立的外部市场，这也是与事业部的差别所在。

模拟分权制的优点除了调动各生产单位的积极性外，就是解决企业规模过大不易管理的问题。高层管理人员将部分权力分给生产单位，减少了自己的行政事务，从而把精力集中到战略问题上来。缺点是不易为模拟的生产单位明确任务，造成考核上的困难；各生产单位领导人不易了解企业的全貌，在信息沟通和决策权力方面也存在着明显的缺陷。

3.2.3.6 矩阵制

在组织结构上，把既有按职能划分的垂直领导系统，又有按产品（项目）划分的横向领导关系的结构，称为矩阵制组织结构，如图3-7所示。

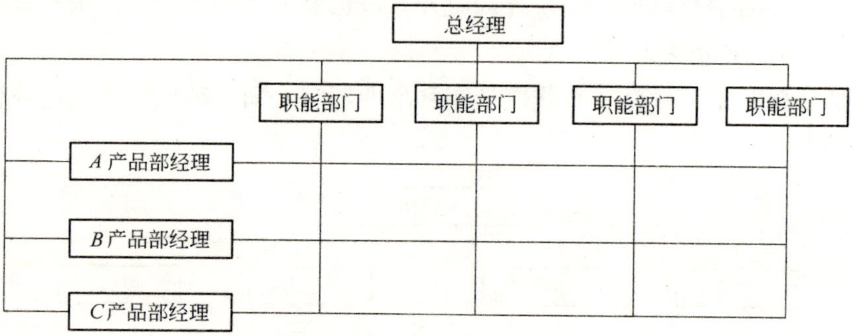

图3-7 矩阵制结构简图

矩阵制组织是为了改进直线-职能制横向联系差，缺乏弹性的缺点而形成的一种组织形式。它的特点表现在围绕某项专门任务成立跨职能部门的专门机构上，例如组成一个专门的产品（项目）小组去从事新产品开发工作，在研究、设计、试验、制造各个不同阶段，由有关部门派人参加，力图做到条块结合，以协调有关部门的活动，保证任务的完成。这种组织结构形式是固定的，人员却是变动的，需要谁，谁就来，任务完成后就可以离开。项目小组和负责人也是临时组织和委任的，任务完成后就解散，有关人员回原单位工作。因此，这种组织结构非常适用于横向协作和攻关项目。

矩阵制的优点是：机动、灵活，可随项目的开发与结束进行组织或解散；由于这种结构是根据项目组织的，任务清楚，目的明确，各方面有专长的人都是有备而来，因此在新的工作小组里，能沟通、融合，能把自己的工作同整体工作联系在一起，为攻克难关、解决问题而献计献策，由于从各方面抽调来的人员有信任感、荣誉感，使他们增加了责任感，激发了工作热情，促进了项目的实现；它还加强了不同部门之间的配合和信息交流，克服了直线-职能结构中各部门互相脱节的现象。矩阵制的缺点是：项目负责人的责任大于权力，因为参加项目的人员都来自不同部门，隶属关系仍在原单位，只是为"会战"而来，所以项目负责人对他们管理困难，没有足够的激励手段与惩治手段，这种人员上的双重管理是矩阵制的先天缺陷；由于项目组成人员来自各个职能部门，当任务完成以后，仍要回原单位，因而容易产生临时观念，对工作有一定影响。

矩阵制适用于一些重大攻关项目。企业可用来完成涉及面广的、临时性的、复杂的重大工程项目或管理改革任务。特别适用于以开发与实验为主的单位，例如科学研究，尤其是应用性研究单位等。

【案例3-1】 海尔企业组织结构以及运营

组织结构是组织设计的结果，是组织职能要解决的核心问题之一。通过组织结构图，我们可以直观地了解组织中各部门的设置情况和层次结构、组织内部的分工和各部门之间上下级的隶属关系等。

管理幅度与管理层次的划分、部门化、职权划分是组织结构设计的三大基础。传统的组织结构形式有：直线制、职能制、直线参谋制、直线职能参谋制、事业部制等。现代的组织结构形式有：矩阵制、项目制、多维立体结构、学习型组织、基于团队的结构、无边界组织等。目前，最常用的部门化形式有：产品部门化、职能部门化、顾客部门化、地区部门化等。未来企业部门化的趋势是跨职能团队、顾客部门化等。

关注海尔的人都知道，为了应对网络经济和加入WTO带来的挑战，海尔从1998年就开始实施以市场链为纽带的业务流程再造。在第一个五年中，海尔主要实现了组织结构的再造：变传统企业金字塔式的直线-职能结构为扁平化、信息化和网络化的市场链流程；以订单信息流为中心，带动物流、资金流的运动，加快了用户零距离、产品零库存和营运零资本的“三零”目标的实现。

从海尔集团的组织结构图（见图3-8）中我们可以看到，海尔现行超事业部制的组织结构。事业部制又称部门化结构或分权组织，它是在公司统一领导下，按产品、地区或市场不同建立事业部或分公司。各事业部分别进行产品设计、采购、生产和销售活动。事业部既是在总公司控制下的利润中心，又是产品生产责任单位和市场销售责任单位，具有自己的产品和独立的市场。由于各事业部均设置相应的职能部门，造成管理层次和管理人员较多，管理机构重叠，管理成本较高。

在此基础上，海尔集团按照规模经济及专业化分工的原则，将各产品事业部的采购职能、仓储职能、运输职能整合为一个新的部门——物流推进本部，由物流推进本部统一行使各产品事业部的上述三种职能；将各产品事业部的国内营销功能整合为一个新的部门——商流推进本部；将国外营销部门整合为海外流（海外推进本部）；将财务部门整合为资金流。于是，原有的各产品事业部就演变成为独立的生产及研发部门，而不再具有其他功能。这样，就实现了全集团范围内的统一营销、统一采购和统一结算。此外，海尔还从各事业部分离出了所有

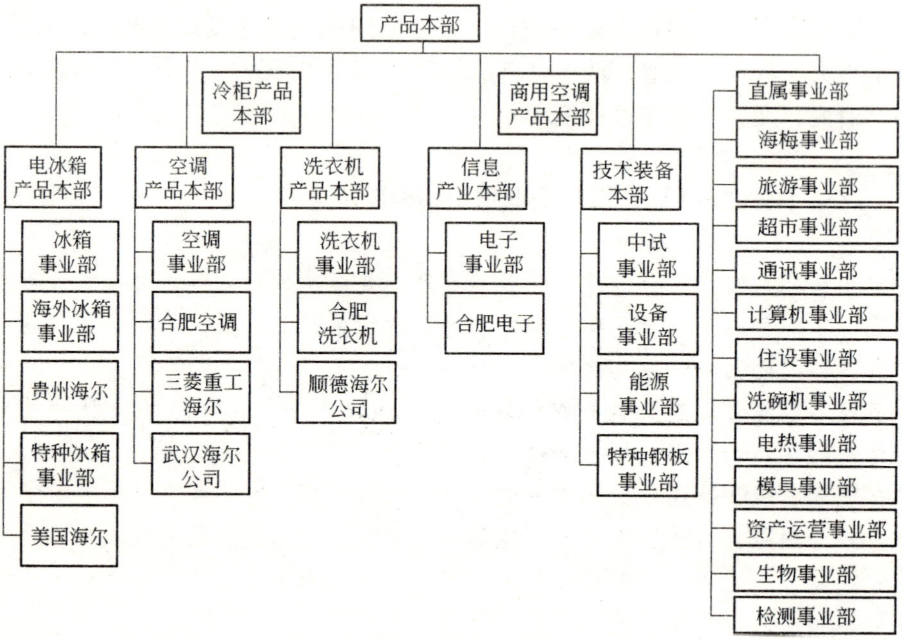

图3-8 海尔集团的组织结构图

支持业务资源，如人力资源开发、技术质量管理、信息管理、设备管理等，形成一个独立经营的服务公司。上述几大部门在集团组织结构中的地位是平等的，如今扁平化的组织结构把企业与市场结合在了一起，流程运转全以用户为中心，满足了创新的需求。

海尔集团这种先进理念的确立经历了两个阶段，即从传统的职能管理下的业务流程，发展到矩阵型结构的项目流程；然后从解决基于矩阵结构所构建的业务流程在运作过程中所出现的问题，发展到新流程的确立和业务流程的重组。

企业的组织结构是实现企业经营战略目标的基础和保证，是管理系统的载体，也是企业获取利润的工具。在当今“市场唯一不变的法则就是永远在变”（海尔理念）的形势下，企业内部的组织结构必须不断创新。

（1）海尔的组织结构是随着企业战略目标的转移和市场环境的变化而改变的。从实现“海尔”名牌战略的职能型结构，到实现海尔多元化战略的事业本部结构，再到实现海尔国际化战略的流程型网络结构，海尔走过了一条组织创新之路。

（2）以海尔为代表的企业组织结构的“横向革命”，标志着企业组织结构中传统的纵向“官僚机制”开始崩溃。这是因为，以知识、技术为基础的信息技术的迅猛发展与广泛应用，直接导致了企业内部信息交流成本的极大降低。

(3) 海尔集团坚持全面实施国际化战略，已经建立起了具有国际竞争力的全球设计网络、制造网络、营销与服务网络。海尔现有设计中心18个，工业园10个（其中国外2个，分别位于美国和巴基斯坦；国内8个，其中5个在青岛，合肥、大连、武汉各有一个），海外工厂13个，营销网点58800个，服务网点11976个。这种大规模的国际化战略必将促使海尔集团组织结构的变革。

综上所述，把相互关联的管理组织加以整合，已成为现代大型企业集团组织结构发展的大势所趋。海尔未来将逐渐建立趋于扁平化、小型化、个性化、综合化和以顾客为导向的企业组织，以适应经济发展的需要。

3.3 精细化管理中的企业组织功能与职能职责

3.3.1 精细化管理的企业组织功能分类

组织功能就是组织要干些什么事。任何一个组织的存在都会有一定的目标，这个目标就决定了组织应该做些什么事。所以，组织功能就是为了实现组织目标所要完成的事项。组织功能划分具有相对性，可以采用不同的标志，从不同角度加以分类（见表3-1）。不同的分类组合起来，就可以对组织功能的内容有一个概括性的了解。

表3-1 组织功能分类表

分类方法	组织功能
管理范围和权限	经营功能和生产功能
管理层次	决策功能、管理功能和作业功能
管理过程	决策、计划、指挥、协调、控制、监督和反馈功能
管理专业分工	生产、技术、供销、劳动人事、财务等管理
业务性质	专业功能、综合功能和服务功能
战略地位	关键功能和非关键功能
制定和落实经营决策的作用	决策功能、执行功能和监督保证功能
对业务活动的权限	直线功能、参谋功能
可操作性	一级功能、二级功能、三级功能和作业
功能主体	单位功能和岗位功能

(1) 按管理范围和权限划分，可分为对外的经营功能和对内的生产功能两大类。经营功能属于协调企业内部生产技术经济活动与外部环境之间的关系，使之适应市场需要和变化，提高企业适应能力和竞争能力，保证经济效益长期稳定的功能，是外向性功能，带有较多的决策性。生产功能则是局限于企业内部，按

照既定的经营决策和计划组织企业内部活动的功能。它以提高生产效率、增加产量、提高质量、降低消耗等为目标，相对于经营功能来说，属于内向的、执行性的功能。

（2）按管理层次划分，可分为高层、中层和基层三个层次的功能。高层功能亦称决策功能，其功能关系到企业全局。中层功能亦称管理功能，其功能是对上负责执行、协助和参谋的责任，对下则发挥指导、服务和监督的作用。基层功能亦称作业功能，是企业的生产现场，高层和中层对产品制造的各项要求都要在这个层次上得到落实。

（3）按管理过程的不同阶段划分，可分为决策功能、计划功能、指挥功能、协调功能、控制功能、监督功能和反馈功能。

（4）按管理专业分工来划分，可分为生产管理、技术管理、供销管理、劳动人事管理、财务管理等，每一类还可作细分。

（5）按业务性质划分，有专业性、综合性和服务性这三类功能。专业功能担负企业生产经营活动某一方面的业务。综合功能则贯穿于企业生产经营活动全过程，涉及企业多个子系统。服务性功能主要是生活后勤工作。由于专业管理侧重于纵向控制，综合管理主要是加强横向协调，所以这种分类方法有利于研究和处理组织中纵向和横向关系的相互结合，搞好专业分工与协作。

（6）按照在实现企业战略任务过程中的重要性分类，有关键功能和非关键功能之分。关键功能是对实现企业战略任务起关键作用的功能。它要依据不同企业或者同一企业在不同发展时期的战略重点来确定。那些非关键功能虽然重要性不如关键功能，但依然是企业管理的基本功能，不可缺少，只不过它们应围绕关键功能来配置。

（7）按制定和贯彻落实企业经营决策的不同作用分类，可分为决策、执行和监督保证等三类功能。决策功能是制定经营决策与经营计划，将其分解下达并进行考核的一系列管理工作，是企业的首要功能。执行功能则是贯彻落实经营决策与计划，具体组织从产品开发开始经由产品制造直至产品销售的全过程的活动。监督保证功能一方面适应上述两类功能的要求，为其提供必要的条件；另一方面也发挥监督作用。

（8）按照对业务活动有无直接指挥关系划分，可分为直线功能和参谋功能。直线功能承担着直接组织指挥日常生产活动的职责，从企业最高行政领导人到基层最低的一级管理人员，形成垂直的、逐级指挥的直线系统，在这个直线系统中，各级直线领导人员对本部门（直线部门）的全部工作及其成果负有完全责任，同时也拥有指挥权。参谋功能承担着综合管理和专业管理工作，对上级直线人员发挥参谋作用，对下级直线部门和直线人员则起指导、服务和监督作用，无权直接下达命令，进行指挥。

（9）按功能的可操作性划分，可分为一级功能、二级功能、三级功能和作业。一级功能是从组织的战略目标直接推导出来的功能，它与战略直接对接，但是不具有可操作性。例如，财务管理是一项一级功能，但是财务管理作为一个总体是无法操作的，它必须要细分为一些具体事项也可以付诸操作。二级功能是一级功能的细分，是对一级功能的进一步分类。与一级功能相比，二级功能的可操作性增强，但是仍然不具有可操作性。例如，财务管理可以划分为筹资、投资和盈利分配这三项二级功能，而这三项二级功能仍然无法操作，而是需要进一步细分。三级功能是对二级功能的进一步细分，具有了一定的可操作性，但是为了操作的方便，要做进一步的细分，这就是作业。所以，作业是对三级功能的细分，具有完全的可操作性。一般来说，要根据一级功能和二级功能来确定机构的设置，根据三级功能来确定岗位的设置。

（10）按功能主体来分类，就是按谁来履行功能对组织功能所作的分类，一般来说，可以分为单位功能和岗位功能两大类。单位功能是组织内部某一个机构的功能，例如财务部的功能、技术部的功能、营销部门的功能、生产部门的功能都是单位功能。整个组织本身是一个单位，所以，组织这大单位的功能要划分为组织内部小单位的功能。但是，单位本身是没有行为能力的，它必须要有人去运作，而人是在一定的岗位上，所以，从组织设计的角度来说，人的功能也就是岗位的功能。岗位功能就是每个岗位应该干什么。显然，岗位功能是由单位功能所决定的，它是单位功能的分解。如果将按可操作性对功能的分类与按主体对功能的分类联系起来，则单位功能基本上是一级功能和二级功能，而岗位功能则基本上是三级功能。

3.3.2 企业组织部门职能精细化管理

企业组织的部门职能设计就是对企业的总体任务进行总体设计，确定企业的各项职能及其结构，并层层分解为各个管理层次、部门、岗位的职责。职能设计是否正确合理，将对整个企业组织能否有运转产生重大影响。

新企业组织职能设计的主要内容包括以下几方面：

（1）企业组织的基本职能设计。以国内外先进的同类企业作为参考，根据组织设计的有关权变因素，如环境、战略、规模等特点加以调整，确定本企业应具备的基本职能。

（2）企业组织的关键职能设计。根据企业的目标和战略，在众多的基本职能中找出一两个对实现企业战略起关键作用的职能，以便突出职能设计中关键职能的作用，把它置于企业组织框架的中心地位，以保证关键职能对企业战略的促进作用。

（3）企业组织的职能分解。将确定的基本职能和关键职能逐步细化为二级职能、三级职能等，为各个管理层次、部门、管理职务岗位规定相应的职能。在职能分解过程中，要注意界定各职能之间的分工及其联系和制约关系，避免职能重叠和脱节。

对于已经存续的老企业而言，职能设计表现为职能调整，即对企业实际执行的管理职能进行调查、描述和分析，然后根据环境的变化对相关职能进行调整。调整主要是有的职能需要新增或强化，有的职能需要取消或弱化，原确定的关键职能需要改变，对重叠脱节的职能进行调整。

（1）基本职能的设计和调整。1）根据行业特点确定是否需要增加新的基本职能，细化某些基本职能，简化某些职能，或强化某些基本职能。2）根据企业技术实力的强弱调整职能。一般情况下，技术实力弱的企业应强化经营决策职能，特别是有关产品和技术选择方面的决策职能，健全并强化人力资源开发职能，加强技术引进和技术协作职能，消化吸收先进技术。技术实力强的企业应健全并不断强化营销与销售职能，健全战略联盟、协作经营职能，加强研发队伍建设，加强研发项目管理，搞好自主开发等。3）按外部环境特点设计和调整职能。如随着企业竞争的深化，大众消费品企业可能应加强公关职能，树立企业的良好形象，提高企业知名度和信誉；随着社会环境保护意识的加强，化工企业的环保职能则需加强；随着客户分化的加强，企业的销售部门可能需要不断细化针对客户的销售职能。

（2）企业组织的关键职能设计。企业各项基本职能虽然都是实现企业目标所不可缺少的，但由于重要性不同，有必要区分为关键职能和非关键职能。德鲁克曾把组织结构比喻为建筑物，各项基本职能如同建筑物中的各种构件，而关键职能就好比是建筑物中承担负荷最大的那部分构件。因此任何公司都应将关键职能放在企业组织结构的中心地位。哪项基本职能应成为组织的关键职能由企业的经营战略决定，战略不同，关键职能不同。关键职能确定后，应成立由总经理为首的相应职能领导委员会，关键职能的部门在公司人员配备和奖金分配上应处于优先地位，并有权协调相关部门的配合工作。

（3）企业组织的职能分解。职能分解是将已确定的基本职能和关键职能逐步分解，细化为独立的、可操作的具体业务活动。职能分解有利于各项职能得到执行和落实，并为后续的其他组织设计工作提供前提条件，如横向部门划分和组合，纵向集权和分权，规章制度中部门和岗位责任制的制定等。职能分解的最终结果应使业务活动具有一定的独立性，而不能将性质不同的企业活动混合在一起，并保持业务活动的可操作性，避免重复和脱节。组织设计中职能分解常与岗位职责设置相统一。

组织设计人员按照上述要求进行功能分解，无疑应该熟悉特定企业生产经营管理的知识和实际情况。在此基础上，运用组织理论的基本原则，采取逐级分解的方法。所谓"逐级分解"，一般可分为三级，基本功能设计列出的功能为一级功能；为完成一级功能必须开展的几方面管理工作为二级功能；将二级功能再分解为具体的作业。具体方法可通过逐级分解表格法来进行。表3-2是某企业生产功能分解的实例。

表3-2 某企业生产职能分解表

一级职能	二级职能	三级职能
生产管理	生产计划工作	1. 编制年度生产计划，确定各产品的全年生产任务和各季、各月的生产任务指标； 2. 编制月度生产作业计划，明确各分厂的月度生产任务以及各种货号、规格产品的投入期（量）和产出期（量）； 3. 制定各产品的生产周期、在制品定额、生产批量等期量标准
	日常生产指挥	1. 生产调度； 2. 生产作业统计，按时提出旬报、月报和年报，为生产计划、生产调度提供准确数据； 3. 订货合同分类台账与履约率的分析
	生产控制工作	1. 按月度组织在制品盘点，消除过量储备和损坏丢失现象，减少资金占用； 2. 检查操作工人执行操作规程和工艺规程的情况，防止发生质量事故和安全事故

表3-2反映了职能分解的具体方法和形式，也是职能设计的正式成果之一。该表所列的三级职能再加上各项职能工作的要求和规范的方法就是岗位规范的内容了。

3.3.3 企业组织的岗位精细化管理

3.3.3.1 岗位设计的原则

岗位分析的中心任务是保证事（岗位）得其人，人（员工）尽其才，人事相宜。岗位分析的结果（工作说明书或岗位规范）必须以良好的设计为基础，才能发挥其应有的作用，实现上述目标。

（1）因事设岗。岗位设计不仅要充分考虑每个岗位的具体情况，还要从企业生产全过程出发，对岗位的设置进行总体评价，对企业应该设置多少岗位、设置什么样的岗位进行认真研究。一般来说，某一组织中的岗位设置是由该组织的总任务决定的。"因事设岗"是设置岗位的基本原则。岗位是客观存在的，应以"事"为中心设置，而不能"因人设岗"。企业生产任务和经营管理活动的存在和发展，需要多少岗位，就设多少岗位；需要什么样的岗位，就设置什么样的岗位。总之，一切应从实际情况出发。

（2）工作扩大化和丰富化。在现代化大生产条件下，企业劳动分工越来越细，严密的分工与协作虽然能够大幅度地提高劳动效率，促进生产的发展，但也带来一些问题，如工作单调乏味，劳动者情绪低落等。

（3）工作满负荷。每个岗位的工作量应当是满负荷的，使有效劳动时间得到充分利用。这是改进岗位设计的一项基本任务。每个岗位如果是低负荷，必然影响成本的降低，造成人力、物力和财力的浪费；如果是超负荷，虽然能带来高效率，但这种效率不能长久维持，否则既影响员工的心理健康，又会加快设备的磨损。总之，在岗位分析中，应重视岗位工作量分析，设计出先进合理的劳动定额和岗位定员。

（4）劳动环境优化。劳动环境即劳动场所、工作地。劳动环境优化是指利用现代科学技术改善劳动环境中的各种因素，使之适合于劳动者的生理、心理，建立起人-机-环境的最优系统。

具体设置岗位时，还应注意考虑以下几个问题：

（1）岗位设置的数目是否符合最低数量原则，即是否以尽可能少的岗位设置来完成尽可能多的工作任务；

（2）所有岗位是否实现有效配合，是否足以保证组织总目标、总任务的实现；

（3）每一个岗位是否在组织中发挥积极效应，它与上下左右之间的关系是否协调；

（4）组织中的所有岗位是否体现经济、科学、合理、系统化原则。

3.3.3.2 岗位规范的内容

岗位规范是岗位设计的结果，它是以岗位概念结构为指导，遵守相关企业整体管理制度和系统管理制度的要求来制定的，它规定了每个岗位应该做什么和怎么做等问题，是岗位操作的具体规范。岗位规范一方面要遵守岗位概念结构所确定的岗位要素，另一方面要将相关企业整体管理制度和系统管理制度对事项的规范落实到每个岗位，不能与它们脱节，更不能与它们相矛盾。一般来说，岗位规范包括以下内容：

（1）岗位功能。岗位功能即确定本岗位是干什么的，一般要根据系统功能来确定岗位功能。岗位功能是单位功能的分解或具体化。

（2）岗位作业。岗位作业即是为了完成本岗位的功能，必须进行的各项作业活动。岗位作业包括基本作业、辅助作业和创新作业。

（3）作业程序和方法。作业程序和方法即每项作业的具体操作步骤和每一步骤的具体操作方法。这部分内容必须与相关企业整体管理制度和系统管理制度对事项的规范相一致；作业要求是对作业的时间、数量和质量等方面的要求。

(4) 岗位权限。岗位权限即本岗位有权决定什么事项和什么事项必须报上司决定。这部分内容必须与相关企业整体管理制度和系统管理制度对事项的规范相一致。

(5) 岗位技能。岗位技能即规定本岗位操作人员所应该达到的各项技术、经验和相关知识的要求。

(6) 岗位资源。岗位资源即为了完成本岗位的作业所应配备的工作条件和工作手段。

3.3.3.3 **工作说明书**

工作说明书的内容如下:

(1) 基本资料。岗位基本资料主要包括岗位名称、岗位等级、岗位编码、定员标准、直接上级和分析日期六个方面的内容。

(2) 工作职责与额外职责。工作职责是工作职务和工作责任的统一。在工作说明书中，工作职责这一项包含两部分内容：1) 概述。用精练的语言，高度概括岗位所应承担的责任。2) 工作职责。根据岗位任务具体进行描述。额外职责是指在规定工作职责范围外，完成上级领导和主管部门交办的临时工作和其他工作。

(3) 岗位关系。本部分包含两个方面的内容，即岗位之间横向与纵向的联系。岗位说明书中，首先必须清楚指出本岗位上下监督的关系，即所受的监督和所施的监督；其次，应说明与其他岗位的关系，即内部岗位之间的横向联系。通过横向和纵向上的描述，可以清楚地看出本岗位在组织系统中的确切位置。

(4) 工作内容及要求。工作内容为工作职责的具体化，即岗位所要从事的工作任务。本岗位应该做什么，不该做什么，该如何做，应逐条进行规定，内容力求具体，易操作。工作要求即对每项工作应达到的标准和规格做出的规定，这是业绩考核的依据之一。

(5) 工作权限。为了确保工作的正常开展，必须赋予每个岗位不同的权限，但权限必须与工作相配套。权限过大，会导致权力被滥用；权限过小，就起不到应有的监督和制约作用。正确的权限制定应该是责权利完全统一，权力之间相互制约、相互协调。

(6) 工作环境和条件。工作条件和环境要包含以下因素：工作环境有无噪声污染，温度、湿度如何，空气中含尘量多少，工作环境的危险性等。本部分就是通过现场观察上述因素并进行系统的描述。

(7) 工作时间。工作时间的内容包含班制设计和工作时间长度界定两个方面，常见的班制有长白班、三班倒、两班倒、四班三运转、四六班制和四八班制等，工作时间长度有周标准工时、月标准工时和年标准工时等指标。

(8) 资历。资历由工作经验和学历条件两个方面构成。需要有工作经验的岗位，必须通过观察、调查和验证，然后做出科学判断。工作经验可定为见习期、实习期、一年、三年、五年等。学历条件结合本岗位技术要求和工作特点做出判断。具体的指标有高中毕业、中专（中技）、大专和本科等。

(9) 身体条件、心理品质和能力要求。结合工作的性质、任务对员工的身体条件、心理品质和能力做出规定。如搬运工就必须要求身体健康、力气大、能适应重体力劳动；而普通的办公室文员，对身体的健康状况要求就不宜过高。

(10) 所需知识和技能。本部分包含担任本岗位职务应具备的专业知识和技能、招聘本岗位员工应考核的内容、上岗前应接受的培训和上岗后继续教育四个方面。担任本岗位职务应具备的专业知识和技能，即胜任本职工作应具备的基本要求，如达不到标准即为不合格，也就是不可胜任本岗位工作。招聘本岗位员工应考核的内容，即胜任本岗位应具备综合素质的最低要求。这一点与担任本岗位职务应具备的专业知识和技能的区别是，前者可以适当减少岗位具体环境的特殊要求，这部分差距由上岗前培训完成。上岗后继续教育和上岗前应接受的培训更贴近，即在担任本岗位职务应具备的专业知识和技能的基础上，针对企业和员工双方发展的需要应补充新的知识，以便更好地胜任工作。

3.4 企业组织变革与企业发展

3.4.1 企业组织变革的原因

企业的组织经过合理的设计并实施以后，并不是一成不变的，必须随着客观环境和内部条件的变化而不断地进行调整和改革，从而提高组织的效能。推动组织变革的根本原因在于组织的外部环境因素和内部环境因素。

3.4.1.1 企业内部环境因素

组织目标、人员素质、技术水平、个人价值观、权力结构系统、管理水平、管理方法、人际关系、产品方向、企业的生产与销售现状、员工的精神面貌等因素的变化，都会促使组织进行变革。外部因素的变化一般会引起企业组织大的变动，内部因素的变化一般引起企业内部组织结构的局部变动。当一个组织出现以下一些征兆时，就表明该组织需要变革：

(1) 决策的形成过于缓慢或时常做出错误的决策；

(2) 组织沟通不良，造成不协调，人事纠纷严重，职工士气低落，不满情绪增加等；

(3) 组织缺少创新，当现状发生变化，没有新的办法来适应，致使组织停滞不前；

(4) 组织的主要职能已无效率或得不到正常的发挥，如计划不能按时完成、成本过高、产品质量下降、销售下降、员工工作绩效下降等。

实际上，当一个企业组织必须实施变革时，一般是由两方面原因引起的：一是组织机构是否健全；二是工作效能的高低。

美国利特尔咨询公司提出了一个公式：

$$C=abd>X$$

式中，C 指变革；a 指对现状的不满程度；b 指对变革后可能达到情况的概率；d 指现实的起步措施；X 指变革所花的代价。此式说明，是否进行组织变革取决于需要变革的各种因素的乘积大于变革所花的代价，否则进行变革就没有经济价值。

3.4.1.2 企业外部环境因素

企业外部环境因素包括四个方面：竞争、技术、经济环境与社会价值观。

(1) 激烈竞争的影响。随着市场经济的发展，组织之间的竞争将愈加激烈，这对每一个组织都形成了一定的压力。企业为了适应竞争、力争取胜、增强活力，不得不对组织进行变革。

(2) 科技进步的影响。当代科技发展日新月异，新产品、新工艺、新技术对组织形成了强大的冲击。组织如不适时地加以改革，就会落后于时代的发展，就可能被飞速发展的形势淘汰。

(3) 宏观社会经济环境的影响。企业作为一个开放系统，时刻受着宏观社会经济环境的影响。国家每一次政治与经济政策的调整、计划的改变以及市场需求的变化等，都影响着企业的结构与机能的变化。例如发展中国家进行经济体制改革，建立现代企业制度，企业的组织机构为了适应市场经济的发展需要，都做了相应的改革与调整：精简领导班子，增大管理幅度，减少管理层次，增加与市场有关的职能机构等。

(4) 价值观转变的影响。在经济发展过程中，企业与人的价值观都发生了重大的变化，认为不断生产满足社会所需要的产品、不断提高经济效益才是最有价值的。为了实现这一价值观，在组织不适应现实发展时，也会引起组织的变革。

3.4.2 企业组织变革的内容

企业组织变革的内容一般包括以下三个方面：

(1) 以企业组织结构为重点的变革，即通过改革组织结构来实现组织的变革。所谓改革组织结构，一般包括划分或合并新的部门、改变职位及其权责范围、协调各部门之间的关系、高速管理幅度和管理层次、下放部分自主权等等。

(2) 以任务和技术为重点的变革。主要是指对组织各部门、各层次工作任务进行重新组合，改革原有的工作流程，更新企业的生产设备，采用新工艺、新方法提高生产效率和产品质量，实现组织变革的目的。

(3) 以人为重点的变革。这是实现所有变革的基础。无论是组织结构的变革，还是任务和技术的变革，都离不开人的重要作用，都是通过改革职工的观念和态度而实现的。以人为重点的变革主要包括知识的变革、态度的变革、个人行为的变革以至整个群体行为的变革。

【案例3-2】 华为管理变革的轨迹

长期以来，组织效率低下是国内大部分企业要面对的问题。如何在做大的同时做强企业，建立起高效运作体系？实践证明，只有伴随企业发展过程坚持不间断进行管理变革，才能打造出有核心能力的运作体系，华为22年的持续管理变革也证实了这一点。华为自1988年十几个人举债2万元创业，至2009年全球销售收入1491亿元人民币（约合218亿美元），海外收入比例为53.5%，净利润183亿元人民币，成为国际排名仅次于爱立信的世界级移动设备企业。华为之所以能在高技术、高品质、高服务水平、高竞争环境的国际通信行业中胜出，成为行业标杆企业，是华为22年间进行的不间断管理变革的结果。回顾华为的管理变革，主要经过了自主优化、引进复制、创新发展三个阶段。

自主优化阶段。该阶段从1988年持续到1998年，本阶段的主要变革工作有："华为基本法"起草、QC品质圈实施、ISO质量体系认证、各职能优化。

本阶段的管理变革以解决具体问题为主，如研发管理变革，强调了战略机会点把握，注重研发速度与集中优势兵力，这在华为发展初期取得了良好效果，也为企业快速增长立下了汗马功劳。自主优化也是痛苦的，摸着石头过河，进展缓慢而且经常走弯路，以"华为基本法"为例，聘请了人民大学6位教授，耗时3年，八易其稿，然而出炉不久便被打入冷宫，很少被任正非提及，实际上并未发挥"指导华为前进"的理论作用。1988年至1998年管理变革的主体是华为，虽然由于员工的局限性以及经常被事务性工作所困扰，无法在管理模式上取得突破性进展，但对于当时创业期的华为来说，这次管理变革满足了当时的管理需要，也为企业建立了良好的变革文化。

引进复制阶段。引进复制国外管理体系阶段是从1998年开始至2008年。华为陆续与IBM、Hay、Mercer、PwC、德勤、FhG、盖洛普、NFO-TNS、Oracle等公司合作，进行了业务流程、组织、品质控制、人力资源、财务客户满意度等六个方面的变革。

在这一轮管理变革中，华为将自身定位为一个包括研发、销售和核心制造的高技术企业，并以建立流程化组织为目标。同样以研发工作为例，主要是成立了由市场、开发、服务、制造、财务、采购、质量组成的团队（PDT），运用各种先进的管理理念及工具对产品整个开发过程进行管理和决策，确保产品研发全过程的信息透明与客户需求目标的一次性满足。同时本阶段也进行了信息化实施工作，将经过实践检验的流程固化在信息系统中，实现了流程管理电子化、业务信息数据化。建立了从客户端（需求）到客户端（供应）的简洁、规范的信息化控制体系，摆脱了对人的依赖，实现了企业的职业化与专业化改造。

复制阶段变革的主体是咨询公司，他们帮助华为建立起了各种体系化、标准化的管理体系，使管理的可控性与透明性得到了明显改善。然而随着国外管理体系在华为的建立，国外体系的缺陷也逐渐显现出来，体系中过多的流程控制点不但降低了运行效率，而且易于滋生官僚主义及教条主义，这使得管理变革又一次提上了日程。

创新发展阶段。金融危机是中外管理模式的分水岭，企业家开始客观评价国外管理模式，基于国外管理模式的管理创新成为我国企业管理变革的新特点。华为在本阶段的主要工作是进行了以一线作战需求为中心的组织与流程变革。

为有效执行各地区部、代表处、产品线、后方平台的一线作战模式，本阶段主要确定了以代表处-系统-部这样的铁三角为基础的、轻装及能力综合化的海军陆战队式的一线组织结构；借用了美军参谋长联席会议的组织模式，提出了片区的改革方案；并提出了“蜂群”的迅速集结与撤离的一窝蜂战术要求。在这一阶段，任正非不再强调国外管理的先进性，而是强调创新与自我复制，提出“要善于总结我们为什么成功，以后怎样持续成功，再将这些管理哲学的理念，用国外的方法规范，使之标准化、基线化，有利于广为传播与掌握。”

就华为22年的管理变革轨迹来看，企业管理变革是一个长期工作，需要根据企业不同阶段的需要进行持续变革，使企业始终处于高效运作状态，这样才能确保在竞争中获得优势。

第4章　流程精细化管理的内容与操作

企业流程是一组输入转化为输出的、端对端的、为客户进行价值创造的活动，是从资源输入到结果输出的转化过程，结果输出就是目标精细化的内容，是企业战略目标实现与有效落地的内容。流程就是实现企业战略目标的过程。哈默教授认为，“对于21世纪的企业来说，流程非常关键，优秀的流程将使成功的企业与其他竞争者区分开来。”企业流程精细化管理就是一种以规范化地构造端对端的卓越业务流程为中心，以持续提高组织业务绩效为目的，有效实现企业战略目标，并能持续改进的管理过程，也是一种系统化的管理方法。流程精细化管理与目前职能管理是相互补充、协调的管理内容。

4.1　流程精细化管理的意义

流程精细化管理是21世纪我国企业管理上的一场革命，尤其是管理理念上的一场革命，将改变以往的管理模式、方式以及管理行为。

（1）形成面向市场与客户的流程性组织理念，优化传统的职能组织理念。现代企业要想获得可持续的竞争优势，在未来复杂多变的竞争环境中获胜，就必须开展组织形态的创新，淘汰狭隘的对单个业务、产品、部门的思路和管理理念，不再仅仅从职能角度去看待企业、看待组织，而应该从流程与价值创造的角度去分析作为一个投入产出系统的企业组织，打破金字塔状的职能组织结构，以价值创造的作业流程为中心，实现企业内部上下左右的全面有效沟通，形成企业全员参与的状态，使企业能适应信息社会的高效率、快节奏，面对复杂多变的市场具有较强应变能力和较大灵活性。尤其是对受到深厚传统文化影响的我国企业，这种理念转换迫不及待。我国是一个官本位文化很深厚的国度，企业不可避免地染上了这种文化因子的要素，企业组织中的职能管理恰好是比较适合这种文化因子的管理方式，这种方式注重的是组织中的等级秩序和部门利益，对全局、价值链创造的全环节往往忽视，企业员工“唯上”而忽视企业整体利益，如表4-1所示，在现代市场竞争环境中这是需要改变的内容。

（2）主动面向市场与被动面向市场的管理运营理念。当前企业面临着“三C”挑战（顾客、竞争和变化这三个词的英文字头C，叫做“三C”挑战）：来

表4-1 传统组织与流程型组织的比较

项 目	传统组织	流程型组织
组织轴心	职 能	流 程
工作单位	部 门	团 队
工作描述	狭 窄	广 阔
衡量标准	狭 窄	由始至终
焦 点	上 司	客 户
报 酬	基于活动	基于结果
管理者角色	监 工	导 师
关键任务	部门经理	流程负责人
变 化	冲突导向	合作导向

自顾客的挑战，顾客越来越精明，要求也越来越高，他们需要个性化的服务，因此要求企业研发个性化的产品，满足不同层次的客户需求；来自竞争的挑战，企业要不停地围绕降低成本和提高经济效益与同行企业进行竞争；来自变化的挑战，世界经济形势和竞争规则不断变化，科技高速发展，企业要及时调整发展战略，增强竞争优势。企业尤其需要有市场与客户的理念，这是企业必须要关注的内容，企业需要形成的市场与客户理念是：客户至上，客户与市场引领企业成长、发展与壮大。这正是国内企业所缺乏的内容，也是国内企业必须具有的运营与管理理念。当今市场已经从追求大批量低成本的大规模生产转向以提高客户满意度为根本依归。由于识别和吸引客户并建立稳定客户关系的投资日益高昂，现代企业经营的中心是追求范围经济，目标是满足顾客个性化、多样化而且挑剔多变的需求，寻求目标顾客“钱包份额最大化”。这样，更贴近和了解客户的需求成为了企业的生命线。企业应该主动适应市场，满足客户需求，有效地收集、储存、分析和处理关于客户需求和行为的准确及时的巨量信息，对客户偏好形成复杂而微妙的感觉，创造出符合客户个性化需求的一揽子商品和服务。建立企业流程精细化管理系统，就是主动面向客户、面向市场，因为流程的输出端就是客户，流程中的每个环节都是面向客户的。这不仅仅是管理方式的变化，重要的是一种管理理念的变化。

（3）被动承责到主动负责的管理理念。目前职能型组织管理模式中，岗位、员工与组织只是一种交换，是工作与薪酬福利的交换，员工关注的不是价值创造过程，对工作仅仅只是一种薪酬交换的理解，责任在这里是被动的，企业组织结构中的定岗定编所明确的是岗位应该承担的责任，而不是在岗员工自身主动承担的责任，职能型组织结构中很难做到权责对应，因为职能型组织中员工面对的是“上司”，工作如同任务，一切由“上司监工”安排。在职能型组织结构中也很难做到什么人本管理，尽管所谓的“人本管理”在我国企业管理界呼唤多年。流程精细化管理中的员工面向的不是“人”而是“事”，是价值创造的环节。流程精细化管理不仅要求员工的工作重心发生转换，也要求员工的思想从传统的对上司负责、只完成上司交代的任务就行的观念，转变到对流程和结果负责、满足客户需求的观念上；而且流程精细化管理基于流程目的的员工评价体系能够充分发挥员工的能动性和创造性，牵引员工为整个流程的效率负责，主动承担流程环节上的责任。这也是一种管理理念的变化，员工对流程效率负责，而不是对上司分配的任务负责，这样就更能满足员工自我价值实现的目标，充分调动员工的积极性、主动性和创造性。

但流程精细化管理与职能管理并不冲突，两者相互补充与相互协调，职能式管理需要流程管理来平衡。职能管理是纵向集分权管理方式，部门之间缺少协调，横向沟通协调需要流程精细化管理来打通与优化各部门、各岗位之间的协同，纵向以职能来简化管理复杂度，培育与提升各部门、各岗位的专业能力。在社会分工非常发达的情况下，企业既需要整个团队的良好的专业能力，但更需要有优质的团队协作能力，两者相互补充，专业能力与团队协作能力应结合起来，共同创造企业的整体绩效。

4.2 流程精细化管理的必要性和要求

4.2.1 流程精细化管理的必要性

第三次技术革命引发的新型工业化浪潮必将改变企业运营模式，企业传统的经营管理方式早已不适应激烈竞争的要求。企业在运营中不仅需要更高的效率，还需要对瞬息万变的市场能够及时了解并做出最快的反应。对于流程的改革与精细化管理则是贯穿于整个企业的管理之中。企业中的每一个商业流程都是由一系列的步骤组成的，而每一步都要花费很多时间和财力。在如今瞬息万变的世界里，互联网正不断改变和压缩所有产业的商业流程，企业只有不断地加快速度才能立于不败之地。

长期以来，由于传统企业体制、机制、业务设计等方面的原因，企业流程的运作效果难尽人意，甚至不增值。企业流程存在的主要问题如下：

（1）面向职能分割运营模块。劳动分工细化程度的不断提高，企业组织机构越来越庞大，逐步形成典型的金字塔形结构，层次多而臃肿。这种组织方式将大公司分成更小的子公司，各子公司只负责某种类型产品的生产、市场和销售，并对企业员工在职责上进行分工，把庞大而松散的组织分割成一个个运营模块（职能模块）。这种面向职能的业务流程产生了串行的业务过程模式。串行方式导致效率低下。串行方式即两个活动先后发生，前一活动的输出是后一活动的输入，这是当前大多数企业的主要业务运作方式。显然，串行方式效率低，企业增值能力差，必须改造使之成为并行工作方式或交叉方式。

(2) 多点接触影响满意度。多点接触针对企业用户而言，由于企业的业务流程面向职能、串行方式及信息未共享，客户在购买企业产品或接受服务时，必须与多个业务流程、多个环节、多个执行者接触，大大降低了办事效率，影响了客户对企业的满意度和忠诚度。

综合以上两个方面的问题，企业流程管理中的问题如下：

(1) 企业价值创造过程中冗余环节多，即包含不增值的环节、多数据源（报表）和活动，未进行删减和合并；

(2) 企业流程未经优化，即包含未经简化的复杂流程活动。

因此，必须实行流程变革，进行流程精细化管理，使之适应市场需求的新变化，实现从以产品为中心到以客户为中心的转变，以快速响应客户的多样化需求。

企业进行流程精细化管理的必要性在于以下三个方面：

(1) 确保制度管事。在企业运行中，制度的执行难和习惯性的放松是企业的一个大问题。一件事情如果能在比制度更宽松的环境下通过，那么这个新的宽松的习惯就会成为一个不成文的“制度”。时间一长，所有的制度管理就变得很难推行。有的时候，制度在推行时往往是各个部门在推销他自己分管的那个分支的“制度”，但他们推销的那个制度，恰恰与企业整体运行关系很不和谐。所以，企业全体员工都围绕一个制度办事，企业才能将战略变成行动，这就需要流程管理。

(2) 控制有效化。企业需要改变以前那种管理链条非常长的状况，这样目标的实现很难得到控制。一般来说，企业战略目标需要逐层分解，并需要有效实施，管理链条一长，控制的难度就增加，如果在某个周期内的下属单位没有完成分解的目标与任务，往往需要等到周期结束之后才能知晓，这个时候即使知道某个单位目标没有完成也无法补救。更主要的是，需要让员工自己来把握目标完成的进度，这要求找到一个可以持续改进的管理手段——流程管理。

(3) 更关注过程。现在实行的流程管理是把对目标的关注转化成为对目标和过程的共同关注，强调执行力，这就是企业需要进行流程再造的理由。

企业的使命是为顾客创造价值，而为顾客创造价值的便是流程。成功的企业必然有成功的流程，成功的流程又需要流程精细化管理，以达到持续地改善和优化。表面上看，企业组织是以业务和职能部门来划分，但实际上起作用的是流程。没有一个部门单独的活动能够创造价值，只有将所有活动一起放在一个整体框架里进行才能创造价值，那个框架就是流程。它是一组相互关联的工作或活动，它们一起给顾客创造价值。作为各部门不同人员活动的组合，流程在运转中实现价值的增长。对企业业务流程进行精细化管理、维护和优化，可显著提高企业的竞争力和市场生存能力，从而帮助企业在竞争中更快速地为客户提供产品和服务，灵活地应对市场变化。流程精细化管理是企业提高竞争力和创新能力的必要条件，因为流程精细化管理可对产品生产流程（关注点：快速投放市场，产品创新）、产品和服务提供流程（关注点：以客户为导向，利润分配，质量）、支持流程（关注点：减少开支，提高员工满意度）、管理控制流程（关注点：变革管理，战略管理）产生直接的效果。因此，业务流程管理有助于企业快速、灵活地应对不断变化的客户需求和市场发展趋势。

随着多数产品的日益同质化，企业已经很难在性能、质量、价格上形成差异化竞争优势。企业竞争表面上是产品与产品的竞争，实际上是产品背后一系列流程之间的竞争，企业竞争的实质就是流程制胜。图 4-1 表明了流程在企业中的价值定位，其中战略解决“做什么”的问题，而流程解决“怎么做”和“谁来做”的问题，战略和流程构成企业的商业模式。它们之间的关系可以用这两句话来概括：战略和商业模式的变化会导致流程和组织的变化；流程是支撑商业模式实现的重要平台。

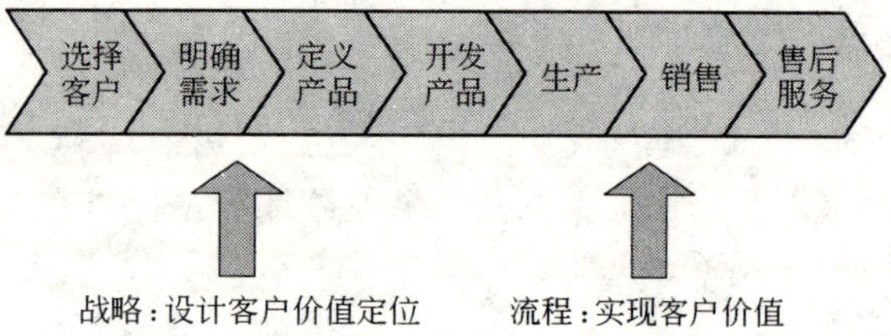

图 4-1 战略与流程的关系图

因为流程在 3C（customer、competition、change）商业环境下越来越凸显其作为企业生存和发展的根本价值，是公司的重要资源和核心财富之一，因此，势必需要对流程进行持续的管理与提升，达到与战略和商业发展同步。

流程是实现商业模式的核心载体，企业需要打造以客户为导向的、端到端的流程价值链，以有效整合内部资源，支持战略实现。流程是企业管理体系的关键模块，随着企业的成长，需要不断提升流程成熟度，把例外变成例行，把经验教训总结到流程中去，支持企业做大做强。从“流程的视角来理解管理”的逻辑就是：企业的使命是为顾客创造价值；为顾客创造价值的是企业的流程；企业的成功来自于优异的流程运营；优异的流程运营需要有优异的流程管理。实施流程管理的根本目的是简化与完善公司的业务流程体系，使之更敏捷地响应顾客需求，扩大例行管理，减少例外管理，提高效率，堵塞漏洞。

4.2.2 流程精细化管理的要求与原则

流程精细化管理原则就是人们对流程管理的本质及其内在规律的一些基本看法，是可以应用于各类流程的共性原则。流程是因客户而存在的，流程管理的真正目的是为客户提供更好更快的服务。人们经常讲流程的起点是客户，终点也是客户。但在实际工作中，由于部门的藩篱，企业明显忽略客户，甚至不知道客户是谁。从为客户服务出发，流程管理的基本要求如下：

（1）树立以客户为中心的理念；

（2）明确流程的客户是谁、流程的目的是什么；

（3）在突发和例外的情况下，从客户的角度明确判断事情的要求；

（4）关注结果，基于流程的产出制定绩效指标；

（5）使流程中的每个人具有共同目标，对客户和结果达成共识。

企业的激烈竞争促使企业管理所运用的手段、方法、工具越来越深入，生产要素也越来越精细，使得企业的运营活动变得日趋复杂化，加之企业的规模在一天天壮大，运营的系统自然也在同步地增长。一个运营体系的高效依赖流程精细化管理。流程精细化管理在企业实践中是一项持续改进的工作，不可视为一成不变，或认为经过一次设计后从此再无更改，一本万利。企业内外环境的变化是一个客观事实，为了保证企业的流程体系适应企业的需要，通常会指定企业中某部门专人专责每年度进行流程效度的检验和平时运行的稽核，以确保所运行的流程与时俱进。流程精细化管理必须是面向目标实现、面向客户的管理体系。基本管理原则包括以下几个方面：

（1）企业运行组织以目标-产出为中心。流程精细化管理强调打破原有的职能界限和任务划分，尽可能将跨越不同职能部门、由不同专业人员完成的工作环节集成起来，由单个人来完成。这种集成与整合其实是对员工素质提出了更高要求，传统模式中的专才难以适应新流程的要求，同时信息技术要对集成后企业活动的运行提供有力的工具支持。

（2）让那些需要得到流程产出的人自己执行流程。过去由于专业化精密分工，企业的各个专业化部门只做一项工作，同时又是其他部门的顾客，对于采购贵重货物的确能显示出专业化采购优势，但是对于廉价的非战略性物品，这一流程就显得笨重而缓慢，并且用以采购的各项间接费用往往会超过所购产品的成本。在有了信息系统以后，当与流程关系最密切的人自己可以完成流程时，就大大消除了原有各工作界面之间的摩擦，从而减少了管理费用。但是这并不意味着要取消所有专业部门的专业职能，还是要以全局最优为标准。

（3）将并行工作联系起来，而不仅仅是联系产出。存在着两种形式的并行，一种是各独立单位从事相同的工作；另一种是各独立单位从事不同的工作，而这些工作最终必须组合到一起。并行的好处在于将研究开发工作分割成一个个任务，同时进行，可以缩短开发周期。但是传统的并行流程缺乏各部门间的协作，这样往往在组装和测试阶段就会暴露出各种问题，从而延误新产品的上市。现在配合各项独立团队的活动，而不是在最后进行简单的组合，可以缩短产品开发期，减少不必要的浪费。

（4）使决策点位于工作执行的地方，在业务流程中建立控制程序。一种传统的假设认为一线工人既没有时间也没有意愿去监控流程，同时他们也没有足够的知识和眼界去做出决策。这种假设构成整个金字塔式的管理结构的基础。而今，信息技术能够捕捉和处理信息，专家系统又拓展了人们的知识，于是一线工作者可以自行决策，在流程中建立控制，这就为压缩管理层次和实现扁平组织提供技术支持。决策权力下放，必然压缩管理层次，减少不必要的控制监督人员，减少相应的管理费用。权力下放并不意味着管理人员无事可做，实际上管理人员需要对员工决策提供必要的支持，同时将更多精力放在企业的战略决策上；另一方面，传统管理模式设置了多重核查和控制程序，并有意在不同部门之间建立互信牵制的制度。控制自然是要付出人力和成本的，有时甚至超过了控制所能产生的收益，部门间的职能不清与“管理真空地带”的存在更为部门互相推诿提供了借口。流程管理主张在能产生经济效益时才进行控制，并提倡总量控制和延迟控制，这两种控制机制工作量小，成本低，允许少量的权利滥用，也在一定程度上提高了员工的积极性。

（5）单点接触顾客。为了做到对顾客负责，及时满足顾客的需求，改变传统的多点接触顾客但实际上又无人负责的局面，企业需要让流程“单点接触顾客”，即企业和顾客只有一个联系点即业务专管员或业务负责人。业务负责人还应该具备这样的能力，即能使用流程中所用的信息系统，有能力与流程的其他执行人员保持联系并相互协助工作。

4.3 流程精细化管理的步骤与实施内容

4.3.1 流程精细化管理理念的传导

流程精细化管理是一种新的企业管理理念和管理方式。对我国企业来说，理念传导与理念变化是最为重要的内容。当一种企业运营模式或管理方式不为企业人员所了解、熟知，在实行过程中必然得不到企业员工的认同和支持，尤其是企业的高管人员必须具有流程精细化管理的理念。

从国外企业流程精细化管理实践来看，流程精细化管理是企业卓越绩效的表现，企业获得好的经营绩效一定是战略目标有效落地、实现的过程，这个过程是企业运营过程的活动结果，因而企业需要对过程进行监控，尤其是那些例行的运行过程必须形成制度、规范，并通过制度与规范来对企业运营过程进行管控、监督。其次，企业存在的使命和价值就在于为客户创造价值，因而企业运营需要从整个系统与企业全局的角度去考虑价值创造，而价值是在流程运行过程中创造出来的，企业运营系统所有其他组成要素都是因流程创造价值需求而存在的，都需要围绕流程设计要求配置。由此认为，流程是企业运营系统的主线，只要用流程视角才能真正清除企业系统的本质和内在联系。第三，流程是企业运营效率高低的关键，流程应该成为企业管理关注的焦点和核心，企业的流程规划、流程梳理、流程优化的目的在于确保流程卓越，消除企业运营过程中的非价值增值环节，进而达成企业运营绩效卓越。换句话说，企业管理者和企业人员需要用流程理念思考企业管理问题。

（1）企业高管人员需要形成用流程精细化理念思考企业中的管理问题，用流程精细化理念处理企业管理中的问题。

（2）企业流程责任与管理人员必须熟悉流程管理的方式、方法，了解标杆企业流程管理的过程。

（3）企业员工需要了解流程管理模式和方式，具有流程管理的基本知识和流程理念。

企业需要形成流程精细化管理的氛围，通过走出去、请进来的方式对企业各层级人员进行流程管理的培训、教育。

高层管理人员应该走出去到标杆企业了解流程管理的效果、方式、内容以及模式，感受标杆企业流程精细化管理绩效和过程，具有流程管理的理念和思维，这样在本企业推行流程管理时能够引领企业方向。高层的推动和支持是一种管理方式能否有效推行下去以及推行之后能否获得实际绩效的关键。如果企业高层管理人员具有流程管理的理念，企业推行流程管理方式过程中出现的问题都可以通过高层的支持得到有效解决。企业高层需要对流程精细化管理取得共识，重要的是，企业流程精细化管理需要获得最高主管的充分支持与授权，一般来说，高层管理人员的支持可说是企业流程精细化管理最重要的成功因素之一，因为流程精细化管理的模式是一个重大变革，牵涉到跨部门的管理，绝不可能下行上效。在变革的过程中，高层管理人员的改造宣言是表示承诺最好的方法，而透过不同的管道加以沟通，持续表现对于管理方式变革的承诺，并提供改造所需的人力与资源，对于员工而言，都是在面对各种困难时的一剂强心针。

作为企业流程管理人员，企业流程管理人员需要走出去接受专门的流程管理培训，并了解标杆企业流程管理的实际做法。很多企业流程管理效果不好，或者无法有效推行下去，其原因在于对流程管理的模式、操作方法等了解不够，或者不熟练，导致流程运行管理过程中的很多问题无法有效解决，例如流程设计不合理，流程重点不清晰，流程的目的不清晰，流程管理的责任者不明确等。

企业需要请进来的方式和内部培训讲师结合一起对员工进行流程管理培训和教育，确保流程管理理念深入企业员工的日常行为中。流程环节中的活动需要企业员工去执行、落实，尤其是流程负责人，需要监督流程资源输入到输出的全部过程，确保流程目标的实现。因而需要对企业员工进行流程培训，以便流程实施和执行过程的有效和畅通。流程精细化管理是需要企业全员参与的管理方式，所有受实施影响的相关部门的负责人以及员工都应该参与到流程精细化管理活动中。充分的沟通和培训是确保全员参与的手段与方法，这样可保证管理方式变革获得所需要的资源，也有利于在组织内部传播改革的思想；同时，员工是流程的最终执行者，员工的参与有助于及早适应和改进系统。员工需要具有流程精细化管理的理念和知识，企业需要通过各种方式例如宣传、教育、培训、会议等方式形成流程精细化管理的文化氛围。

以流程为中心的企业关注顾客，必须重视塑造流程型的组织以及相应的文化氛围，优秀的流程参与者才能产生高效的流程绩效。企业需要让自己的员工必须明白，只有迎合了顾客，才能使股东满意；对公司忠诚，更要对顾客忠诚，唯有此企业才能生存。企业员工所要做的，不只是服从和勤奋，更需要主动、承担责任和冒险精神，需要从整体的观点理解企业，对流程的成功负责。在流程型企业中，员工在获得自由和个人发展机会的同时，也要主动地为顾客创造价值，从而给公司赢利。

4.3.2 企业业务流程规划与流程框架

建立企业业务流程规划或者流程框架的目的在于为流程梳理、优化提供全面的视角，其完整性、逻辑性以及基于战略目标的视角有助于提升企业流程清单与流程系统图的准确性，明确企业流程精细化管理的重点，避免关键流程的遗漏和缺失。为此，企业需要对流程进行科学、系统的规划，识别出现有企业的流程状态与状况、运行环境，为企业即将开展的流程梳理、流程优化打下基础，避免流程精细化管理工作开展时失去改进的方向与目标。同时由于流程精细化管理是以企业的战略、战略目标、整体运营过程为对象，通过建立系统的流程精细化管理体系，可以使企业具有整体的、系统的思维方式，而不是局限于局部、环节上的最优化。流程优化指在企业经营和内部管理运营（如理念、产品、服务、模式、方法等方面）未发生主动、明显改变的情况下，对现有业务流程自发地、持续地进行自我改造、调整，实现流程绩效和组织绩效的持续改善提高。沿袭业务流程原有路径依赖，通过自发的、持续的、渐进的流程改进，实现流程绩效和组织绩效持续、稳步提高，从而保持企业在竞争中获得领先的竞争能力。

4.3.2.1 业务分析

业务是“个人或机构从事的本行本职工作”。一项活动之所以被称为业务，应具有以下几个特征：

（1）业务开展所需要的投入要素是可以计价或衡量的，无论是有形资源还是无形资源；

（2）业务产出要有市场，能够交易，或者说可以通过市场对之进行定价；

（3）与投入相比该项活动所带来的收入足够大，可以覆盖其投入成本；

（4）这些操作或活动要具有一定的共同特征，可以归为某个类别，如满足某类顾客的某种需求或使用相同的技术。

企业业务活动的范围有大有小，大至从研发、生产直到销售与售后服务，小至生产中的一个环节，企业的一切活动可以归结到将业务做好这一根本目标。

以“战略—流程—人力资源管理”为主线，带动企业管理升级换代的思路逐渐获得了产、学、研各方的认可。在中期和短期方案的衔接之中，现代企业的业务运营既是中期方案的基础，又是短期方案的起点，起着承上启下的作用（见图 4-2）。事实上，企业的所有管理活动都是基于业务展开的，业务特征决定了管理特征。业务运营是对企业获利活动的总体概括，经营业务获取利润是企业得以存在的理由，分析业务特征、研究业务选择必然成为企业战略经营的重点。

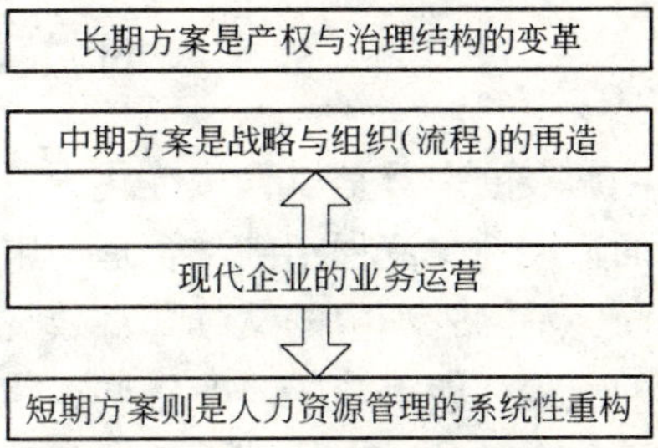

图 4-2 企业变革示意图

技术变革带来了企业经营环境的变化。改变了业务模式，企业需要及时调整经营思路，重新设计战略目标与组织结构，促使管理的变革。企业拥有的资源总是有限的，调整并优化业务结构，可以有效降低企业的经营成本，提高企业的核心竞争力。因此，需要根据业务的差异区分出不同的流程控制点，选择不同的管控方式。

通过对业务输入、输出、转换与岗位活动关联特征、工作资源、环境影响因素等方面的调查分析，获得大量来自机关与基层员工的管理信息，有助于员工本人反省和审查自己的工作内容和工作行为，以帮助员工自觉主动地寻找工作中存在的问题，圆满实现职位对于组织的贡献。借助于业务调查分析，能够充分地了解企业经营的各个重要业务环节和业务流程。对照现有的各项规章制度和标准，企业的经营管理层能够充分了解每一个工作岗位上的人目前所做的工作，可以发现职责交叉和空缺现象，找到管理控制不到位的问题点，并通过及时调整组织结构，提高企业的协同效应；有利于形成科学合理的解决方案，推动企业提升管理效率。

4.3.2.2 业务调查与部门流程清单识别

企业业务分析的成果来源于业务活动的识别与调查，业务活动调查功能图如图4-3所示。业务调查是一项基础性的工作，应以企业战略为导向，与组织的变革相适应，与提高流程的速度与效率相配合，重点要解决目标、信息、方法、技术、导出机制和结果应用之间的贯通和匹配问题，最终目的是推动流程精细化管理，促进业务运营走向规范化。

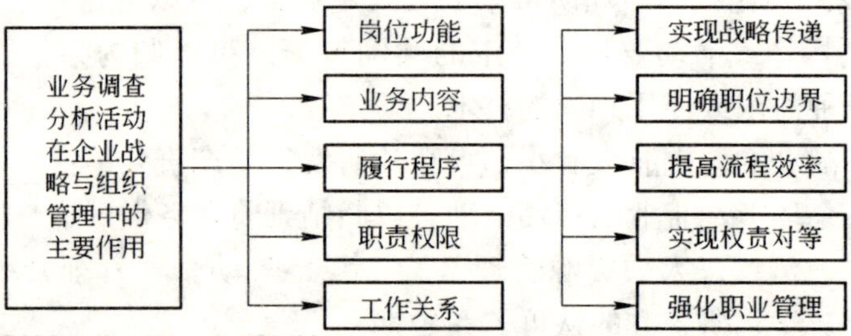

图4-3 业务活动调查功能图

调查的宗旨是以管理优化为目标导向，从流程管理的角度来审视现有规章制度的适用性、流程精细化管理与组织结构优化的可行性，实现管理制度与程序的精简，消除管理中的文牍与低效现象，达到灵活性与规范化的统一，如图4-4所示的流程功能审视图。业务调查作为一项难度较大、涉及面广的活动，需要领导重视，全员参与，特别是主管部门和调查人员要在动态过程中把握业务调查分析的意义和质量标准。

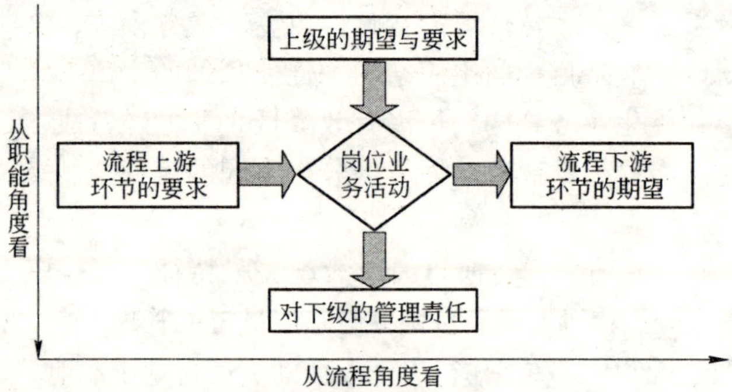

图4-4 流程审视功能图

业务调查的对象分岗位和部门（单位），调查范围覆盖企业所有岗位，力求获得业务运营现状的相关信息。岗位业务活动的调查内容一般包括岗位名称、承担的主要业务项目、日常工作任务、职责权限、业务实践的关联因素、纵向与横向管理关系、业务资料处理、团队合作、职业条件、工作行为与外部环境等；部门与单位的调查内容主要是针对不同的业务项目，详尽提供主管与分管职责方面的信息，说明每一项业务涉及的相关单位和职责，以验证职责分配的科学性与职责落实的有效性。业务调查一般采用填写调查表、查阅资料、对口访谈、专题研讨等形式。同时通过业务调查获得部门流程清单，对各部门完成流程识别后进行整合，形成企业流程清单。业务活动调查过程如图4-5所示。

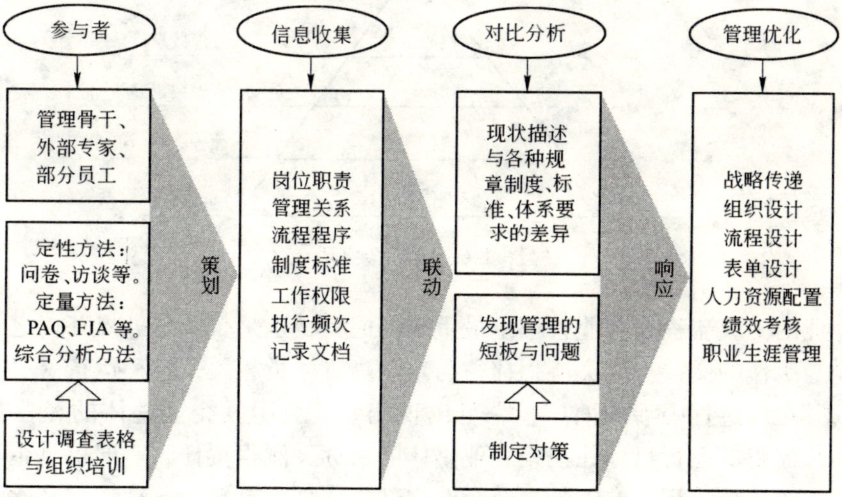

图4-5 业务活动调查过程

4.3.2.3 企业流程分级

企业各类流程中的每一个高一级流程都是由低一级的流程构成的。每个流程都可细分为一项作业，作业还可进一步细分为相互联系的任务。对流程分级可以使流程精细化管理趋于清晰，也可使管理者更好地识别企业的流程，辨识流程责任人与流程目标层级。

从企业战略与目标出发，企业的流程可以划分为战略流程层级、运营流程层级、支持流程层级三个层次，如表4-2所示。

表4-2 企业流程层级划分

序号	层 次	说 明
1	战略流程层	1. 组织规划、未来发展等流程，如企业战略规划、新产品开发、产业进入； 2. 流程管理的最高层级，面向未来和企业全局
2	运营流程层	1. 企业日常管理工作； 2. 企业运营活动和直接为客户创造价值的流程
3	支持流程层	1. 支撑以上两类流程目标实现的流程； 2. 保障管理

也可以按照APQC模型把企业流程分为运营、管理和支持流程。在实际流程管理中，还有一类划分方法，根据流程在企业运营管理中的重要性，企业流程可以划分为核心流程、协控流程、自控流程以及标准作业流程，如图4-6（一般情况下的数量）所示。

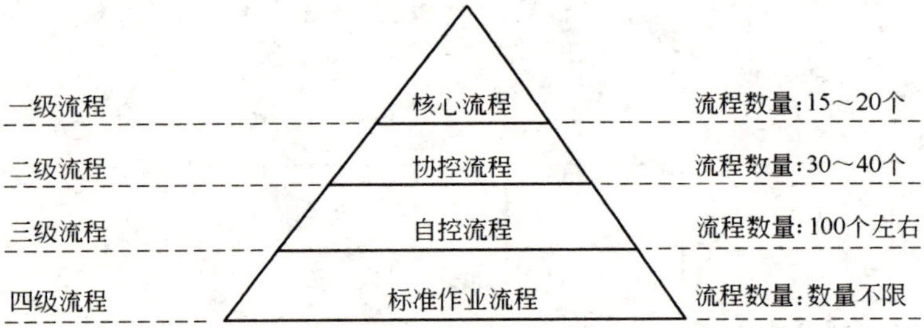

图4-6 流程金字塔

企业的一级流程是企业管理中最重要的流程，也是企业与外界环境之间信息的交换与工作的交接。这类流程往往与企业高管人员相关，流程运行一般是跨部门的，其运行过程中涉及面广，一旦出现偏差就会引发企业整体的经营管理问题。一级流程的运行目标往往是企业整体的目标，流程责任人一般也是企业高管人员。二级协控流程基本上是规范企业内部工作任务流转的流程，涉及不同部门的信息交换与工作交接，这类流程也是跨部门的流程，但其运行的跨部门数量一般要比一级流程短。有些协控流程的目标也属于企业战略层级的目标，有些属于战略分解目标，因而流程的责任人往往是企业高管人员或者是企业部门负责人。三级自控流程属于中基层管理任务的部门执行流程，往往是一个职能部门内部工作执行的步骤，当然也存在跨部门的情况，与其他很多部门存在业务关联，但更多的是企业职能部门内部可以自主控制的任务流转。因而这类流程责任人一般是部门负责人，其目标属于战略分解的子目标。四级标准作业流程是为完成岗位作业而设计的操作步骤，这类流程一般是企业基于管理层级的关系，对三级自控流程中的部分环节所采取的进一步细分的流程。但有些人认为这类流程算不上真正的流程，只是作业标准或作业程序。

企业流程划分的方法很多，例如按客户分类、按风险分类等，但一切根据企业规模、产业运营实际、企业管理实际等综合情况确定。企业流程分级的目的在于便于确定流程的性质、责任人、目标，从而有效对流程运行进行管理。

在整合形成企业初步流程清单，并明确流程分级之后，根据企业战略要求，形成完善的企业流程清单，见表4-3。

4.3.2.4 企业流程系统图

企业流程系统图是把企业各类流程展现在一张图上，图中清晰表达出流程之

表 4-3 企业流程清单表

序号	一级流程	二级流程	三级流程	归口管理部门	流程所有者	流程状态

间的关系，必要时可以细化到岗位节点，正如交通地图一样，让人一看就可对企业的流程以及流程关系一目了然。企业流程系统的表达方式没有统一模式，原则上要求清晰表达流程内容与关系就可。

【案例 4-1】 浙江某铜业公司流程清单

浙江某铜业公司流程清单见表 4-4。

表 4-4 浙江某铜业公司流程清单

序号	部门	流程名称	流程编号	版本
1	（经营副总经理）	年度经营计划制定与控制流程*		
2	（总经理）	问题分析与决策流程*		
3	（常务副总经理）	组织机构设计与优化流程*		
4	人力资源部	人力资源管理流程（ISO9001）*		
5		员工招聘工作流程*		
6		员工入职、试用及转正工作流程		
7		员工培训工作流程		
8		员工离职、辞退工作流程		
9		薪酬管理流程*		
10		绩效管理流程*		
11		员工薪资异动管理流程		
12		员工职业生涯发展流程*		
13		职位说明书制定流程		
14		合理化建议管理流程		
15		员工请假管理流程		
16		员工外出管理流程		
17		员工档案管理流程		

续表 4-4

序号	部门	流 程 名 称	流 程 编 号	版本
18	办公室	办公、劳保用品管理流程		
19		文件、资料管理流程		
20		传真收发管理流程		
21		文件复印、打印管理流程		
22		文化宣传管理流程		
23		员工住房管理流程		
24		治安、消防、安全、医疗事件处理流程		
25		会议管理流程		
26		来宾接待等流程		
27		6S 管理流程		
28		办公设备管理流程		
29	生产部	产品实现流程*		
30		生产过程管理流程*		
31		计划管理流程		
32		生产成本管理流程		
33		生产统计工作流程		
34		生产能力与效率分析流程		
35		生产异常处理流程		
36		过程检验不合格处理流程		
37		车间物流管理流程		
38	物控部	采购管理流程		
39		供应商（外协厂）管理流程		
40		外协加工作业流程		
41		物料收发与管理流程		
42		废品处理流程		
43		成品退货处理流程		
44		成品管理与发货管理流程		
45		物资盘点管理流程		
46	技术部	技术文件、资料管理流程		
47		技术情报收集与分析流程技术管理流程*		
48		设计和开发流程*		
49		工模夹具管理流程*		
50		外协打样管理流程		

续表 4-4

序号	部门	流程名称	流程编号	版本
51	采供部	新产品转产作业流程		
52		样品制作与客户确认流程		
53		新产品用材料采购管理流程		
54		产品报价工作流程		
55		生产设备管理流程*		
56		以旧换新流程		
57		余料退还流程		
58	品管部	质量管理流程		
59		检测、计量器具管理流程		
60		检验规范（标准）制定流程		
61		进货检验控制流程		
62		最终检验控制流程		
63		抽样方案使用流程		
64		供方（外协厂）质量事故处理流程		
65		质量信息反馈与处理流程		
66		理化实验、检测中心工作流程		

* 该流程为核心流程。

4.3.3 企业流程梳理、描述与优化

4.3.3.1 企业当前流程现状分析

在进行流程梳理和描述时，第一步是分析企业当前的流程现状，这不仅是对流程图逻辑的梳理，还要对业务部门的需求进行详细的了解和整理。这个过程必须与业务部门进行交流，让流程管理站在流程责任者的角度去考虑流程的运营。在流程梳理的阶段，必须了解流程的目标、流程需要优先解决的问题和涉及的范围。流程梳理的过程需要多问几个为什么，这容易让更多的问题冰山浮出水面，了解业务部门对于流程需求的真实想法，这样不仅可以让流程的需求更加清晰，同时也可以大大减少项目实施的风险。

在流程梳理前，流程调研人员非常有必要在事前制定调研的范围、计划，确定调研的部门以及相应的业务人员，针对不同的调研部门和人员设计出不同的调研问卷，用于帮助流程管理人员评估当前流程现状，分析优化和可改进性，通过统一的方法、量化的指标和标准的图表输出为分析人员提供分析流程改进可能性的工具。

在流程梳理的过程中，可以充分利用流程管理的建模工具，快速建立可视化

的流程图；或者通过流程仿真工具对流程进行环境参数的设置和仿真分析，快速了解当前流程的现状。在这个过程中，需要通过流程系统中的转换工具将可视化的流程图转化成业务人员能够理解的文档资料。流程梳理过程中需要考虑例外情况流程的流转逻辑和流程的执行处理方式，这些将直接影响流程在企业日常运行中的可行性。

一般来说，对现状的流程进行梳理，可以对现有的流程与流程体系进行分析，指出下一步的改进措施和方向，比如帮助企业建立起流程地图，把所有的流程都串起来，避免现在的流程各管一段，看问题的角度不在一个层面上的问题；通过对流程与流程框架的分析，发现业务模式存在的问题，发现业务管理与企业管控方面的问题，并指出解决的途径；补充缺失的表单模板，尤其是表单中的字段。在企业的实际操作中，表单的内容往往不能涵盖整个流程中产生的信息，即出现一些拍脑袋的决定。这些都是流程梳理能够解决的问题和带来的价值。

本阶段的主要功能是评估、分析、发现现有业务流程存在的问题和不足，实现途径包括绩效评价、事故检讨、客户反馈、检查控制和学习研究等。

（1）绩效评价：根据企业、部门的目标完成情况，分析评估相关业务流程的质量和运作状况。

（2）事故检讨：企业运营过程中发生较严重的事故时，应分析评估相关业务流程的质量和运作状况。

（3）客户反馈：流程客户（包括直接、间接客户和内部、外部客户）通过投诉、抱怨、调查反馈、消极反应等方式传递意见时，应分析评估相关业务流程的质量和运作状况。

（4）检查控制：主动地对相关业务流程的运作状况进行定期或不定期的检查，分析评估业务流程的质量和运作状况。

（5）学习研究：企业和企业员工在主动学习过程中以及在做标杆研究时，都可以对业务流程的质量和运作状况进行分析评估。

4.3.3.2 改进机会的发掘

企业流程的改进机会不仅是从整体考虑，同时也需要对流程过程中的步骤与细节进行改进。在流程改进的过程中，流程管理人员可以使用 ESEIA 的方法，删除流程中不合理或者重复的流程步骤，合并可以由一个步骤完成的分散在多个环节或部门的流程步骤，适当地调整流程的审批或流转的顺序和逻辑，简化流程的表单和逻辑，这对于提高流程的运行效率，提高业务人员处理流程的速度和数量都是大有好处的。

在当前流程现状的调查过程中，一方面会从业务部门获得改进的要求，这些业务流程的改进需求通常是在企业的运行过程中给业务部门的日常工作带来不便或者影响他们工作效率，甚至阻碍日常运作流畅性的流程；另一方面，流程的梳理需要结合业务流程管理系统的技术特点和企业信息化的技术手段，充分利用业务流程管理的先进技术，为流程的跨平台、跨系统提供保驾护航的作用。表4-5所示是流程梳理的一个模板。

表4-5 流程梳理模板

流程名称	流程负责机构			
流程步骤	相关责任机构及职责（在此环节中有哪些相关结构，分别承担哪些责任，需要做哪些事情）	输入信息（各机构在承担本环节责任时，需要依据、考虑哪些信息及要求）	输出结果（各机构在此环节中需要形成的成果）	权限（各机构在此环节中享有哪些权限）
1	机构1：			
	机构2：			
	机构3：			
2				
3				
4				
5				

在提供跨系统的流程整合方面，业务流程管理不仅可以利用技术的手段，如文本文件、电子邮件等技术手段，做到如通过业务流程管理系统自动发起流程，简化人工的操作，避免重复的系统录入工作，减少出错的机会；在流程审批的过程中通过表单调用业务流程管理系统之外的数据作为流程审批的参考依据，减少管理者在审批的过程中查阅资料的麻烦，提供及时的在线数据，提高快速反应的速度。这些在分析当前流程发掘改进机会的过程中，都可以充分发挥业务流程管理系统的特点，让流程更多地通过规则来决定流程的逻辑流转，为流程的改进提供了较大的空间。

本阶段的主要功能是分析流程评估中发现的问题和改善机会，为后一步的改进行动提供指引，分析内容包括性质分析、原因分析、干系分析和实施分析。

（1）性质分析：对流程评估中发现问题的影响面和严重性进行分析，判断其类别和性质。

（2）原因分析：分析探寻问题产生的原因机理和影响因素。

（3）干系分析：分析存在的问题及潜在的解决方案影响、涉及哪些关联方，对这些关联方影响的程度及其可能的配合程度如何等。

（4）实施分析：分析对发现问题进行优化改进的必要性、可能性、时间性和是否涉及关联流程的同步优化，即回答是否有必要改进、是否能改进、是否现在改进、是否需要和关联流程同时改进几个问题。

4.3.3.3 可实现流程的设计和实施

在流程梳理的最后阶段是设计可实现的流程，这意味着不仅要从业务层面让业务部门认可流程的合理性，让企业中流程的参与者在流程执行过程中比较方便、容易地实现流程的操作，也从技术层面能够容易实现流程的开发、跨系统的接口整合、流程系统开发和后期维护。在流程梳理确认的过程中，需要进行流程优化前后的对比分析，让企业人员更好地去了解流程优化前后的关系。在设计可实现流程的过程中，需要综合考虑组织因素、业务流程与制度因素、技术因素，当然不能仅从业务层面出发，过多地强调流程的最佳实践、行业标准或者本企业的合理性，甚至有时用其他企业作为参考的标准，而忽略技术的可行性、项目的可交付性，势必容易给业务流程管理项目后续的执行埋下风险；同时，如果流程梳理小组人员在梳理时过多地考虑技术可实施性、项目可交付性以及实现的难易程度，而忽略业务部门对于流程管理的实际需要，只会让流程管理系统变得一文不值。

业务流程管理系统要提供流程的试运行功能，这样可以降低风险，快速模拟，使用不同的业务角色来模拟企业真实业务的运行状态，不仅可以查验流程是否有效运行，而且确保流程发布后业务人员有效操作和流程逻辑的可实现性，减少流程部署的周期和测试工作。流程梳理不仅对流程进行疏导，同时更需要对流程进行整理。流程只有在正确的方法下清晰疏导，流程才会条理分明，同时也能提高流程的运行效率，确保流程透明。

流程优化设计的主要功能是在上述分析基础上，对现有业务流程当中发现的问题展开修改、补充、调整等改进工作，研究方法包括访谈法、头脑风暴法、德尔菲法以及标杆学习法。

（1）通过访谈法，与流程关联方进行直接的、开放式的当面深度交流，获取有益信息和解决建议，关联方包括业务流程的客户、供应商、生产者和管理方等。

（2）通过头脑风暴法，由包括流程优化人员和关联方人员在内的群体，采用头脑风暴法集思广益、群策群力，获取开创性的解决建议。

(3) 通过德尔菲法，选择相关专业人士，通过独立的专家意见表述和背对背辩论，获取专业性的独立解决方案。

(4) 通过标杆学习法，寻找和研究同行业或跨行业一流企业的最佳实践，通过比较、分析和判断，寻求自身改进的可行性方案。

在企业流程优化完成之后，就要把流程付诸实际运行，主要实施步骤有签署发布、宣传培训、现场指导和检查控制。

(1) 签署发布。对改进后的新流程完成审批后予以确认发布。

(2) 宣传培训。实际上是新流程在企业内部的营销推广，使相关各方理解、接受并实际操作使用新流程。

(3) 现场指导。通过深入现场亲自监督、检查、指导以保障新流程的正确实施。

(4) 检查控制。对新流程试运行过程中的执行情况和实施效果进行检查、监督、纠正，评估流程改进效果，如出现异常及时组织调整；试运行成熟后使之在操作中成型固化。

随着企业的持续经营和新流程的实施运营，又重新进入流程优化的评估阶段，开始一个新的流程优化循环，这样持续改进，不断优化，实现业务流程自发地、持续地进行自我改造、调整，流程绩效和组织绩效持续改善提高。

常见的业务流程优化的工作顺序如下：

(1) 组织建设。组织建设是业务流程优化的前提，因而需要建立由专业人员参加的业务流程优化执行小组，并任命一位具有高层决策权的领导担任小组负责人。执行小组的主要职责包括描述、分析和诊断现有的业务流程，提出改进计划，制订并细化新流程的设计或改造方案，最终落实新方案。

(2) 项目启动。有了项目小组之后，就要制定企业业务流程优化目标，明确列出业务流程优化的范围，启动业务流程优化工作。首先是执行小组组织企业各级员工描述企业流程现状，进行岗位职责描述，绘制流程；其次是分析并找出阻碍目标实现的制约因素；最后执行小组向企业领导汇报并得到确认后，开始设计业务流程优化方案。初步方案出台后，还要研讨与分析比较新的流程效率与效益以及可行性，从而确定优化方案。

【案例4-2】 福特汽车公司采购应付账款管理

福特汽车公司是美国三大汽车巨头之一，20世纪80年代初，日本工业的发展延伸到美国，福特等美国大企业面临着越来越强劲的日本竞争对手的挑战，开始企图通过削减管理费用和行政开支来应对。福特公司设在北美的采购应付账款部门当时有500多名员工，而同行Mazda公司的应付账款部门仅有5名员工，除掉公司规模因素后，福特公司应付账款部门的员工仍是Mazda的6倍，但工作效率却不高。为此福特公司决定运用信息技术进行改革，重新设计应付账款部门的业务流程，对原流程做彻底的重组（BPR)。福特公司应付账款部门原来的流程如图4-7所示。

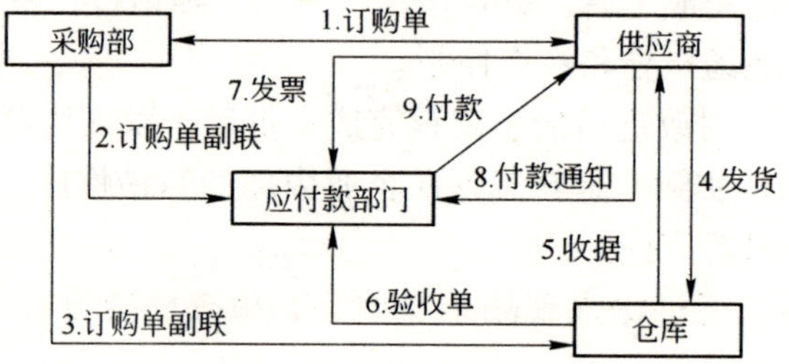

图4-7 福特公司应付账款部门原来的流程

依照企业业务流程再造的思想和方法，福特公司通过分析原有业务流程、设计新业务流程、支持业务流程再造的应付款管理信息系统的设计以及新业务流程的实施等几个步骤完成应付账款部门的业务流程再造，达到减少员工人数和提高付款正确率的目的。

通过图4-7可以看出，从采购部向供应商发出订单到最后的付款包括了9个环节，尤其是“订购单”、“验收单”和“发票”三者一致时才能付款的条件引出大量的单证核对，使财务和仓库耗费大量人力、时间和资金，而且经常发生差错和延误付款的事件。为此，可从以下方面进行流程变革：

(1) 建立采购、采购付款和库存管理等部门的数据共享的采购业务管理系统；

(2) 取消付款中必须要有“发票”的条件，取消“发票”与“订单”和“验收单”等三者的核对业务；

(3) 采购部的订购单不再向付款部门和库存管理部门传送，而是直接输入共享的数据库；

(4) 库存管理部门在收到采购物品并根据数据库中的订单核对后，发出确认信息即可；

(5) 采购付款部门在数据库中订单与到货信息一致后即向供应商付款；

(6) 通过计算机网络信息系统，即采购付款业务管理系统高效运行。

福特公司应付账款部门新的流程如图4-8所示。

从图4-8中可以看出，新流程中无发票处理，采购部向供应商发出订单的同时向数据库写入订单数据，仓库与数据库中的订单核对，正确就收货，然后无须供应商的发票，计算机就在线自动以电子方式或打印支票向供应商付款。新的应付账款流程使福特公司应付账款部门减少了75%的人员，并提高了付款正确率。

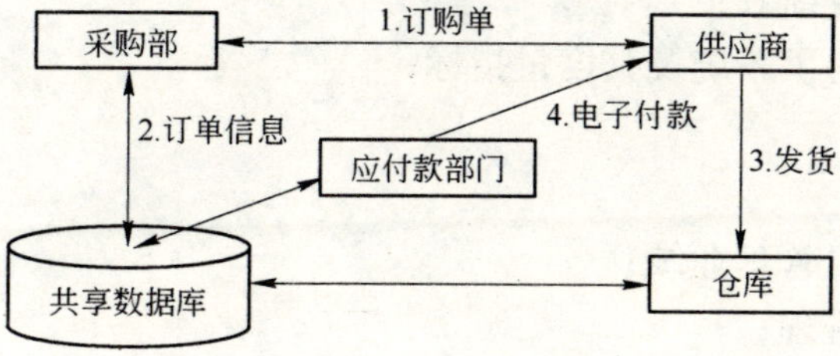

图 4-8 福特公司应付账款部门新的流程

4.4 流程精细化管理的基本方法或工具

4.4.1 寻找流程精细化管理切入点的方法

学习五角星是寻找流程入手点的工具，企业从不同的来源了解需要改进的领域（客户、供应商、员工、咨询顾问以及标杆瞄准），是最佳实践的过程。学习五角星结构图见图 4-9。

（1）客户是企业需要了解信息的重要来源，最重要的客户往往是改进领域的最好入手之处，当然有必要包括非常有创造性的客户和世界级运营水平的客户。有时候，那些特别挑剔的客户提出的观点可能正是全新设计法应该考虑的目标。

图 4-9 学习五角星结构图

（2）供应商也能为企业提供类似的帮助，而且这种帮助并不只局限于流程的下端，优秀的供应商的兴趣会延伸到整个供应系统。

（3）企业的员工对流程有深入的了解，也是改进流程思路的重要来源。

（4）咨询顾问能够提出有用的“外部观察者”看法，起到推动流程精细化管理项目的作用。

（5）标杆学习。企业通过标杆瞄准学习榜样来寻求知识和启发。企业流程管理标杆瞄准的范围如下：

1）同一分支中的不同部门；

2）同一组织中的不同分支；

3）同一行业中的不同组织；

4）不同行业中的不同组织。

企业流程精细化管理的标杆瞄准可以比较以下内容：

1）预算或财政绩效；
2）顾客服务提供系统及其度量指标；
3）生产率；
4）技术应用；
5）计划和项目管理业绩；
6）人力资源管理；
7）财务控制系统。

企业流程精细化管理标杆瞄准的步骤为：理解现有流程图的最好方法是将它们画在图上，流程图有用，但是绘图过程的作用更大，它可以增加对任务和问题以及自己如何支持同伴完成任务的认识，可以促进个人对流程主动的改进。

4.4.2 流程精细化管理中的流程选择方法

4.4.2.1 80/20 原则

80/20 原则又叫“犹太法则”或称为“帕累托原则”。帕累托原则因19世纪末20世纪初意大利经济学家及社会学家帕累托而来，说的是在任何一组东西之中，最重要的通常只占其中的一小部分。这项原则有时候又称作“重要的少数”、“微不足道的多数”，或80/20定律。这个原则的主张是：团体中的重要项目，是由全体中小部分的比例所造成的。

在流程精细化管理中，流程选择就是确定流程梳理、优化和再造目标。流程选择遵循“犹太法则（80/20原则）”。首先关注那些“关键流程”，它们的数目可能只占全部数量的20%，却对整个组织的绩效发挥着80%的决定性作用。因此不是在“流程管理”途中的每一个站台都做停留，在“流程管理”的过程中，应选择在关注的地方停车，也就是选择关键控制点。

4.4.2.2 绩效表现——重要性矩阵

根据不同流程对企业的重要程度以及流程本身的绩效水平高低，可以对企业的相关流程进行识别，并采取不同的管理方法，从而提高企业流程精细化管理水平。流程或流程的结果在矩阵上的位置代表其重要程度以及组织对它们运行的好坏程度，重要性程度与运行绩效程度分别从低到高，结合比较一下客户反馈数据和企业内部数据常常会得到意想不到的结果。如果两方面都按照1～5分评价，就可将项目分成四个类型，其中重要程度高、绩效程度低的就是最需要改进的领域。具体操作实施方法如下：

（1）根据企业内部运营特点，按照价值链分析方法将企业内部的流程运作体系进行梳理，建立并明确企业整体流程运作体系；

（2）按照流程重要性矩阵要求，将影响流程重要性和绩效表现的相关因素进行识别，并按照5分制评价打分（见表4-6）；

(3) 根据打分评价的最终结果，将相关流程绘制于上述矩阵图中，就可对不同流程采取不同的管理方法。

表 4-6 绩效表现与重要性表

流程	绩效表现				重要性		
	及时性	准确性	低成本	易监控	产出价值	战略关注度	客户关注度
流程 1							
流程 2							
流程 3							
流程 4							
流程 5							

对于绩效表现差、重要性程度高的流程，需要重点关注。

4.4.2.3 流程排序

企业可以把现有的流程进行归类排序，按照流程排序方法挑选关键流程。

(1) 把每个相关流程以影响（Impact)、规模（Size)、范围（Scope）三个指标进行评量，其中“影响”指流程实施后对企业未来营运目标的可能贡献，“规模”指流程实施时会消耗的企业资源多寡，“范围”指实施时会影响到的成本、人事及风险。“影响”可使用十等级来评估效益；“规模”用全职人力工时（FTE）及需花费的预估经费来衡量；“范围”可以使用时间、成本、风险、人事复杂度来评估，用3 ~5 等级来评估即可。

(2) 列成二维表格后，由流程管理小组成员讨论决定进行再造的流程优先级。

在进行流程排序时，成本及风险、时间等评估不需使用精确数据，只需在各种因素的取舍上达成共识即可。

4.4.3 流程精细化管理的其他工具与方法

4.4.3.1 流程优化或再造目标选择工具

流程优化或再造目标选择工具采用标杆瞄准法。标杆瞄准法可用在设立改革的目标和远景、确定流程再造的基准等方面。在许多行业都有一些成功的企业，这些企业的做法可以为行业中的其他企业所效仿，因此也可以将这些企业的一些具体的指标作为其他企业的标杆。

4.4.3.2 流程描述工具

流程描述工具描述组织实体（岗位）间的活动以及各个实体之间的各种互动关系。可借助各种流程描述软件实现，比如 Aris、Visio、Smartdraw 等。

4.4.3.3 流程问题分析工具

流程问题分析工具可用鱼骨图分析法。借助鱼骨图，从六个方面来寻找流程问题出现的原因。这六个方面是“5M1E”，即管理、人、方法、材料、设备、环境。最终找出主要原因（流程瓶颈），以它为问题特性，重复上述步骤，直至原因非常明确，形成解决方案的依据基础。

4.4.3.4 流程问题思考工具

流程问题思考工具可用5W3H分析法。5W3H是描述流程问题的手段，其具体指的是what、where、when、who、why、how、how much、how do you feel。5W3H的流程问题思考的内容如下。

（1）流程的目的（why）：流程是否有必要去做，或这个流程的目的、意图、方向是什么。

（2）流程任务（what）：包括流程内容与流程工作量及工作要求与目标。

（3）组织分工（who）：流程由谁或哪些人去做，他们分别承担什么工作任务。

（4）流程切入点（where）：从哪里开始入手，按什么路径（程序步骤）开展下去，到哪里终止。

（5）流程进程（when）：流程工作程序步骤对应的工作日程与安排（包括所用时间预算）。

（6）流程方法工具（how）：完成流程所需用到的工具方法及关键环节策划布置（流程的核心）。

（7）流程资源（how much）：完成流程需哪些资源与条件，分别需要多少，如人、财、物、时间、信息、技术等资源以及权力、政策、机制等条件的配合。

（8）流程结果（how do you feel）：流程结果预测。

4.4.3.5 流程优化工具

流程优化工具可用ESEIA方法。ESEIA方法是企业流程优化重要的方法。（1）E（清除）：首先找出并彻底清除不增值的活动。（2）S（简化）：清除不必要的活动后，对必要的活动进行简化。（3）E（增加）：根据顾客或管理需要，增加创造价值的活动。（4）I（整合）：对简化后的活动进行整合，使之流畅连贯并满足客户要求；在整合的过程中，要充分考虑通过并行工程来缩短流程运行时间。（5）A（自动化）：充分利用信息技术自动化功能，提升流程处理速度与质量。

无论使用哪些方法，优化后的流程应该至少满足以下要求。

（1）符合公司总体战略要求。

（2）符合流程体系的要求。

（3）整体优化而非局部优化：优化后的流程要提高流程整体的效率而非局部效率，更不可以以牺牲其他前后端相关流程效率为代价提高本流程的运行效率。

（4）有利于提高客户满意度：包括内部客户及外部客户，特别是外部客户。

（5）对应项目目标：一个项目一般解决预定的问题即可，切不可把优化范围无限制扩大。

（6）达成一致的：流程的优化方案是项目团队协作的结果，要满足流程所有相关方的需求并达成一致；理论完美的方案如果得不到落地，还不如执行一个达成共识的 80 分的方案。

（7）可行及可实现的：流程优化不是“天马行空”，要立足实际，由于各种因素的制约，一些方案可能不能“一步到位”。

4.5 企业流程再造的基本模式

4.5.1 四阶段模式

尽管迈克尔·哈默并没有系统地总结归纳流程再造的方法步骤问题，但是有学者通过对他著作的研读，基于对迈克尔·哈默观念的深入理解，替他总结出了流程管理与流程再造的四阶段模式。

第一阶段，确定再造队伍：产生再造领导人，任命流程主持人，任命再造总管，必要时组建指导委员会，组织再造小组。

第二阶段，寻求再造机会：选择要再造的业务流程，确定再造流程的顺序，了解客户需求和分析流程。

第三阶段，重新设计流程：召开重新设计会议，运用各种思路和方法重构流程。

第四阶段，着手再造：向员工说明再造理由，前景宣传，实施再造。

我国学者潘国友在其博士论文《企业流程再造的系统模式研究》中也提出了一个四阶段模式。

第一阶段，再造策划（plan）。分为 7 个子步骤：识别客户及其需求；树立愿景；明确再造战略；确定再造领导人；营造再造环境；组建再造小组，指定流程主持人；制定再造实施计划。

第二阶段，重新设计流程（reengineering/redesign）。分为 4 个子步骤：翻新流程；新流程试验；新流程完善；新流程检验。

第三阶段，流程规范化（systematize）。分为 4 个子步骤：对新流程规范化、制度化；设计新的组织结构；构建新的岗位系列，指导和培训员工；建设新的

IT结构和信息管理系统。

第四阶段，再造实施（do）。分为2个子步骤：新旧流程切换；评估新流程。

四个阶段是循环进行的，可根据需要并行作业。据此提出企业流程再造系统模式的循环模型，循环模型由一个大圆和一个与之相切的小圆组成，外切圆表示企业流程再造的循环过程，内切圆是流程翻新阶段的循环过程。

外循环包括如下几个阶段：

（1）P：再造策划（plan）。

（2）R：流程重新设计（redesign）。

（3）S：流程规范化（systematize）。

（4）D：再造实施（do）。

内循环包括如下几个阶段：

（1）R：流程重新设计（redesign）。

（2）T：新流程试验（trial）。

（3）A：新流程完善（amend）。

（4）V：新流程检验（validate）。

4.5.2 五阶段模式

菲利普·罗兰和乔·佩帕德提出了流程再造与管理的五阶段模式。

第一阶段，营造环境。分为6个子步骤：树立愿景；获得有关管理阶层的支持；制订计划，开展培训；辨别核心流程；建立项目团队，并指定负责人；就愿景、目标、再造的必要性和再造计划达成共识。

第二阶段，流程的分析、诊断和重新设计。分为9个子步骤：组建和培训再造团队；设定流程再造结果；诊断现有流程；诊断环境条件；寻找再造标杆；重新设计流程；根据新流程考量现有人员队伍；根据新流程考量现有技术水平；对新流程设计方案进行检验。

第三阶段，组织架构的重新设计。分为6个子流程：检查组织的人力资源情况；检查技术结构和能力情况；设计新的组织形式；重新定义岗位，培训员工；组织转岗；建立健全新的技术基础结构和技术应用。

第四阶段，试点与转换阶段。分为6个子流程：选定试点流程；组建试点流程团队；确定参加试点流程的客户和供应商；启动试点、监控并支持试点；检验试点情况，听取意见反馈；确定转换顺序，按序组织实施。

第五阶段，实现愿景。分为4个子流程：评价流程再造成效；让客户感知流程再造产生的效益；挖掘新流程的效能；持续改进。

通常来说，五大阶段应该顺序推进，但是，根据企业各自的情况，五大阶段可以彼此之间平行推进，或者交叉进行。所以说，五大阶段并不是一个锁定的线性过程，而是相互交融、循环推进的不断再生的过程。

4.5.3 六阶段模式

威廉姆·J·凯丁格等人在考查了33家咨询公司在企业推行流程再造的实践经验以后，归纳出了流程再造的6个阶段21项任务。

第一阶段，构思设想。包括有4项任务：得到管理者的承诺和管理愿景；发现流程再造的机会；认识信息技术与信息系统的潜力；选择流程。

第二阶段，项目启动。包括有5项任务：通知股东；建立再造小组；制定项目实施计划和预算；分析流程外部客户需求；设置流程创新的绩效目标。

第三阶段，分析诊断。包括2项任务：描述现有流程；分析现有流程。

第四阶段，流程设计。包括4项任务：定义并分析新流程的初步方案；建立新流程的原型和设计方案；设计人力资源结构；信息系统的分析和设计。

第五阶段，流程重建。包括有4项任务：重组组织结构及其运行机制；实施信息系统；培训员工；新旧流程切换。

第六阶段，监测评估。包括2项任务：评估新流程绩效；转向连续改善活动。

4.5.4 七阶段模式

我国复旦大学的芮明杰、袁安照较早对流程再造的步骤进行研究，他们认为应该包含7个阶段31个子步骤。

第一阶段，设定基本方向。分为5个子步骤：明确企业战略目标，将目标分解；成立再造流程的组织机构；设定改造流程的出发点；确定流程再造的基本方针；给出流程再造的可行性分析。

第二阶段，现状分析。分为5个子步骤：企业外部环境分析；客户满意度调查；现行流程状态分析；改造的基本设想与目标；改造成功的判别标准。

第三阶段，确定再造方案。分为6个子步骤：流程设计创立；流程设计方案；改造的基本路径确定；设定先后工作顺序和重点；宣传流程再造；人员配备。

第四阶段，解决问题计划。分为3个子步骤：挑选出近期应该解决的问题；制订解决此问题的计划；成立一个新小组负责实施。

第五阶段，制订详细再造工作计划。分为5个子步骤：工作计划目标、时间等确认；预算计划；责任、任务分解；监督与考核办法；具体的行动策略与计划。

第六阶段，实施再造流程方案。分为5个子步骤：成立实施小组；对参加人员进行培训；发动全员配合；新流程试验性启动、检验；全面开展新流程。

第七阶段，继续改善的行为。分为3个子步骤：观察流程运作状态；与预定改造目标比较分析；对不足之处进行修正改善。

【案例4-3】 华为流程管理分析

天地有大美，于简单处得；人生有大疲惫，在复杂处藏。流程管理复杂了，企业不仅容易疲惫，更容易遭殃。但越复杂的事情，越可以用简单的方法去化解。若将化繁为简的工作方法应用于流程管理，让各个环节轻解罗裳，变得简单朴实，那么就会起到庖丁解牛的效果，任务完成时间大大减少，失误率也会空前降低。

华为深谙此道。借用华为新闻发言人傅军的话说，华为之所以从小农式作坊全部转变成规模化的运作，流程优化居功至伟。现在，华为专注于全球运营商企业，在全球化的路上小步快跑。我们不禁要问，它的流程优化是怎样实现的？它在流程管理中又是如何删繁除冗的？

一、瞄准关键点——掌握时间优势

在建立IT系统前，华为发出货物就宣告万事大吉，并不会把货物的详细信息提供给客户，这导致客户在接到货物后必须重新填制收货单据。这种服务模式的影响是，入账重审、内部资产审计等后续环节停滞不前，时间耗费掉了不说，流程作业如泥牛入海连个浪花都没有产生，典型的白费工夫办瞎事。为解决这个问题，去除作业流程中的劣势，华为构建了电子化的客服流程服务，一方面让客户省时省心，另一方面己方也减少了等待时间，一举扭转乾坤，化劣势为优势。因此，华为要求员工：一旦开始操作，就必须对各个关键环节的执行情况进行监控，以确保工作任务按照计划进度开展，并在此基础上提升效率。那么，如何掌控作业流程中的关键点呢？

（1）持久保持时间优势。时间优势保持得越长，其价值越大。俗话说，“知己知彼百战不殆”。为获得更高的价值，任务执行者应对建立这种优势需要多长时间、获得的优势会有多少及竞争对手掉转矛头做出有力反应的时间差等问题了然于胸。然后，在此基础上，不断默念紧箍咒，提升关键环节上占有的时间优势。

（2）扭转时间劣势。通过改变作业方式、引进新技术、强化员工熟练度培训等方式，来改变关键环节的劣势状态。“行到水穷处，坐看云起时”是一种境界，有时，劣势之处即是优势转化的灵感来源。

（3）争取更多机会。梳理作业流程，找出可以加以整合的环节，通过减除、合并、重排等方式优化流程，也可以采用新技术代替旧技术，以缩短作业时间。

(4) 化解外部威胁。对于影响时间优势的外部威胁尽快化于无形，例如，一经发现竞争对手引入新技术后，要迅速掌握新技术的优劣势，将其优势之处纳为己用，并形成具有时间优势的技术手段。

二、发挥创造力——打破惯性思维

回溯到20世纪90年代初，华为以新兵姿态跻身电信设备制造商的行列。当时，摩托罗拉、思科、爱立信、北电等国外的老牌通信巨头正以强大的产品供货能力牢牢占据着中国市场。因此华为内部滋生了一种观点：华为作为后来者，应尽快获得产品低成本的竞争优势。不过，华为决策者则认为，必须尽快优化生产管理、质量控制和物流体系，拉近与那些老牌通信巨头的距离。

1993年初，华为在西门子公司相关技术人员的帮助下，重新设计整体生产流程。华为希望通过内部统一的物流体系，保障完整的质量控制和生产管理，并减少物料流通环节和生产周期，以全面提高华为的产品供货能力。

现在已无须再评价该项目对华为的深远影响，这一逆流而上、敢于挑战的思维方式，已经起到了为华为改头换面的巨大作用。华为于是一直坚持在流程优化中打破惯性思维。

(1) 正向梳理。对已完成的流程进行一次正向梳理，以操作者的态度来预估实现过程中各个环节衔接的流畅度，或选择合适的思维工具分析各环节之间的联系，并预测可能产生的收益。

(2) 逆向发现。最利于发挥创造力的流程优化方法是采用逆向思维方法，挑出流程中的缺陷。在华为，每条产品线上会组建两支队伍——红军和蓝军，红军在对某个流程进行规划时，蓝军就要想尽办法来“捣乱”、“吹毛求疵”，找出红军设计流程中存在的缺陷。这种逆向优化方式使流程规划者更简单明了地看到流程的可待改进之处，而改进后的流程将使作业完成期限更易于掌握。

环节1——精简冗余

2009年，任正非向华为全体员工发出指示：让一线直接来决策！他曾经百般周折地将一个庞大的企业集团牢牢地控制在手中，但是此时，在一线上奔忙的员工却渐渐缺少了当年创业时的激情和敏锐。他恍然发现，企业中设置了过多流程控制点，冗余的环节阻碍了上传下达的流畅性，降低了工作效率的同时，也磨灭了员工的热情。

任正非认为，去除流程中的冗余环节，让工作流程的各个环节得到精简，是优化工作程序、提高工作效率的第一步。

(1) 发现和去除缺少价值的环节。如果流程中各个环节结束后未能如愿以偿创造出预期的价值，那么，流程的执行也就失去了意义，执行流程只会平白地消耗资源。此时，只有删除那些冗余的流程，才能将有限的资源投入到其他流程中去，在总体上缩短流程周期。

(2) 剔除流程中的多余的环节。充分、良好的内部控制才能保证流程输出结果的质量。不过，需要注意的是，最理想的状态并非控制越多越好，而是保证流程中“杂草不生，禾苗旺盛”。反过来，我们可以利用流程进行内部控制分析——确定一个控制目标后，根据内部控制目标来确定关键的内部控制程序，再分析这些关键的控制程序，确定是否存在重复之处，是否存在优化的可能。对流程进行内部控制分析时，流程设计者必须注意以下两点：

一是充分考虑企业的内部控制环境。企业不同，其内部控制环境也迥然不同，因而对内部控制程序的要求也不同。好的内部控制环境，控制风险相对较小，适当减少控制程序也不会影响控制目标的实现。

二是测试流程的实际执行情况。例如，对于“职责分离”这样的控制程序，只有通过实地考察才能确定该程序是否得到贯彻。

(3) 改变任务中的问题环节。一些过于复杂的问题环节可能是进一步简化的机会。但是，困难和危险的工作显然不会同样被最高效地完成。例如，华为曾由内部员工来专门开展环境清洁工作，但管理者发现外聘专业保洁人员来操作这项工作比员工亲自操作更节约成本，更节约员工的有效工作时间。一般说来，如果员工都不愿意操作某些工作任务，管理者就应寻根究底，分析原因，解决问题。

环节2——合并同类项

除冗的另一种方法是合并同类项。合并的作用不仅在于化零为整，更在于能叠加优势，消除劣势。在华为，如果当前的工作环节皆不能被取消，那么管理者就会换个思路，将各个环节适当加以合并怎么样？合并是指将两个或两个以上的事务或环节合为一个。例如工序或工作任务的合并、工具的合并等。很多情况下，各个环节之间的生产能力不平衡，有的人手短缺，有的则人浮于事，忙闲不均，将这些环节加以调整和合并，往往能去劣存优，取得立竿见影的效果。

(1) 合并上下环节。将一项任务的多个环节分别交给几位执行者，可以大大加快企业内部物流和信息流的速度。但是，从上一个环节到下一个环节的交接过程，也可能是一次发生错误的机会。所以，为避免出现交接时的失误，可将多个环节的工作任务交由一位执行者全权负责。华为通常指定一位员工负责一个产品或服务的全过程——从下订单到发货或服务从开始至结束。这些员工在服务业组织中称为“个案员”或“个案经理”，是客户与企业的单一接触点。

(2) 合并任务相似的环节。任务相同或相似的环节并轨，由一位执行者来完成，能最大限度地减少人力和时间方面的浪费。

(3) 借助信息技术整合复杂环节。如果用于基础扎实的流程，信息技术能够大大增强它的能力。

环节3——合理排序

任正非要求："员工参加管理，不断地优化从事工作的流程与工作质量……改革一切不合理的流程。"那么，如何改进才能调整不合理的环节，保证流程的合理的目的？

(1) 衡量各环节安排的合理度。华为通过"何人、何处、何时"3个问题来确认流程中各个环节的安排是否合理。一经发现不合理之处，立即推倒重来，以使各个环节保持最佳的顺序，保证工作环节的有序性。

何人：该环节由谁操作？操作技能是否娴熟？该环节是否为该员工最擅长的？是否存在岗位与员工能力不匹配的现象？如果让熟悉第一环节工作的员工从第二环节调回，可以节省多少时间？

何处：各环节的操作场所之间距离远近如何？是否便于工作交接？如果将某环节的操作场所加以调换，是否可以使工作交接时间更短？调整设备仪器的摆放位置后，操作者使用起来是否更方便、时间更短？

何时：从第一个环节开始至最后一个环节结束的时间，包括在各个环节之间的移动时间、加工时间及由于机器故障、部件无法得到等问题引起的延迟时间分别是多少？时间安排是否过于紧凑，使员工紧张、疲劳？或过于宽松，难以在交期前完成任务？

(2) 理清逻辑顺序。工作流程中可能只有几个环节，也可能有数以百个作业环节。如果对各环节排序不当，不合逻辑，将造成工作秩序的极大混乱，无形中延长作业时间。环节安排顺序是否符合逻辑、是否清晰，我们可以从以下两个方面加以评价：一是是否等待。一个环节完成后，作业者是否需要等待其他环节结束，才能共同进入下一个环节？二是是否混乱。一个环节的开展过程中，是否需要下一个环节完成结果的辅助。

一旦出现等待或混乱的状态，必须予以调整，对此，我们可以采取以下两种方法：一是减少等待。了解各环节完成的时间，提前处理被等待的环节，保证各环节不必被等待，即可与其他环节直接进入下一环节。二是避免混乱。了解各环节之间的联系，分清哪个环节应在前、哪个环节应在后，前一个环节结束后才能开展后一个环节，保证各环节之间的有序性。

第5章 现场精细化管理的内容与操作

企业任何活动都必须落实到现场才能产生绩效，战略目标才能真正落地，不管这种现场是生产作业现场还是办公现场，凡是企业用来从事生产经营的场所都可称之为现场，如厂区、车间、仓库、运输线路、办公室及营销场所，在此基础上形成的管理就叫做现场管理。对企业来说，现场基本包括了从原材料投入前的准备到产品产出的全过程，时刻都要按照企业的经营决策计划来对人员、设备、材料、工艺规程、场地、信息等组成的生产系统进行操作和控制，使人与物、技术与管理之间保持有机的结合，保证以最低成本生产出具有特定质量水平的产品。现场管理就是用科学的管理制度、标准和方法对生产现场各生产要素包括人（工人和管理人员）、机（设备、工具、工位器具）、料（原材料）、法（加工、检测方法）、环（环境）、信（信息）等进行合理有效的计划、组织、协调、控制和检测，使其处于良好的结合状态，达到优质、高效、低耗、均衡、安全、文明生产的目的。现场管理是生产第一线的综合管理，是企业精细化管理的核心。现场精细化管理是整个企业精细化管理的落脚点，企业的目标精细化、组织精细化、流程精细化等只有有了这个落脚点，才能真正得到有效的落实。

5.1 现场精细化管理的模式和基本理念

5.1.1 现场精细化管理模式分析

当今世界上比较成熟的现场精细化管理模式有以欧美企业为代表的开放自由式管理；以韩国企业为代表的军营式现场管理；以日本企业为代表的日式现场管理。欧美企业过分强调人性自由的做法与我国劳动者的职业素养不匹配；韩国企业的现场管理过于严厉，抹杀管理的人性；日本企业现场管理的基本思路如能与我国文化背景紧密结合，将人性化管理与严格作业要求相结合，培育企业劳资关系的和谐性，可以成为形成我国企业现场管理模式的重要基石。

自20世纪60年代以来，一些主要工业发达国家普遍对现场管理予以高度重视，取得了明显的效果，日本在这方面尤为突出。如日本丰田汽车公司长期致力于现场管理的研究与改进，形成以丰田生产方式为代表的丰田现场管理模式，从而获得高效率、低成本和强劲的竞争实力，这也是丰田汽车公司之所以能够成为世界第二大汽车公司的原因之一。在日本企业现场工作过的人会有深刻的体会，你的上司永远不会满足于你已经取得的进步和成就，你会被许多无形的鞭子不停地鞭策去努力，再努力，因为日本企业管理者认为："现场改善是没有止境的，还存在许多可以改善的地方。"日本企业的现场改善一般按照5S改善、职责明确化、消减副产品、效率改善等几个步骤展开一轮又一轮的改善活动。同时管理者对于每次改善活动效果的要求并不太高，每天一点点进步也会令他们感到欣慰，只要他们一直在永无尽头的跑道上前行。日本企业从上到下都非常关注现场管理，许多日本企业的高层决策人员以及营销、采购计划、研发等职能管理部门的负责人大多数从优秀的现场管理人员当中提拔。日本企业现场管理的精髓不在于其拥有先进的管理理论和管理制度，而在于他们的生产现场具有大批的实干家，不断去解决现场发生的问题。日式现场管理的严谨、刻板作风有时让人难以忍受，但不得不承认它确实非常有效。日本企业把现场管理日益精细化，不断提升现场管理的水平，具有人性化、封闭式、定量式、高效性等特色。日本企业现场精细化管理的许多做法和管理手段值得我们学习和借鉴。

进入21世纪以后，企业的市场竞争已呈现出全方位、全球化的形势。企业如果还只重视短期利益，竞争力只会越来越弱。企业管理应具有战略眼光，必须以质量为关注焦点进行管理，才能保证长盛不衰，而现场精细化管理恰恰是坚持不懈的质量改进活动，让企业质量管理逐渐深入。在社会逐步进入信息时代，知识经济和现代化管理成为发展主流的今天，企业之间的竞争变得异常激烈，优胜劣汰的客观规律决定企业生存主要取决于两个因素：一是市场与产品，二是管理。而市场与产品在很大程度上也依赖于管理，卓越的产品质量必须通过对现场进行科学、细致的管理才能实现。目前我国企业的现场管理主要存在以下问题：

（1）有工作，无标准，有的企业在强化和优化现场管理方面做了一些工作，但是却对工作失之于宽，满足于"差不多、挺不错"，没有制定明确的标准和规范，造成了工作的无序和混乱。同时，由于考核标准不明，职工的工作积极性受到挫伤。

（2）有制度，无执行。有的企业对现场管理工作有一定认识，也围绕现场管理制定大量的制度，但却在制度的执行上没有深究，制定的制度或放在案头成了摆设，或挂在墙上成了装饰。

（3）有检查，无整改。有此企业把检查当做一种形式，对检查中发现的问题，有的没有引起重视，没有得到整改；有的整改不彻底；有的虽然问题本身得到了解决，但是没有举一反三，消除同类隐患，造成每次检查都问题不断。"低标准、老毛病、坏习惯"依然在有些企业盛行。

（4）有落实，无长效。在现场管理中，有的基层单位对某项工作满足于

"一时的"、"一事的"落实，对如何从根本上解决问题缺乏思考，管理的长效机制没有建立起来，考核也没有形成闭环。既造成现场管理的人为因素大、随意性强，也使一些工作"反复抓，抓反复"，人力物力投入较多却收效甚微。

我国企业必须重视现场精细化管理，借鉴国外尤其是日本先进现场管理经验，通过现场精细化管理解决质量、效率、浪费等影响企业发展的关键问题。

5.1.2 现场精细化管理的基本理念

5.1.2.1 基本理念的内容

企业运营的理念就是面向市场，满足客户的需求。把这个运营理念延展到现场管理中，企业就需要在现场充分发挥人、物、设备的效用，生产出符合质量、交货期、成本等预期目标的产品，以低成本、高质量的产品提供给社会或客户。日产汽车现场管理理念图见图5-1。现场精细化管理的基本理念就是市场、服务与低成本。

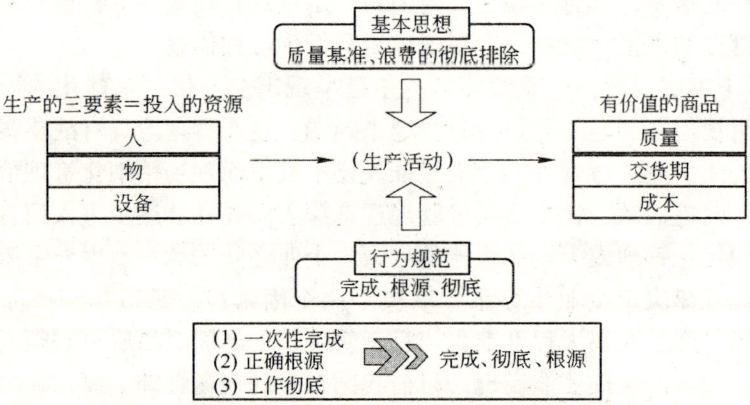

图5-1 日产汽车现场管理理念图

（1）现场就是市场。客户如果对企业的现场称赞为干净整洁的工厂，这就是对企业有信心，乐于下订单，这是企业以及企业每一位员工的期望和骄傲。为了更好地发展，企业必须遵循市场竞争的准则，提升自身的竞争力。员工也应努力提高自己的素质和技能，因为企业员工都是团队的一分子，员工就是公司竞争力的源泉。

（2）现场就是服务。企业运营如果有很高的工作效率，能够制造出高质量的产品，并且协同客户分析、解决问题，那就能获得客户的认同与厚爱。现场就是服务，企业在竞争中求发展，现场则是一个窗口，一个服务的窗口，一个向客户展示区域竞争力的窗口，现场向客户展示的是企业内在的实力与活力。

（3）现场就是减少浪费。企业只有减少一切环节中的浪费，尤其是现场浪费，才能做到低成本地生产出产品，才能向客户提供价廉物美的产品与服务。现场的浪费是企业运营中的最大浪费，减少现场浪费就能降低企业运营成本，使有限投入的资源生产出最大量的产品与服务。

5.1.2.2 基本理念的落实

现场精细化管理的理念必须在现场中落实。

A 质量基准理念的落实

质量基准意味着在与企业的产品制造有关的所有部门和所有人所从事的所有活动中，通常优先考虑获得用户满意的质量问题后才付诸行动。为了获得市场竞争的优先权，首先确保质量第一位。采用现场精细化管理中的“质量基准”方式进行工作时，要将达到用户满意程度的恰当质量水平的理念贯穿整个自己所在的工序，制定对后续工序提供100%质量保证的生产方式，并且要及时捕捉后道工序的质量信息，通过在本工序内确切的循环运行提高每一个人的工作质量。只有树立“后期工序就是用户”的观念，进行“全过程”的实践，才能谈得上质量基准的工作方法。

B 彻底消除浪费理念的落实

一般人员往往只看到有形的物资浪费，其实企业最根本的浪费在于无形的浪费，例如机会、市场等。日产汽车认为，现场的浪费主要包括三种：丧失机会的浪费、资源的浪费、工作进度的浪费。

（1）杜绝丧失机会的浪费。所谓丧失机会而造成的浪费是指因将不良的产品交给用户或未按交货期向用户提供其所需的产品与服务，不能满足用户的要求，其结果就是企业丧失信誉和销售机会，也失去原本唾手可得的利润。现场精细化管理就是要做到，即使生产条件发生变更也可以快速应对，并有计划地在日常工作中实施工作技能的提高和扩大。另外，将今天可以完成的事拖到明天的结果就是，再次发生不良或改善的效果减半，这些情况也应包括在这类机会损失的浪费中。为了不造成这类浪费，应制订切实可行的工作计划，并对计划的进展加强管理。

（2）杜绝资源浪费。所谓资源浪费是指在产品制造过程中资源（人、物、设备）不能灵活运用，主要包括停顿、搬运、检查、加工、操作、设备六方面的浪费现象。现场精细化管理需要做到竭尽全力将生产三要素的人、物、设备的投入资源控制在最低限度。

（3）杜绝因错误工作方法造成的浪费。工作方法浪费中，有以下几种浪费：随着时间的推移及生产条件的变化，往往特意加以改善的内容又回到原来的程度，称之为“缺乏连续性而造成的浪费”；各种各样的人讨论相同的事情，则不能谋求技术诀窍的有效活用，称之为“不执行标准化造成的浪费”；只考虑自己责任范围的利益而工作，如果考虑全体的利益则存在效率更高的方法，称之为“个别合理浪费”。为了杜绝这些浪费现象，凡决定了的事情就一定要彻底遵守，将最好的方法立为企业的标准化，鼓励相互间见好就学的良好风气。要经常想到整体效率，在采取前后工序与协调的同时选择最佳的方法。

综上所述，企业现场精细化管理应做到以下四个方面：

（1）实行标准化操作，在源流指向中必须排除不合格的因素，全过程保证后道工序所必需的质量；

（2）遵守已设定的标准，有条不紊地按照生产计划进行生产，只在必要的时候制造后工序需要的产品；

（3）提高改善的速度，并且提高自身的素质，实现人与设备的集约化，用最少的资源（人、物、设备）进行制造；

（4）重视人才，营造可以安全、安心工作的操作环境，营造出具有活力的团队。

通过以上四个方面确保消除现场浪费，做到现场精细化管理。

5.2 现场精细化管理的要素和任务

5.2.1 现场精细化管理的要素

任何生产活动都离不开人、物和场所这三个必备的条件。在通常情况下，人、物、场所各有其状态，通过合理的方法使人、物、场所达到最佳的状态匹配。在现场管理中，从人、物、场所三个要素演变为现场管理的五个要素，这就是人、机、物、法、环。

第一个现场管理的要素是“人”，这是现场精细化管理的灵魂，也是最活跃的要素。所谓人就是指在现场的所有人员，包括主管、司机、生产员工、搬运工等一切存在的人。人是生产管理中最大的难点，也是目前所有管理理论中讨论的重点，围绕这“人”的因素，各种不同的企业有不同的管理方法。

人的性格特点不一样，那么生产的进度、对待工作的态度、对产品质量的理解就不一样。有的人温和、做事慢、仔细，对待事情认真；有的人性格急躁，做事只讲效率，缺乏质量，但工作效率高；有的人内向，有了困难不讲给他人听，对新知识、新事物不易接受；有的人性格外向，做事积极主动，但是好动，喜欢在工作场所讲闲话。问题就在于如何充分发挥不同个性、性格的员工的生产积极性，把作为“员工”的人的积极因素都能调动起来，如何提高生产效率。现场精细化管理就是要充分发掘性格特点的优势，削弱性格特点的劣势，首先从现有的人员中去发掘，尽可能地发挥他们的特点，激发员工的工作热情，提高工作的积极性，提高员工在单位时间内的工效。

第二个现场管理的要素是“机”，就是指生产中所使用的设备、工具等辅助生产用具。生产过程中设备是否正常运作、工具的好坏都是影响生产进度、产品质量的关键要素。一个企业在发展，除了人的素质有所提高，企业外部形象在提升外，公司内部的设备也在更新。好的设备能提高生产效率，提高产品质量，是企业生产力的根本。实际上，在现代工业化生产中，机器设备是提升生产效率的另一个重要途径。很多企业都在大力引入先进的、现代化的设备、生产线，其原因在于设备的优劣不仅影响生产效率，减少浪费，更重要的是提升产品质量，设备已经成为现场精细化管理有效的重要因子。

第三个现场管理的要素是“物”，也就是物料、半成品、配件、原料等产品用料。由于分工细化，现代工业产品的生产一般都有几种、几十种，甚至更多的配件或部件是几个部门同时运作。当某一部件未完成时，整个产品都不能组装，造成装配工序停工待料。不论延误在哪一个部门，最后的结果都是直接影响其他部门的生产运作，最终影响整体运营。生产运营流程中的任何一个环节必须要与其他环节紧密联系，不能只顾自己环节或部门的生产而忽略其后工序或其他相关工序的运作，因为企业的运作是否良好是整体能否平衡运作的结果。企业任何员工都需要从整体去考虑。

第四个现场管理的要素是“法”，也就是法则，指生产过程中所需遵循的规章制度，包括工艺指导书、标准工序指引、生产图纸、生产计划表、产品作业标准、检验标准、各种操作规程等。这些法则的作用是能及时准确地反映产品的生产和产品质量的要求。严格按照规程作业，是保证产品质量和生产进度的一个条件。

第五个现场管理的要素是“环”，也就是环境。某些产品（电脑、高科技产品）对环境的要求很高，环境会影响产品的质量。比如音响调试时，周围环境要求应当很静；食品行业对环境也有专门的规定，否则产品的卫生不能达到国家规定的标准。现在工业制造企业引进了 ISO14000 环境管理体系，5S 运动也是企业对环境提高要求的具体表现。生产现场的环境有可能对员工的安全造成威胁，如果员工在有危险的环境中工作，必然不能安心工作，环境是生产现场管理中不可忽略的一环。

5.2.2 现场精细化管理的任务

现场精细化管理就是把上述现场的五个因素有效匹配，确保安全生产前提下的产品质量与运营效率、效益，也就是最大限度地发挥人、物、设备作用，将质量意识完全贯彻到工序中，追求效率化。这就是现场管理最根本也是最核心的任务。

（1）在确保品质的基础上完成生产任务。现场首要的工作是“完成生产任务”。完成生产任务意味着既要确保安全，又要全过程保证下一道工序所提出的质量要求，还要只在必要的时候加工必要的东西，也就是完成按企业盈利要求所制订的工作计划。现场不一定能在任何时候对所有条件加以整合。当从上一工序有不合格品流送出的时候，当没有材料及零件调入的时候，当设备状态不好的时候往往会发生各种各样的问题，而这些情况往往又是不能等待的，这就是现实中的情况。然而在这样的情况下要完成生产任务，必然要求做到：一旦问题发生立即取得有关部门的支持并迅速做出应对处置。在完成生产任务时，从优先考虑制造让用户满意的优质产品的意义上来说，在工作现场应致力于全过程质量保证。为了做到全过程质量保证，有必要首先认识：评价质量的是用户，在现场则由下一道工序评价。在所有的商品中不可以有零星的不合格品，要对下一道工序保证本工序的质量为100%合格。为了实现这一目的，就必须以标准为中心进行全方位管理，抑制人、物、设备、方法的散乱现象，并且在发生不合格品的各个工序中，形成一种从发现到采取对策为止的最为合适的良性循环状态。

（2）现场改善收益，现场提高效率。只有精细化的现场管理才能保证物流畅通，物流畅通是提高效率与效益的必要途径，现场管理的目的之一就是要提高生产物流过程的效率，进而提升效益。作为企业来说，为了增加利润并获得持久性的发展，应在促进目标质量实现的同时，持续性地推进改善，用最少的资源（人、物、设备）来制造产品的方法。在现场开展改善活动的过程中，促使质量提高、少人化、减少库存量实现削减各项费用，而且作为企业来说不能只考虑局部而应经常考虑全局的利益，并且使现场的每一个人都经常保持良好的现状，应该让全体员工在工作中保护应有的姿态并持续不懈地进行各类改善活动。

（3）现场营造团队精神，培育人才。现场管理能够创造一个清爽的工作环境和一个让员工心情愉快的环境。现场就是一个值得骄傲的团队，它要求员工在工作和其他集体活动中，一定要做到个人服从集体，局部服从整体。实际上，支撑着企业的是由人组成的集团，无论制定多少个好的标准，具体去实施这些标准的仍然是人。实现产品制造应有模式的就是人，需要培育员工的技能与提升素养。通过严格遵守标准，采用发现异常及时准确处理的方法将可能发生的问题防患于未然，另外改善浪费及问题，使标准的水平更高，以提高员工的技能；有计划地持续性地实施提高和拓展技能的工作，造就人才。

5.2.3 现场精细化管理的特点

现场管理具有基础性、综合性、直观性、系统性、全员性、开放性、动态性七个特点。

（1）现场管理的基础性特点。企业管理一般可分三个层次，即最高领导层的决策性管理、中间管理层的执行性管理和作业层的现场管理。现场管理属于基层管理，是企业管理的基础。基础扎实，现场管理水平高，可以增强企业对外部环境的承受能力和应变能力；可以使企业的生产经营目标以及各项计划、指令和各项专业管理要求顺利地在基层得到贯彻与落实。优化现场管理需要以管理的基础工作为依据，离不开标准、定额、计量、信息、原始记录、规章制度和基础教育，基础工作健全与否直接影响现场管理的水平。通过加强现场管理又可进一步健全基础工作。加强现场管理与加强管理基础工作，两者是一致的。

（2）现场管理的综合性特点。生产现场是人、机、物、法、环等诸生产要素的结合点，也是生产、技术、质量、成本、物资、设备、安全、劳动、环境等各项专业管理的落脚点。企业的现场管理具有十分鲜明的综合性，是一项纵横交错的立体式的综合性管理。

（3）现场管理的系统性特点。现场管理是从属于企业管理这个大系统中的一个子系统。过去抓现场管理没有把生产现场作为一个系统进行综合治理、整体优化，往往只抓某一个方面的工作进行改进，忽视了各项工作之间的配套改革；比较重视生产现场的各项专业管理，却忽视它们在生产现场中的协调与配合，所以收效不大。现场管理作为一个系统，具有系统性、相关性、目的性和环境适应性。这个系统的外部环境就是整个企业，企业生产经营的目标、方针、政策和措施都会直接影响生产现场管理。这个系统输入的是人、机、物、法、环、能和信等生产要素。通过生产现场有机的转换过程，向外部环境输出各种合格的产品或优质的服务，同时反馈转换过程中的各种信息，以促进各方面工作的改善。系统性特点要求生产现场必须实行统一指挥，不允许各部门、各环节、各工序违背统一指挥而各行其是。各项专业管理虽自成系统，但在生产现场也必须协调配合，服从现场整体优化的要求。

（4）现场管理的直观性特点。由于现场是企业各项专业管理的集结点，是从事生产活动的主要场所，因而它是一个开放性的系统，能够综合反映企业的素质，企业的各方面素质优劣在现场均处于“曝光”状态。

（5）现场管理的全员性特点。现场管理的核心是人，人与人、人与物的组合是现场生产要素最基本的组合，不能见物不见人。现场的一切生产活动、各项管理工作都要现场的人去掌握、去操作、去完成。优化现场管理仅靠少数企业管理人员是不够的，必须依靠现场所有人员的积极性和创造性，发动广大员工群众参与管理。生产人员在岗位工作过程中，按照统一标准和规定的要求，实行自主管理，开展员工民主管理活动，必须改变人们的旧观念，培养员工良好的生产习惯和参与管理的能力，不断提高员工的素质。员工素质中突出的是责任心问题，有了责任心，工作就主动，不会干的可以学会。如果没有责任心，再好的管理制度和管理方法也无济于事。提高员工素质既不能任其自然，也不能操之过急，要从多方面做细致的工作。

（6）现场管理的开放性特点。现场管理是一个开放系统，在系统内部与外部环境之间经常需要进行物质和信息的交换与信息反馈，以保证生产有秩序地连续进行。各类信息的收集、传递和分析利用，要做到及时、准确、齐全，尽量让现场人员能看得见、摸得着，人人心中有数。例如，需要大家共同完成的任务产量产值、质量控制、班组核算等，可将计划指标和指标完成情况画成图表，定期公布于众，让现场人员都知道自己应干什么和干得怎么样。与现场生产密切相关的规章制度，如安全守则、操作规程和岗位责任制等，应公布在现场醒目处，便于现场人员共同遵守执行。现场区域划分、物品摆放位置和危险处所等应设有明显标志。各生产环节之间、各道工序之间的联络，可根据现场工作的实际需要，建立必要的信息传导装置。

（7）现场管理的动态性特点。现场各种生产要素的组合是在投入与产出转换的运动过程中实现的。优化现场管理是由低级到高级不断发展、不断提高的动态过程。在一定条件下，现场生产要素的优化组合具有相对的稳定性。生产技术条件稳定，有利于生产现场提高质量和经济效益。但是由于市场环境的变化、企业产品结构的调整以及新产品、新工艺、新技术的采用，原有的生产要素组合和生产技术条件就不能适应了，必须进行相应的变革。现场管理应根据变化了的情况，对生产要素进行必要的调整和合理的配置，提高生产现场对环境变化的适应能力，从而增强企业的竞争能力。

5.3 现场精细化管理的基础

5S管理是现场精细化管理的基础，是指对生产现场各生产要素（主要是物的要素）所处状态不断进行整理、整顿、清洁、清扫、提高素养的活动。5S管理是一个全方位的系统管理，“整理、整顿、清扫、清洁”即强化管理现场，优化质量环境，为员工创造一个舒适的工作场所；“提高素养”即提升员工素质，提高工作效率，保障企业运营安全，建设一支高素质的员工队伍，塑造良好的企业形象。

5.3.1 整理

整理是指区分需要与不需要的事、物，再对不需要的事、物加以处理。在现场工作环境中，区分需要的和不需要的工具及文件等物品对于提高工作效率很有必要。不管是工厂还是办公室，整理都是必需的工作。

整理是改善生产现场的第一步。首先应对生产现场摆放和停置的各种物品进行分类，然后对于现场不需要的物品，诸如用剩的材料、多余的半成品、切下的料头、切屑、垃圾、废品、用完的工具、报废的设备、个人生活用品等，坚决清理出现场。整理的对象主要是现场被占有而无效用的“空间”。

5.3.1.1 整理的目的

基于工作效率提升以及安全生产的主要目的，整理是必需的，实际上是消除废物产生的工作流程上的变动性，确保流程稳定运行。具体来说，整理有以下几个基本目的：

（1）腾出空间，空间活用。生产现场经常会有一些残余的物料、待修品、待返品、报废品等滞留现场，这些东西既占据现场空间又阻碍现场生产，必须将这些东西从生产现场清理出来，留给作业人员更多作业空间，以方便操作。

（2）有利于减少库存，节约资金。生产现场摆放的不要物品是浪费，如果不要物品不经常清理，即使敞亮的工作现场也将越来越小，公司将要建各种名目的仓库，甚至要不断扩建厂房；货品杂乱无章地摆放，会增加盘点的难度，甚至使盘点的精度大打折扣，成本核算失准。通过整理，就会避免因摆放混乱找不到重新采购所带来的资金浪费，同时有利于库存控制。

（3）减少磕碰机会，提高产品质量。现场往往有一些无法使用的工装夹具、量具、机器设备，如果不及时清理，时间长了会使现场变得凌乱不堪。这些地方通常是管理的死角，也是灰尘的堆场。在一些对无尘要求相当高的工厂，将会直接影响产品质量，通过整理就可以把这一质量影响因素消除。

（4）消除管理上的混放、混料等差错。未经整理的工作现场，大量的零部件杂乱无章地堆放在一起，会给管理工作带来难度，也容易形成安全隐患，很容易带来工作上的差错。

5.3.1.2 整理的作用

整理的作用主要表现在两个方面，即规避浪费与提升效率，减少安全隐患。

整理的第一个作用——规避浪费。表现在以下几个方面：

（1）空间造成浪费；

（2）资金浪费，例如因零件或产品因为过期而不能使用造成的浪费；

（3）工时浪费，例如因场所狭窄，物品时常不断地移动造成的浪费；

（4）管理非必需品的场地和人力浪费，花时间去管那些没有必要的东西，就会造成场地和人力资源的浪费；

（5）库存管理以及盘点，造成时间浪费。

整理的第二个作用——提升工作效率与减少安全隐患等。表现在以下几个方面：

（1）能使现场无杂物，过道通畅，增大作业空间，提高工作效率；

（2）减少碰撞，保障生产安全，提高产品质量；

（3）消除混杂材料的差错；

（4）有利于减少库存，节约资金；

（5）使员工心情舒畅，工作热情高涨。

5.3.1.3 整理的重点与实施流程

整理有侧重点。从工作现场的要求出发，重点在以下几个方面：

(1) 明确定出实施整理的范围；
(2) 规划出“不要物”的暂放区，明确要与不要的标准；
(3) 通过教育训练让全员了解“不要物”的标准及整理的概念；
(4) 决定实施整理的时间，并将整理用具提前备妥；
(5) 明确每个成员负责的区域，依照标准及范围实施整理；
(6) 定期不断实施且定期巡回检查；
(7) 整理后，马上进行整顿工作，两者连续不可分。

整理的实施流程如表5-1所示。

表5-1 整理实施流程表

流　程	权责单位	重点事项	使用表单
定点摄影	5S推行委员会	选定现场5S改善点，将现场的实际状况拍摄下来，作为企业未来改善的依据	
制定要与不要的标准	5S推行委员会	制定现场物品要与不要的标准，作为5S整理的依据	要与不要的标准表
红牌子制作	5S推行委员会	制作红牌，让现场不要物品能够一目了然	
制定不要物品处理流程	5S推行委员会	制定不要物品处理流程和权限，使得现场整理出来的物品能够得到尽快处理	
实施整理	5S稽核员	红牌作战，严格根据标准实施各部门交叉整理，将不要物品清理出现场	
不要物品处理	权责部门	清理出来的不要物品按照处理流程和权限进行处理	不要物品一览表

5.3.1.4 整理的要点

整理的要点如下：

(1) 必要品与非必要品的判别及处理。必要物品是指经常必须使用的物品，如果没有它，就必须购入替代品，否则就会影响工作；非必要品是使用周期较长的物品，或者对目前的生产或工作无任何作用的、需要报废的物品。必要品和非必要品区分与处理方法见表5-2。

表5-2 必要品和非必要品区分与处理方法

类　别	使用频度	处理方法	备　注
必要品	每小时	放工作台上或随身携带	
	每天	现场存放（工作台附近）	
	每周	现场存放	

表5-2

类别	使用频度		处理方法	备注
非必要品	每月		仓库存储	
	三个月		仓库存储	定期检查
	半年		仓库存储	定期检查
	一年		仓库存储（封存）	定期检查
	二年		仓库存储（封存）	定期检查
	未定	有用	仓库存储	定期检查
		不需要用	变卖或废弃	定期清理
	不能用		废弃或变卖	立刻废弃

（2）建立场所基准。场所的基准指的是到底在什么地方放置要与不要的物品，可以根据物品的使用次数、使用频率来判定物品应该放在什么地方才合适。制定时应对保管对象进行分析，根据物品的使用频率来明确应放置的适当场所，作出保管场所分析表（见表5-3）。

表5-3 保管场所分析表

序号	物品名称	使用频率	归类	是必需品还是非必需品	建议场所
1		一年没用过一次			
2		也许要用的物品			
3		三个月用一次			
4		一星期用一次			
5		三天用一次			
6		每天都用			

（3）确立废弃物处理原则。对于“不要物”的处理方法，通常要按照两个原则来执行：1）区分申请部门与判定部门；2）由一个统一的部门来处理“不要物”。不要物处理审核清单见表5-4。

表5-4 不要物处理审核清单

单位：　　　　　　　　　　　　　　　　　　　　　　　　　年　月　日

物品名称	型号规格	数量	不用原因	责任部门处理意见	工厂处理意见	主管经理处理意见

主管经理审核：　　　　　　　申报单位主管审核：　　　　　　　申报人：

5.3.2 整顿

整顿是把需要的事、物加以定量和定位。通过上一步整理后，对生产现场需要留下的物品进行科学合理的布置和摆放，以便最快速地取得所要之物，在最简捷、有效的规章、制度、流程下完成工作。生产现场物品的合理摆放使得工作场所一目了然，整齐的工作环境有利于提高工作效率，提高产品质量，保障生产安全。实际上，整顿是消除混乱秩序产生的工作流程上的变动性，确保流程稳定运行。整顿所达到的基本要求如下：

（1）整顿的结果是要实现任何人都能立即取出所需要的东西的状态；

（2）要站在新人、其他职场的人的立场来看，使得什么东西该放在什么地方更为明确；

（3）要想办法使物品能立即取出使用；

（4）使用后要能容易恢复到原位，没有恢复或误放时能马上知道。

5.3.2.1 整顿的作用

整顿的作用表现在以下两个方面：

（1）减少因没有整顿而产生的浪费。整顿是一种科学，它已定出了标准化，谁到这个工作岗位，什么东西放在那里已变成一种习惯。整理工作没有落实必定会造成很大的浪费。通常有以下几种：

1）寻找时间的浪费；

2）停止和等待的浪费；

3）认为本单位没有因盲目购买所造成的浪费；

4）计划变更而产生的浪费；

5）交货期延迟而产生的浪费。

在杂乱无序的工作环境中，如果没有做好整理和整顿工作，会使员工找不到使用物品，造成时间和空间的浪费，同时还可能造成资源的浪费与短缺，使一些品质优良的物品沦为“废品”，使废品堂而皇之地躺在重要位置。

（2）提升工作效率与减少安全隐患。把需要的人、事、物加以定量、定位。通过前一步整理后，对生产现场需要留下的物品进行科学合理的布置和摆放，以便用最快的速度取得所需之物，在最有效的规章、制度和最简捷的流程下完成作业。因此它具有以下作用：

1）提高工作效率，将寻找时间减少为零；

2）异常情况（如丢失、损坏）能马上发现；

3）不是该岗位的其他人员也能明白要求和做法；

4）不同的人去做，结果是一样的（已经标准化）。

5.3.2.2 整顿三要素

整顿三要素指的是场所、方法和标识。判断整顿三要素是否合理的依据在于是否能够形成物品容易放回原地的状态。当寻找某一件物品时，能够通过定位、标识迅速找到，并且很方便将物品归位。整顿良好的表现见图5-2。

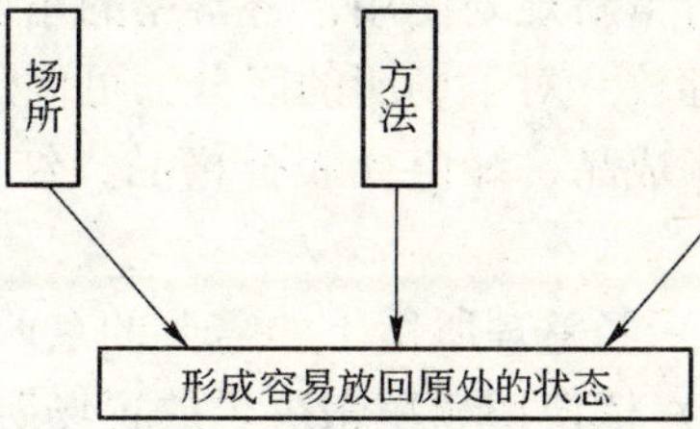

图5-2 整顿良好的表现

(1) 场所。物品的放置场所原则上要百分百设定，物品的保管要做到“定位、定品、定量”。场所的区分，通常是通过不同颜色的油漆和胶带来加以明确：黄色往往代表通道，白色代表半成品，绿色代表合格品，红色代表不合格品。5S管理强调尽量细化，对物品的放置场所要求有明确的区分方法。

(2) 方法。整顿的第二个要素是方法。最佳方法必须符合容易拿取的原则。现场管理人员应在物品的放置方法上多下工夫，用最好的放置方法保证物品的拿取既快又方便。

(3) 标识。整顿的第三个要素是标识。很多管理人员认为标识非常简单，但实施起来效果却不佳，其根本原因就在于没有掌握标识的要点。

5.3.2.3 整顿实施步骤

整顿的主要对象是“场所”，而工作场所最大的时间浪费是在选择和寻找中花费时间。消除选择和寻找带来的时间浪费必须做到以下几点：

(1) 分析现状。人们取放物品时为什么时常会花很多的时间，或者说是人们取放物品时间为什么会那么长，追根究底有以下几个原因：

1) 不知道物品存放在哪里；

2) 不知道要取的物品叫什么；

3) 存放地点太远；

4) 存放的地点太分散，物品太多，难以找到；

5) 不知道是否已用完，或者别人正在使用，其他人找不着。

把这些原因归纳起来进行分析后所得到的结论就是对于现状没有分析。在日常工作中必须对必需物品的名称、物品的分类、物品的放置等情况进行规范化的调查分析，找出问题的所在，对症下药。在进行分析的时候，从物品的名称、物品的分类，还有物品的放置这几个方面进行规范。

(2) 物品分类。整顿时要根据物品各自的特征进行分类，把具有相同特征或具有相似性质的物品划分为同一个类别，并制定标准与规范，确定物品的名称并做好物品名称的标识。

(3) 落实整顿工作，根据整理重点决定放置场所。推行整顿的过程中应对物品放置的场所进行事前确定。整顿初期将整理所腾出的棚架、橱柜、场所等空间进行重新规划使用，将常用的东西放在最近身边的地方，不常用的东西可另换位置存放。对于场所的区分，可使用不同颜色的油漆和胶带加以明确，如白色的代表半成品，绿色代表合格品，红色代表不合格品。在明确场所时应注意以下事项：

1）经整理所留下的需要的东西、物品要定位存放；

2）依使用频率来决定放置场所和位置；

3）用标志漆颜色（建议黄色）划分通道与作业区域；

4）不许堵塞通道；

5）限定高度堆高；

6）不合格品隔离工作现场；

7）不明物撤离工作现场；

8）看板要置于醒目的地方，且不妨碍现场的视线；

9）危险物、有机物、溶剂应放在特定的地方；

10）无法避免将物品放于定置区域时，可悬挂暂放牌，注明理由、时间。

（4）决定放置方法。明确物品的放置方法也是整顿工作中的重要内容，这种方法必须符合容易拿取的原则。物品的放置一般放在架子上、箱子里、塑胶篮里、袋子里及进行悬挂放置等。决定放置方法时要考虑物品的用途、功能、形态、大小、重量、使用频率等因素，尤其要注意取用和放置的方便。在明确方法时要注意以下问题：

1）置放的方法有框架、箱柜、塑料篮、袋子等方式；

2）在放置时尽可能安排物品的先进先出；

3）尽量利用框架，经立体发展，提高收容率；

4）同类物品集中放置；

5）框架、箱柜内部要明显易见；

6）必要时设定标识注明物品“管理者”及“每日点检表”；

7）清扫器具以悬挂方式放置。

（5）决定物品的定位放置。按照确定的储存场所和存放方法，将物品放在该放的地方，不要造成物品的放位不当或东零西落。物品的定位十分重要，做好定置工作的主要项目如下：

1）工作场所的定置要求；

2）生产现场各工序、工位、机台的定置要求；

3）工具箱的定置要求；

4）仓库的定置要求等。

（6）画线标识。企业的现场管理其实和交通管理的理念一致，在公路上设置不同的线，不仅为了美观，更主要是为了安全、高速，使现代化城市交通保持顺畅、有序，减少交通事故发生。企业管理也是一样，现场画线的目的也不是单纯为了现场美观，更重要的是为了营造一个井然有序、安全高效的工作环境。

5.3.2.4 **整顿推行的要点**

整顿的目的是针对作业效率、品质、安全等来思考物品归位方法，确定物品定位的应有状态。整顿的推动要点如下：

（1）彻底进行整理。

1）彻底地进行整理，只留下必需物品；

2）在工作岗位只能摆放最低限度的必需物品；

3）正确地判断出是个人所需还是小组共需品。

（2）确定放置场所。

1）对放在岗位上的哪一个位置比较方便进行布局研讨；

2）制作一个模型（1/50），便于布局规划；

3）将经常使用的物品放在工作地点的最近处；

4）特殊物品、危险品必须设置专门场所并由专人来进行保管；

5）物品放置要百分百地定位。

（3）规定摆放方法。

1）产品按机能或按种类来区分放置；

2）摆放方法各种各样，例如架式、箱内、工具柜、悬吊式，各个岗位提出最适合各自工作需要的想法；

3）尽量立体放置，充分利用空间；

4）便于拿取和先进先出；

5）平行、直角、在规定区域放置；

6）堆放高度应有限制，一般不超过1.2m；

7）容易损坏的物品要分隔或加防护垫来保管，防止碰撞；

8）做好防潮、防尘、防锈的三防措施。

（4）进行标识。

1）采用不同色的油漆、胶带；

2）用地板砖或栅栏来划分区域；

3）通道最窄的宽度、人行道、人走的地方最少要1m以上，单向车道的宽度为最大的车宽再加上1.8m，双向车道的宽度为最大车宽乘以2再加上1m，通过5S整顿的这种数据规范，使人感觉一目了然；

4）区分的各种标识，有绿、黄、白线，还有红线。

5.3.3 清扫

清扫就是把脏的地方弄干净，把垃圾扫起来。但是，现代企业所需要的不仅仅是这种表面上的工作。清扫不仅仅是打扫，而是加工工程中的一部分。清扫除了清除脏污，保持工作场所内干干净净、明明亮亮外，还要排除一切干扰正常工作的隐患，防止和杜绝各种污染源的产生。清扫要用心来做，必须人人动手，认真对待，保持良好的习惯。

5.3.3.1 清扫的主要对象

一般来说，清扫的对象主要集中在以下几个方面：

（1）清扫办公区域的所有物品。人们能看到的地方、在机器背后通常看不到的地方都需要进行认真彻底的清扫，从而使整个工作场所保持整洁。

（2）彻底修理机器工具。各类机器和工具在使用过程中难免会受到不同程度的损伤。因此，在清扫的过程还包括彻底修理有缺陷的机器和工具，尽可能地降低故障率。

（3）发现脏污问题。机器设备上经常会出现油渍污渍，因此需要工作人员定时清洗、上油、拧紧螺丝，这样在一定程度上可以提高机器设备的品质，减少工业伤害。

（4）减少污染源。污染源是造成无法彻底清扫的主要原因之一。粉尘、刺激性气体、噪声、管道泄漏等都是污染源头。只有解决了污染源，才能够彻底解决污染问题。

5.3.3.2 清扫的目的

清扫是消除环境混乱产生的工作流程上的变动性，确保流程稳定运行。清扫的目的有以下三个方面：

（1）消除不利于产品质量、成本、功效等的因素；

（2）保证设备零故障地工作，确保设备正常运行；

（3）创造干净明亮的工作环境，创造无尘化办公区、无尘化车间，令人心情愉快，让员工身心健康。

清扫的目的就是去除问题的基本点，减少工业伤害，维护安全生产，培养发现问题的习惯，消除不利于提高产品质量的因素，减少对人们健康的伤害，消除故障发生现象。清扫可以保证工具、物料、设备等处于正常使用状态，尤其是对强调高品质、高附加值的产品制造现场，更不容许有垃圾和灰尘的污染造成产品的质量问题，所以清扫可以起到提高设备性能的作用，更好地贯彻保养的计划，提升作业的质量，减少操作过程中的事故发生率，创造无尘化的工厂，减少脏污对产品的影响，最终提高产品的质量。

5.3.3.3 清扫的作用

（1）清洁就是点检。拿着拖把或者抹布进行卫生清洁，这种“清扫”其实就是经常说的大扫除；清扫就是点检，对设备的清扫本身也是对设备的维护。根据“谁使用谁管理”的原则，让设备的使用者参与设备的维护，既可以激发使用者对设备使用的责任感，又可以使使用者对设备的性能更为了解，因为使用者与设备朝夕相处，通过清扫和与机器设备的“亲密接触”，可以预先发现异常，更好地避免故障的发生，降低事故发生率。对设备的清扫有以下几个作用：

1）使任何人都能够判断设备的性能状况，降低了使用、管理难度。

2）点检位置、步骤有明确要求，操作易于进行。

3）通过目视管理及异常警示，使维护保养容易进行。

4）良好的运行管理机制，能够预防故障的发生。

（2）无尘化。清扫的最大作用是通过整理、整顿，使“必须物品”处于能立即取到的状态，取出的物品还必须完好可用。在企业运营过程中，员工要时刻关注、注意设备的哪怕微小变化，细致地维护好设备，只有为设备创造一个无尘化的使用环境，设备才有可能做到“零故障”。相反，如果设备有灰尘，那故障自然也会相应地增加。清扫过程中的关注点有以下几个方面：

1）最好能分配每个人应负责清扫的区域。分配区域时必须绝对清楚地划清界限，不能留下没有人负责的区域（即死角）。

2）建立奖惩机制，对自己的责任区域都不肯去认真完成的员工，不能让他担当更重要的工作。

3）到处都干净整洁，使公司客户感动，让员工心情舒畅地工作。

4）在整洁明亮的环境里，任何异常——哪怕是一颗小小的螺丝掉在地上都可马上发现。

5）如果设备异常，在保养中就能发现并得到解决，不会在使用中罢工。

5.3.3.4 清扫的关注点

清扫的注意点包括责任化、标准化和污染源改善处理。

（1）责任化。责任化是要明确责任和要求。在5S管理中，经常采用如表5-5所示的5S区域清扫责任表来确保责任化。在责任表中，对清扫区域、清扫部位、清扫周期、责任人、完成目标情况都应有明确的要求，提醒现场操作人员和责任人员需要做哪些事情，有些什么要求，明确用什么方法和工具去清扫。

表5-5 5S区域清扫责任表

项　目	1日	2日	3日	4日	5日	6日
目标要求						
实际评估						
情况确认						

（2）标准化。当不小心把一杯鲜奶洒在桌子上时，有人会先用干毛巾擦后再用湿毛巾擦，而有人会先用湿毛巾擦后用干毛巾擦。对于如此简单的一个问

题，竟然有两种完全不同的答案。现场管理遇到的问题比这要复杂得多，如果不能够实现标准化，同样的错误可能不同的人会重复犯。因此，清扫一定要标准化，应共同采用不容易造成安全隐患的、效率高的方法。标准化用来确保改善的效果，使之能继续维持下去。“标准”的一种定义，是指“做事情的最佳方法”。如果现场员工都能遵照标准工作，就能确保顾客满意。如果标准是意味着“最佳的方法”，那么每一位员工每一次都必须遵照相同的标准、相同的方法去工作。如果员工在其重复性的工作过程中不遵守标准，其后果将是导致质量的变动及差异波动。如果一个员工知道工作的最佳方法，却没有将此知识分享出来，他或她的知识也将随之流失。唯有予以标准化、制度化，这些在企业内的知识才得以保留在企业内，而用不着关心员工的流动率了。

（3）污染发生源改善处理。推行5S管理一定不能让员工们觉得只是不停地擦洗设备、搞卫生，每天都在付出。需要清扫的根本原因是存在污染源。如果不对污染发生源进行改善处理，仅仅是不断地扫地，员工一定会对5S管理产生抵触情绪。因此，必须引导员工在污染源发生方面做出一些有效的处理改善措施，很多污染源只需要采取一些简单的措施和较少的投入，就能予以有效杜绝。

5.3.3.5 清扫推行的要领

（1）清扫推行的要领包括明确清扫目的，界定清扫责任，全员参与，定期进行，追踪污染源，预防与保护。清扫是工作过程中重要的一部分，员工只有明白什么是清扫、清扫的目的和注意事项都有哪些，员工才愿意去做，员工才会自觉地、主动地去完成清扫工作；其次要对员工进行各种宣传和教育，例如安全教育、设备保养教育、设备的结构教育、技能提升教育等。

（2）界定清扫责任。界定清扫责任就是要分清谁来负责清扫、何时清扫、清扫哪里、怎么清扫、用什么工具来清扫、要清扫到什么样的程度等。

（3）全员参与。全员参与的概念至关重要，为了明确各自的责任，必须实行岗位责任制和值班的制度，这是非常有效的方法。进行区域划分、实行区域的责任制可利用工厂平面图明确标记各责任区及负责人，同时各责任区应细化成各自的定置图，责任到人，不可存在没有人负责的死角，建立清扫的机制和制定一份清扫的制度，制定清扫的标准化，确保干净整洁，大家负责，一定是没有人负责。从工作场所扫除一切垃圾灰尘，作业人员自己动手清扫，而不是由清洁工来代替，只有作业人员自己动手才知道珍惜，对变化才会有成就感，才能保持长久，相应也会珍惜别人的劳动成果。

（4）定期进行。应定期进行如下两方面的清扫：

1）资料文件的清扫。文件档案的清扫范围为过时的表单、报告书、检验书，没有用的文件、名片，修正完毕的原稿，回答了结的文件等过时、没用的物品。首先是定期整理个人和公共的档案文件，保留经常使用和绝对必要的资料，保留机密文件和单位标准书档案文件，保留必须移交的资料；建立文件的清扫标准，机密文件的销毁必须进行管制。

2）设备的清扫。对设备进行清洁保养，设备一旦被污染就容易出现故障并缩短使用寿命，这是设备运行不灵和发生事故的原因。为了防止这类事件的发生，必须清除污染的源头。污染源大致同设备和日常工作有关，要定期进行设备、工具及使用方法等方面的检查，要经常细心地进行清洁保养，要经常对设备、机械、装置内部进行清洁，不要有死角，要确认每台设备的构造和性能，明确其检查的方法，用棉纱和碎布等擦拭设备，检查容易脏的地方，清除注油口仪表表面操作部分的灰尘和污垢，对设备的保养还要注意对周围环境的检查。

（5）追踪污染源。一提起清扫常常想到的是除去表面污垢，其实最有效的清扫方法是清除污染源。清扫一般是用手来进行，而污染源要用手摸、眼看、耳听、鼻闻等方法，有时必须要动脑筋、想办法才能找到。只有调动了人体五官的各项功能才能找到污染源。通过工作来寻找和清除造成现象的源头在哪里，即污染的源头在哪里，清扫困难的源头在哪里，故障的源头在哪里，浪费的源头在哪里，危险的源头在哪里，缺陷的源头在哪里。要是没有找到源头，再怎么清扫都会有问题，特别要追查到污染源并予以杜绝。污垢是一切异常和不良的根源，如配电柜内污垢是短路、断路的主要原因。设备上残留的切削料会影响精度。对污染的形态和对象予以明确化，调查发生部位、发生量、影响的程度，研究采取对策，如果能够使污染问题消除并使之不要发生自然最好，即使无法杜绝也要把发生量减少到最低，或减少影响的范围。

（6）预防与保护。设备必须由操作员工清扫，只有自己才能够做好，清扫有两个作用：一个是保护，如防锈、抹油、涂漆、修理；另一个是预防，如保养制度、扫怪、扫黑、扫漏、扫异。清扫对设备是保护和预防两个作用，通过清扫、做检查、做点检去发现一些问题。

5.3.4 清洁

清洁就是将干净整洁持续下去。“穿上干净清洁的衣服”与“让我们的现场变得干净清洁”是同一个道理。“清洁”这个词常用于美化印象的场合。清洁就是在整理、整顿、清扫之后的日常维持活动，即形成制度和习惯。清洁，是对前三项活动的坚持和深入。这一管理手段要求每位员工随时检讨和确认自己的工作区域内有无不良现象。清洁活动的目的是：作业环境不仅要整齐，而且要做到清洁卫生，保证工人身体健康，提高工人劳动热情；不仅物品要清洁，而且工人本身也要做到清洁，如工作服要清洁，仪表要整洁；工人不仅要做到形体上的清洁，而且要做到精神上的“清洁”，待人要讲礼貌、要尊重别人；要使环境不受污染，进一步消除混浊的空气、粉尘、噪声和污染源，消灭职业病。

在5S管理过程中，清洁被认为是重复做好整理、整顿、清扫，形成制度化、规范化，包含伤害发生的对策及成果的维持。如果将这个“清洁”的概念运用到工作现场中，就是切实遵守既定的规则，一丝不苟地进行打扫，彻底地清除垃圾，将这些行动持续下去的话，就是“干脆爽快的行动”，如果全体员工都能参与，其现场最终能营造出安心的工作氛围。

5.3.4.1 **清洁推行的目的**

清洁是为了消除精神影响所产生的工作流程上的变动性，确保流程稳定运行。清洁的主要目的是维持和稳固整理、整顿和清扫的效果，保持生产现场任何时候都处于整齐、干净的状态。也就是将整理、整顿、清扫进行到底，并成为一种制度和习惯；工作环境始终保持清洁、卫生，无污染、无灰尘、无废物，环境优美，全体人员工作在既安全又健康的环境中。

（1）维持洁净的状态。整理、整顿、清扫是动作，清洁是结果。即在工作现场进行整理、整顿、清扫过后呈现的状态是清洁，而要保持清洁，就要不断地进行整理、整顿和清扫。所以，清洁就是把整理、整顿、清扫的事情坚持地、重复地做下去，从而维持洁净的状态。工作现场洁净明亮，会使人产生愉悦的心情，有利于个人潜能的发挥和工作效率的提高。

（2）通过制度化来维持成果。通过进一步的整理、整顿、清扫检查，发现3S（整理、整顿、清扫）工作中的不足，认真进行改善。将推行3S好的工作经验标准化和制度化，向广大员工宣传教育，通过制度化来维持成果，使5S的工作不断地向纵深发展。

（3）标准化的基础。所谓标准，就是“为了在一定范围内获得最佳秩序，经协商一致制定并由公认机构批准，共同使用和重复使用的一种规范性文件。”对整理、整顿、清扫如果不进行标准化，员工就只能按照自己的理解去做，实施的深度就会很有限，就只能进行诸如扫扫地、擦擦灰、摆放整齐一点之类的事情。在4S（整理、整顿、清扫、清洁）阶段要制定出实施和检查的标准。

（4）企业文化开始形成。企业文化是一种现代企业的管理思想和管理模式，体现了企业及其员工的价值准则、经营哲学、行为规范、共同信念，是全体员工共同遵守的准则，并通过员工的行为表现出来。通过5S管理，给企业文化建设注入新的内涵。

1）有利于企业核心力的竞争。企业发展靠核心竞争力，而核心竞争力来源于员工队伍的整体素质。在5S管理的影响下，员工参加各种培训，使技术素质、管理素质得到提升。

2）有利于团队精神的培育。通过5S管理，企业的知名度和美誉度上升。管理文化的创新，员工行为的规范，更塑造了良好的企业形象。这些更增加了员工对企业和工作的忠诚度和信赖感，为团队精神的培育埋下了良好的种子，必将铸造具有独特魅力的企业之魂。

3）有利于塑造知名品牌形象，为顾客提供直观、可信的产品。5S 带来的规范化、制度化、标准化的工作方式，为稳定生产，提高产品质量打下坚实的基础，奠定有力的保障。

5.3.4.2 清洁的作用

清洁与前面所述的整理、整顿、清扫的 3 个“S”略微不同。前三部分是行动，清洁并不是“表面行动”，而是表示了“结果”的状态。它当然与整理、整顿有关，但与清扫的关系最为密切。为机器设备清除油垢、尘埃，谓之清扫，而“长期保持”这种状态就是“清洁”，将设备“漏水、漏油”现象设法找出原因，彻底解决，这也是“清洁”，是根除不良和脏乱的源头。因此“清洁”是具有“追根究底”的科学精神，大事从小事做起，创造一个无污染、无垃圾的工作环境。

（1）维持作用。清洁起维持的作用，将整理、整顿、清扫后取得的良好成绩维持下去，成为公司内必须人人严格遵守的固定的制度。

（2）改善作用。对已取得的良好成绩，不断地进行持续改善，使之达到更高更好的境界。

1）贯彻 5S 的意识，寻找有效的激励方法；

2）坚持不懈；

3）一时养成的坏习惯要花十倍的时间去改正；

4）贯彻和推动 5S；

5）推行透明管理；

6）运用激励的办法，目的是要让企业内部的全体员工每天都对本公司正在进行 5S 评价活动持有饱满的热情。

5.3.4.3 清洁的关注点

清洁并不是单纯从字面上进行理解，它是对前三项活动的坚持和深入，从而消除产生安全事故的根源，创造一个良好的工作环境，使员工能愉快地工作。这对企业提高生产效率，改善整体的绩效有很大帮助。清洁活动实施时，需要秉持以下三个要点：

（1）只有在清洁的工作场所才能生产出高效率、高品质的产品；

（2）清洁是一种用心的行动，千万不要只在表面上下工夫；

（3）清洁是一种随时随地的工作，而不是上下班前后的工作。

此外，清洁要取得成效，还要做到三点：一是制度化；二是要定期检查；三是坚持。通过制度化，可以使整理、整顿、清扫工作自始至终、持之以恒；通过定期检查，可以发现存在的问题，实现持续改进，组织可以不断创新发展。

5.3.4.4 推进清洁的关键活动和注意事项

清洁是在整理、整顿、清扫之后进行认真维护，保持完美和最佳的状态。清洁不是做表面性的工作，而是对前三项活动的坚持和深入，从而消除发生安全事故的根源，创造一个良好的工作环境，使员工能够愉快地工作；另外，清洁还是对整理、整顿和清扫的标准化。目前企业所采用的运作手法主要包括红牌作战、目视管理以及检查表的应用。

推进清洁的注意事项如下：

（1）各种工具、门窗、装备、设备尽量不要盖盖、关门，便于目视。

（2）制作各种标志牌，贴在相应的部位。

（3）实施了就不能半途而废，否则又回到原来的混乱状态；制订各种检查表，定期检查、维持活动的成果。

（4）生产车间空气要清新，拥有良好的通风系统。

（5）特种工序现场要有抽气系统、防爆系统，确保职工工作安全、身心健康。

（6）设备要有操作使用说明书，要有标志。

5.3.5 素养

素养是指企业每个员工都能自觉依照规定和制度行事，养成良好的习惯，培养积极的精神。企业应向每一位员工经常地灌输遵守规章制度的工作的意识，此外还要强调创造一个良好的工作场所的意义。素养的目的是培养具有良好素质的人才，铸造团队精神，创造一个良好的人文环境。素养的内容包括工作态度、行为规范与道德规范三个方面。

5.3.5.1 素养的作用

素养的作用如下：

（1）教育培训，保证人员的基本素质；

（2）塑造企业优良形象，形成和谐的工作环境，提高员工的工作热情和培养敬业精神；

（3）使员工遵守标准；

（4）形成温馨、明快、安全、舒适的工作氛围；

（5）塑造优秀人才并铸造战斗型的团队；

（6）是企业文化的起点和最终归属；

（7）为其他管理活动的顺利开展打下基础。

5.3.5.2 素养形成的阶段

素养是分阶段逐步提升的。

第一阶段是形式化。素养最初的形成在于形式化的要求。企业为了达到某种效应，要开展一些诸如清扫设备上的脏污、擦玻璃、拖地板等大扫除活动。这个阶段的活动特点主要是使得全体员工都能响应领导号召，往往此时员工的行为多少存在一点应付因素在里面，此时的重点是必须运用一些形式的东西去改变环境，让人们感到与原先就是不一样，使用宣导造势、可视化管理等工具，形成比原来更好的工作现场。要想达目的，必要的形式不可缺，但绝非“为形式而形式”。这时候需要导入各种各样有效的活动形式，并使这些形式得以固化。活动在开始阶段常常会遭到员工的质疑或消极抵制，因此此阶段在执行中会带有一些强制性。

第二阶段是行事化。之前形式化的做事要求已经成为了日常例行工作的一部分，不会再被看成是额外的负担。长期坚持统一的规章制度使得员工对行事标准不再抵触，并且逐渐认识到坚持执行标准工作是一件应该做的事情。行事化把要求的行为制定成制度或标准，让所有人都按一个标准做事，每时、每刻、任何人、任何环境都要按要求做事。行事化意味着“到了某一天、某个时段必须做什么”。例如，当企业制定了红牌作战活动的制度时，就必须做到每个星期按时完成这件事情。通过不断重复的例行公事，逐渐使员工认为做这些事情是工作的一部分。因此，行事化是培养员工习惯的重要过程。

第三阶段是习惯化。到了习惯化阶段，员工们不再感觉到刻意，就像每天穿衣吃饭一样自然。当例行工作得到长期坚持时，它就会变成员工的习惯。习惯是行为的自动化，不需要特别的意志努力，不需要别人的监控，在什么情况下就按什么规则去行动。这时候，5S 管理所要求的素养才完全形成。

5.3.5.3 素养的推行要点

5S 管理素养推行的基础在于，让员工学习企业的规章制度，并能理解规章制度，努力遵守规章制度；企业高层管理人员必须身体力行，企业一般员工努力自律；企业具有互相信任、管理公开化与透明化的氛围，勇于自我检讨反省。推行 5S 管理素养的要点在于如下几个方面：

（1）制定相关的规章制度；

（2）制定共同遵守的有关规则、规定；

（3）制定礼仪与行为规范守则；

（4）规则、文化等的教育培训；

（5）推动各种精神提升活动（早会、班后会、文化活动等）；

（6）持续推动 5S 直至习惯化。

素养推行的一个关键在于：长期坚持，持之以恒。

5.3.5.4 素养的推行步骤

（1）建立共同遵守的制度。规章制度是员工行为的准则，是让人们达成共识，形成企业文化的基础。制定相应的语言、电话、行为等员工守则，帮助员工达到素养的要求。规章制度要合情、合理、合法。

（2）建立系统科学的奖惩体系。从心理学的角度讲，奖惩制度是通过一系列正激励和负激励的作用，引导和规范员工的行为朝着符合企业需求方向发展。对希望出现的行为，企业用奖励进行强化，也就是正刺激；对不希望出现的行为，利用处罚措施进行约束，也就是副刺激。两者相辅相成，才会有效促进企业目标的实现，利于员工素养的形成。

（3）进行多样化的教育培训和活动。培训是制度和文化传承的有效工具。培训活动不应拘泥于形式，只要是员工可以接受的方式都可以尝试，例如建立活跃、规范的早会制度，按期召开形式多样的班前会，开展积极向上的文化活动等。

5.4 现场精细化管理的内容

5.4.1 现场管理的内容分类

企业现场精细化管理的对象是人、机、料、法、环(4M1E)；管理项目是质量(Q)、成本(C)、交货期(D)、士气(M)、安全(S)。

从管理的要素或对象来看，现场管理包括有以下内容：

（1）“人”，包括现场管理的组织领导者、技术人员、管理人员以及操作工人、辅助工人。“人”是现场管理中最关键的因素。

（2）“机”，即生产现场的工具、设备，包括工夹、量、模、刃具及机械设备、电器设备、运输设备和检测装置等，这是组成现场生产力的重要因素。

（3）“料”，是指生产现场需用的各种原材料、辅料、配套件、在制品、半成品等，它们是组成现场生产力的重要因素，也是现场管理中数量大、变化多、难度最大的关键因素。

（4）“物”，是指生产现场需用的其他辅助性物品和生活设施，如工具箱、更衣箱、饮料箱、消防器材、电风扇等，这是现场管理中比较繁杂，但又不可忽视的内容之一。

（5）“法”，指组织现场生产所必需的各种制度、法规、标准和技术工艺等，也就是现场管理必须具备的各种工艺规范和检测方法的制定及其实施。

（6）“环”，是指现场作业环境，包括厂房、场地、通道、作业区域的划分以及通风照明，也包括尘毒、噪声等安全和劳动卫生方面的管理。

（7）“资”，指投入生产现场的固定资金和流动资金的总和，要求加强成本控制，减少资金占用，降低生产成本，提高生产现场的经济效果。

（8）“能”，指生产现场所需要的油、电、水、汽等动力资源，节约各类能源消耗、降低能耗成本也是现场管理的重要内容。

（9）“信”，指生产现场经常进行的信息交流与信息反馈，要求信息渠道畅通，信息反馈迅速，如实反映生产现场的实际状态。

其实，以上现场管理的内容分类不过是生产要素内容的展开，现场管理即是对生产要素在一定空间范围内展开的综合管理，是从企业管理对象上对管理内容的划分。

从系统管理的角度，现场管理包括以下各个方面：

（1）现场生产组织管理，包括现场生产组织形式的确定及改善、生产作业计划的编制、现场生产调度、生产进度的统计分析等。

（2）现场技术工艺管理，包括技术图纸、工艺文件及工艺规程执行情况的检查、考核，工艺流程的确定，工艺的改革以及技术改革等的管理。

（3）现场质量管理，包括现场质量把关、检测控制及质量保证体系的运行、现场文明生产的组织实施等。

（4）现场设备管理，包括设备的维护、保养、修理和设备的合理利用、安全操作等。

（5）现场物资管理，包括一切生产用原材料、辅料、在制品、半成品和工具、夹具、工装模具、刃具、量具、工位器具、料架等以及其他非生产用物品的管理。

（6）现场劳动管理，包括劳动力的调度和安排，劳动定额的修订、实施，劳动技能的训练和提高，劳动纪律的执行等的管理。

（7）现场安全管理，包括安全纪律、安全设施、防尘防毒、防火防汛以及防暑降温等管理。

（8）现场环境管理，包括厂房、场地、通道、作业区域、作业环境、厂容厂貌、通风、照明、色标等的管理。

（9）现场成本管理，包括生产批量的确定，生产周转速度的加快，材料定额和工时定额的执行、控制、统计与分析，原材料的合理利用，节约节能工作的开展等。

其实，现场管理几乎包括企业的所有部门，现场管理是一个全面的管理概念。由于企业管理的所有内容基本上都要落实到现场，所以企业现场管理包含企业管理的全部内容，具有极强的综合性、全面性、系统性和全员性特点。

5.4.2 现场管理的工作内容

现场管理的工作内容应该与现场管理的目标一致，工作内容随着目标转，是落实工作目标、计划的一些工作，主要包括以下几个方面的内容：

(1) 品质管理，保证质量。

1) 按各岗位的职责标准要求作业；

2) 进行流程和工序诊断，预防不良发生；

3) 尽可能改善工序流程，提高工序能力；

4) 将以往的经验、教训反馈到新的活动里。

(2) 降低成本，减少浪费。

1) 在标准工时内完成工程进度；

2) 减少车辆油耗；

3) 进行关键路径分析，减少工时；

4) 杜绝各种白干、瞎干、蛮干的行为。

(3) 确保进度，保证交货期。

1) 编定进度计划，做进度管理；

2) 适当调节进度，平衡工时，要保持弹性。

(4) 建立安全环境，确保人身安全。

1) 强调安全守则，必要时可强制执行；

2) 定期检查各种安全防护措施有无失效。

(5) 建立有效团队，提高士气。

1) 制定鲜明的奖惩制度，鼓励提合理化建议；

2) 以身作则，率先示范，发挥领导示范效应；

3) 关心下属身心健康，维系良好的人际关系；

4) 鼓励下属自修求进，相互学习，并适时奖励。

尤其是对于新进入团队的员工，需要耐心指导。第一步是消除新进员工的心理紧张，可先找一两个轻松的话题，打消新人的紧张心理，心里一旦轻松，培训也就成功了一半；第二步是解说和示范，将工作的地点、内容、要点、工作环境逐一说明，要对方有大概印象；第三步是一起做和单独做，先让新人跟着一起做，然后在一旁观看新人单独做；第四步是确认和创新，确认的内容主要是：工作要按公司标准化流程去做、能否一个人独立工作、有无其他偏离各种规定的行为。

为了有效实施上述内容，达成现场管理目标，现场管理的基本要求如下：

(1) 现场实行定制管理，使人流、物流、信息流畅通有序，现场环境整洁，文明生产；

(2) 加强工艺管理，优化工艺路线和工艺布局，提高工艺水平，严格按工艺要求组织生产，使生产处于受控状态，保证产品质量；

(3) 以生产现场组织体系的合理化、高效化为目的，不断优化生产劳动组织，提高劳动效率；

(4) 健全各项规章制度、技术标准、管理标准、工作标准、劳动及消耗定额、统计台账等;

(5) 建立和完善管理保障体系，有效控制投入产出，提高现场管理的运行效能;

(6) 搞好班组建设和5S管理，充分调动职工的积极性和创造性。

5.4.3 现场精细化管理的内容

现场管理是指对从事产品生产、制造或提供服务的场所的管理，例如厂区、车间、仓库、运输路线等；现场改善是指对生产现场进行综合治理，运用科学的管理思想、方法和管理手段，对现场的各种生产要素，进行合理的配置和优化组合，通过各种管理职能，保证现场实现高效、低耗、均衡、安全、文明的生产。

按照日本企业的经验，“改善”是现场管理的基本内容，它是一种用以持续不断地改进工作方法和人员效率的企业经营理念，隐含每一位管理人员及作业人员要以相对较少的费用来改进工作方法。在改善的范畴里，现场管理具有两项主要的功能，即维持与改进。维持是指从事于保持现有技术、管理及作业标准的活动以及支持这些标准所需的训练和纪律。在维持的功能下，管理部门要执行工作的指派，使每一个人都能依照标准的作业程序来工作。改进则是以改进现有标准为目标的活动。改进可再区分为改善和创新。改善是由于持续不断的努力，产生诸多小步伐累积而成的改进；创新是借助大笔资源投资于新技术或设备，产生戏剧性变化的改进。改善需要强调以员工的努力、士气、沟通、训练、团队、参与及自律来达成目标，这些都是一种常识性和低成本的改进方式。

改善着重于以过程为导向的思考模式。在改善的过程中，第一个步骤就是要建立计划(plan) — 执行(do) — 核查(check) —处置(action) 的PDCA循环，以PDCA循环作为改善持续运作的工具，以达成维持标准和改进标准的目标。其中的计划是指建立改善的目标；执行是指依计划推行；核查是指确认是否按计划的进度实行以及是否达成预定的计划；处置是指新作业程序的实施及标准化，以防止原来的问题再次发生。一旦达成改善的目标，改善后的现状便随即成为下一个改善的目标。PDCA的意义就是永远不满足现状，因为员工通常较喜欢停留在现状，而不会主动去改善，管理人员必须持续不断地设定新的挑战目标，以带动PDCA的循环。另外，与现场保持密切的接触与了解是改善的前提。现场管理的基本程序如下：

(1) 当问题(异常)发生时，要先去现场；

(2) 检查现场的有关物件；

(3) 当场采取暂行处置措施；

(4) 发掘真正原因并将之排除；

（5）将有关工作标准化以防止再发生。

上述五项工作被日本人称为现场管理工作的“金科玉律”。现场管理主要的改善活动如下：

（1）全企业品质管制/全面品质管理（TQC/TQM）。TQC/TQM不应仅被视为一种品质管制活动，借着在企业各个领域上的演进，TQC/TQM已经发展为企业经营的一种策略，用以协助企业的管理，使之更具竞争力及获利力。TQC/TQM包含方针展开、品质保证体系之建立、标准化、教育训练、成本管理、品管圈等内容。

（2）即时生产方式。即时生产的目的是要消除各种没有附加价值的动作，同时达成一个去芜存菁的生产体系，以便更具弹性地适应客户订单的需求变化。

（3）TPM全员生产保全。TQM强调在总体管理绩效及品质的改进，TPM着重于设备品质的改进。TPM是经由总体的预防保养制度来延长设备的寿命，以追求设备效率的最大化。

（4）方针展开。虽然改善活动的目的是从事改善，每一位从事改善的现场人员必须有目标，同时能够确定领导所有的改善活动以朝向达成目标迈进，真正具有改善成效的需要密切地督导推行。

（5）提案建议制度。它的功能着重在正面激励员工的参与以提升士气。

（6）小团队活动。小团队活动是指在工作现场的环境中，在企业内以非正式、自愿性质组成的团队，用以执行特定的工作任务。小团队活动最普遍的形态就是品质管理圈（品管圈），其成立的活动宗旨不仅限于品质方面的课题，而且也包含成本、安全、生产力方面的课题。品管圈是一种团队导向的改善活动。

（7）改善活动的终极目标。由于改善涉及所采用的改善活动方式，在企业的改善活动里，哪一方面是最急切需要改进的，这一问题的答案就是品质、成本和交期（QCD）的改善活动。品质不仅仅是指完成品或服务的品质，而且也指完成这些产品或服务所必需的过程的品质；成本是指设计、生产、销售及服务产品或服务的总体成本；交期指将所需产品之数量及时送达顾客手中。当这三项被定义为QCD的条件都能达成时，顾客自然就能满足。

5.5 现场精细化管理工具与方法

5.5.1 标准化

标准化就是企业各种各样的规范，如规程、规定、规则、标准、要领等，这些规范形成文字化的东西统称为标准（或称标准书），制定标准，而后依标准付诸行动则称为标准化。只有经过指导、训练才能算是实施标准化，那些仅仅编制或改定标准不算真正的标准化，只是完成标准化的第一个过程。

5.5.1.1 标准化的目的

企业中的生产就是以规定的成本、规定的工时生产出品质均匀、符合规格的产品。要达到上述目的，如果生产现场作业如工序前后次序随意变更，或作业方法或作业条件随人而异有所改变的话，一定无法生产出符合上述目的的产品。因此，必须对作业流程、作业方法、作业条件加以规定并贯彻执行，使之标准化。

标准化有技术储备、提高效率、防止再发、教育训练四大目的。

标准化的作用主要是把企业内的成员所积累的技术、经验，通过文件的方式来加以保存，而不会因为人员的流动，整个技术、经验跟着流失。达到个人知道多少，组织就知道多少，也就是将个人的经验（财富）转化为企业的财富。更因为有了标准化，每一项工作即使换了不同的人来操作，也不会因为不同的人，在效率与品质上出现太大的差异。如果没有标准化，老员工离职时，他将所有曾经发生过问题的对应方法、作业技巧等宝贵经验装在脑子里带走后，新员工可能重复发生以前的问题，即便在交接时有了传授，但凭记忆很难完全记住。没有标准化，不同的师傅将带出不同的徒弟，其工作结果的一致性可想而知。

5.5.1.2 标准的制定要求

国内许多企业都有这样或那样的标准，但仔细分析就会发现许多标准存在操作性差、不明确等问题。例如，“要求冷却水流量适中”、“要求小心地插入”，这样的内容不可理解，不具有操作性。一个好的标准的制定是有要求的，要满足以下六点：

（1）标准必须面对目标，即遵循标准总是能保持生产出相同品质的产品。与目标无关的词语、内容请勿出现。

（2）标准必须显示原因和结果。比如，“焊接厚度应是3μm”这是一个结果，应该描述为“焊接工用3.0A电流20min来获得3.0μm的厚度”。

（3）标准必须准确，避免抽象。例如上紧螺丝时要小心，“要小心”这样模糊的词语是不宜出现的。

（4）标准必须数量化、具体化，让每一个读标准的人必须能以相同的方式解释标准。为了达到这一点，标准中应该多使用图和数字，例如使用一个更量化的表达方式。

（5）标准必须具有现实性，是可操作的。标准的可操作性非常重要。许多企业车间的墙上都有操作规程、设备保养等标准，但操作性较差。

（6）标准必须定期修订。优秀企业的工作是按标准进行的，因此标准必须是最新的，是当时正确的操作情况的反映。在以下的情况下修订标准：

1）内容难或难以执行定义的任务；

2）当产品的质量水平已经改变时；

3）当发现问题及改变步骤时；

4）当部件或材料已经改变时；

5）当机器工具或仪器已经改变时；

6）当工作程序已经改变时；

7）当方法、工具或机器已经改变时；

8）当要适应外部因素改变（如环境的问题）时；

9）当法律和规章（产品赔偿责任法律）已经改变时；

10）标准（ISO 等）已经改变时 。

5.5.1.3 标准化过程

标准化是一个过程，不能指望本月发出红头文件，下月各种符合要求的标准就完成。在进行标准化时需要耐心，需要营造良好的改善氛围，比如管理看板、合理化提案制度、部门或公司改善发表大会、改善能手、标准化竞赛等，让做得好的有成就感，做得不好的有压力，逐步引导，最终完成有效的标准化过程。

5.5.2 目视管理

目视管理法是将所有的管理方法以及管制内容全部展示出来一目了然，让一个完全不知道的人都能够一看就清楚，其基本目的是在工作现场所发生的许多问题都是全体员工共有的。目视管理有如下三个要点：

（1）无论是谁都能判明是好是坏（异常）；

（2）能迅速判断，精度高；

（3）判断结果不会因人而异。

目视管理实施得如何，很大程度上反映了一个企业的现场管理水平。无论是在现场，还是在办公室，目视管理均大有用武之地。在领会其要点及水准的基础上，大量使用目视管理将会给企业内部管理带来巨大的好处。在日常活动中，可以通过“五感”（视觉、嗅觉、听觉、触摸、味觉）来感知事物，其中最常用的是“视觉”。据统计，人的行动的60%是从“视觉”的感知开始。在企业管理中，强调各种管理状态、管理方法清楚明了，达到一目了然，从而容易明白、易于遵守，让员工自主性地完全理解、接受、执行各项工作，这将会给管理带来极大的好处。目视管理作为一种管理手段，能使企业全体人员减少差错、轻松地进行各种管理工作。目视管理可以分为如下三个水准：

（1）初级水准：有表示，能明白现在的状态；

（2）中级水准：谁都能判断良否；

（3）高级水准：管理方法（异常处置等）列明。

目视管理本身并不是一套系统的管理体系或方法，因此也没有什么必须遵循的步骤。如果说一定要列出推行的方法，那么通过多学多做，树立样板区，然后在企业全面展开。目视管理的实施可以先易后难，先从初级水准开始，逐步过渡到高级水准。在实施过程中充分利用好红牌作战及定点摄影等手段。

没有进行目视管理的生产现场，对在现场发生的各种各样的问题，处理速度上有过慢的倾向，同时以下问题都可能发生：

（1）生产现场的活动方针和目标不能为全体作业人员所了解；

（2）共同努力的目标不清楚，在生产现场感觉不到生气；

（3）即使发生了故障、异常，相互之间也难以相互传送；

（4）公司内部发生了问题，信息在内部难以相互传送；

（5）在工作上总感到难以在整体情况上进行交流。

企业导入目视管理可期待取得以下的效果：

（1）提高生产效率；

（2）降低成本；

（3）提高作业现场的信息交流；

（4）提高作业效率；

（5）提高事务处理的效率；

（6）提高管理、监督者的能力；

（7）彻底地进行预防性管理；

（8）提高品质。

目视管理的最终目标是确立人际关系良好、有干劲、能愉快地进行工作的生产现场。进行目视管理，可以通过《目视管理检查表》（见表5-6）的活用来有效地实现。

表5-6 目视管理检查表

场所		检查者		
检查项目		检查方法	评价	备注
人员管理	1. 是否维持了出勤率	调查出勤管理表		
	2. 是否进行了必要的教育	调查教育记录		
	3. 离开工作现场的人员去向是否清楚	确认不在者		
整理整顿	1. 通路是否确保畅通	确认通路的标识		
	2. 废品、不良品是否有区别	确认不良品放置场所		
	3. 各现场的标识有无	确认现场的标识		
	4. 在通路上有无纸屑等脏物	观察通路、现场		
	5. 是否遵守5S的时间	查看日常例行工作计划表		
现场管理	1. 现场的整理、整顿如何	调查作业现场		
	2. 是否根据作业标准书进行作业	调查作业标准书		
	3. 安全卫生状况如何	调查劳动灾害率		

续表 5-6

场所		检查者		
检查项目		检查方法	评价	备注
交期管理	1. 能否掌握与预定的货期延误多少天	确认进度管理表		
	2. 作业者是否知道预定的交货日	向作业者做听问调查		
	3. 安全卫生状况如何	清洁卫生执行表		
品质管理	1. 品质保证系统是否确立	调查品质手册		
	2. 有无 QC 工程表、作业标准书	调查标准资料		
	3. 是否了解不良率的情况	调查不良率图表		
	4. 计量器的制度管理如何	确认计量器		
	5. 了解投诉发生的情况	调查投诉发生图表		
资源管理	1. 材料、物品放置场所有无标识	确认放置场所的标识		
	2. 能否知道资材的过剩或不足	调查资材管理表		
	3. 有无老化的资材	查看老化管理对象品		
工具管理	1. 模具工具的整理、整顿是否良好	观察放置场所		
	2. 有无模具工具管理台账	调查管理台账		
	3. 模具工具管理状态如何	观察工具架		
	4. 现场是否放有不用的工具	调查作业现场		

5.5.3 管理看板

管理看板是管理可视化的一种表现形式，即对数据、情报等的状况一目了然地表现。生产现场的管理看板是生产现场进行可视化管理的重要方式，是一种有效辅助进行现场管理的手段。管理看板对目标、计划、实绩、现场活动、管理成果等的状况一目了然地进行表现，管理看板主要通过宣传栏、现况板、标语、电子屏等方式把生产成果、活动成果、个人表现、现场问题等揭示出来，以便任何人都可以及时掌握管理现状和必要的信息，并且能够根据这些信息快速制定并实施应对措施。另外，管理看板不仅是展现资料和成果的工具，还是展现问题、解决问题的工具，是发现问题、解决问题的非常有效且直观的手段。

5.5.3.1 现场管理看板类别

（1）制度与规范。一是通过公开展示企业的相关管理制度和管理规范，使员工能够做到统一执行。不过，在生产现场，主要张贴与现场一线员工有关的制度和规范，这样员工才有兴趣看；二是责任区看板，将部门所在的区域（包括设备等）划分给相应的班组和个人，确定每一名员工所负责的整理、整顿、环境清扫、设备清扫、设备点检等日常管理工作。责任区看板注意要从全局考虑，不要遗漏任何区域或设备，这样才能彻底落实责任制。

（2）生产类信息。主要是两类：一是生产计划与生产进度看板，向相关员工说明生产计划与计划完成的进展情况，也即把生产现状公开化，这类看板一定要注意保证数据要准确、及时和易于辨认；二是质量信息看板，用来说明质量目标与实际质量完成情况，这类信息要及时，这样现场员工可以在一上班就看到上一班的质量问题，杜绝在本现场发生。还有不良产品展示和客户质量投诉信息，可以警示现场员工其工作还有改善的空间。

（3）TPM 与设备类信息。一是设备保养规范与点检表，将设备的预防性保养计划、保养规范、点检内容公开展示出来，便于让员工遵守。内容主要包括日常保养与点检、定期保养与点检的项目、标准、周期、日期等将以日历的形式预先制订好，员工按计划实施，等完成后做好标记；二是定期更换与润滑看板，根据备件的使用寿命定期进行备件更换，根据部件的润滑需求进行定期润滑注油或换油，将这些信息张贴在需要更换和润滑作业的部位，员工不容易遗忘，还方便有关主管人员进行检查或监督。

（4）安全信息。一是安全事故及其预防，将发生过和可能发生的安全事故展示出来，用以警醒员工，将预防安全事故的操作方法等安全规范等公开展示，用以提醒和训练员工，遵守安全规范，杜绝再发生安全事故；二是安全警示，为了预防安全事故的发生而开展的提醒活动，包括安全无灾害持续天数、安全每日一句、安全警示标牌。

（5）改善提案与小组课题活动，将员工的改善提案或合理化建议公开展示出来，让优秀员工得以彰显自己的成员，也促进其他员工进行改善努力。有些生产现场的问题需要采用小组的方式进行，比如 QC 小组、TPM 改善小组等。这些课题活动主要是针对特定的工作失误、品质不良或设备问题，运用 QC 工具等展开分析讨论，并将活动过程和活动结果展现在看板上，以此来带动小组活动的氛围。

5.5.3.2 现场管理看板设计与维护

很多企业作业现场都有管理看板，但是效果不尽如人意，主要表现在内容不全、更换不及时、位置不恰当、内容不醒目等方面。在进行生产看板应用时，要注意以下事项：

（1）布局进行规划要清晰，最好是分块化，板块标题要醒目，这样远距离就可以知道看板的总体内容和具体内容；

（2）一定要先确定看板的内容和用途，并确定每个方面所占的面积；

（3）内容要醒目，要图文并茂，字体要大，直观效果要好；

（4）注意色彩和图片的选用要符合内容需要，可以按照生产过程中可能出现的问题，或针对已经出现的纰漏，采取红牌（红颜色体）、黄牌（黄颜色体）等颜色来约束和警示相关员工及时予以改进；

（5）看板材质的选用要根据看板内容和企业具体情况来考虑，制度看板、生产规范看板，最好选用能够持久显示的材质，总体上企业的看板材料要注意尽量统一，这样企业整体看板效果会好；

（6）位置一定要位于开放地点，最好是在员工上下班或经常行走的通道附近，这样员工在上下班、去洗手间、去吃饭等时候能够看到，还可以设置在休息室或早会的地方，与设备有关的要注意设置在光照与可视性效果良好的现场设备方向上，最好不要隐藏在设备背面；

（7）一定要设定相关的责任人，进行及时维护和定期更换。

某企业现场管理看板见表 5-7。

表 5-7 某企业现场管理看板

品号：	制令号：	订单数：	交期：	PO：
生产工位	计划产量（全天）	实际产量（8：30～12：00）	实际产量（13：00～17：30）	实际产量（加班）
装镜片				
压 LD/剪脚				
焊电阻				
焊 LD				
焊导线/焊弹簧				
调点				
检功率				
压套筒				
打胶				
全检				
包装				
累计产出：		不良品：		不良率：
日期：		组长：		备注：

【案例 5-1】 某企业管理看板管理制度

一、目的

为深入开展目视化管理，使管理看板在传递信息，揭示生产经营状况和现场管理情况，强化员工责任感方面发挥宣传、动员、监督的作用，并使绩效考核达到透明、公正、公平，从而提高公司管理水平，树立良好的企业形象，特制订本规定。

二、适用范围

本规定适用于公司生产、办公管理看板的管理。

三、职责与权限

(1) 各生产厂、职能部门按照本规定负责设立管理看板，并负责日常维护和及时更新内容；

(2) 现场管理办公室组织相关部门检查管理看板的建设情况和组织评比，并按照现场管理检查考核办法进行考核。

四、管理办法

(一) 管理看板基本要求

(1) 本着谁使用谁管理的原则，管理看板由各使用单位负责日常维护，保持完好和清洁。

(2) 看板版面设计要做到版面整洁，美观大方，布局合理，主题突出，内容积极，生动，图文并茂，吸引员工阅览，富有创造性。

(3) 看板内容每月更换一期，更换时间为每月第一周，遇有重大事件、重要活动时，看板内容应及时更换。

(4) 看板内容更新由各单位现场管理员或宣传员负责组织，看板内容公布前应经本单位现场管理小组组长审批，并以电子版形式报现场管理办公室。

(5) 因生产、工作需要，需要暂时移动管理看板，使用单位应提前通知现场管理办公室。工作结束后，使用单位负责将看板恢复安装在原位置，时间不得超过两天。看板发生破损，由使用单位负责立即原样修复，不能原样修复的，由使用单位照价赔偿。

(二) 管理看板内容

看板内容应围绕本单位生产、质量、安全、设备管理等经营和现场管理工作等主题，既与公司的企业文化保持一致，又符合公司的实际情况和看板所在部门的实际情况。内容包括以下几方面：

(1) 合同、订单交货期的信息；

(2) 生产计划和生产完成进度（图表）、产量方面的信息；

(3) 质量的信息（产品质量情况、不合格品数值和质量否决考核结果以及改善目标）；

(4) 现场管理责任区划分、现场管理暨5S活动工作、检查标准；

(5) 现场管理暨5S活动分析、总结，现场管理检查情况和考核方面的信息；

(6) 设备清扫点检情况、设备运行状况、设备完好率、设备运转率和检查、考核方面的信息；

(7) 安全生产情况分析，安全管理检查和考核方面的信息；

(8) 劳动纪律执行情况;

(9) 成本费用、利润等信息;

(10) 各种先进事迹和员工奖惩信息;

(11) 其他与本单位主要工作相关的情况和信息;

(12) 公司及本单位与生产和员工相关的文件、公告、通知等;

(13) 员工合理化建议及落实情况等。

五、检查和评比办法

(1) 管理看板检查工作由现场管理办公室负责组织和实施,并依据公司现场管理工作标准纳入对各单位现场管理考核。

(2) 管理看板评比时间为每月第二周的周二。

(3) 管理看板评比满分100分,分为以下不同权重的四个层面进行打分。

1) 及时性 (满分20分): 在规定的时间内按要求完成;

2) 合理性 (满分40分): 看板内各板块内容符合要求,完整,且布局合理;

3) 视觉创意性 (满分40分): 看板图文并茂,美观大方,内容生动,吸引员工阅览,富有创造性;

4) 整洁完好性 (满分20分): 看板整洁、干净、完好;

5) 不按时间要求更换时,为0分。

(4) 每次管理看板检查和评比,依据检查结果评选出一等奖、二等奖、三等奖和纪念奖若干名并予以物质奖励,对得分在60分以下的单位提出警告、批评和处罚,并限期整改。

本办法由现场管理办公室负责解释。

本办法自下发之日起执行。

5.5.4 PDCA改善循环法

PDCA循环法的基本原理是,做任何事情都要经过计划、执行、检查、总结处理四个阶段。其中,在P阶段包括确定方法、目标和活动计划等;D阶段是组织力量执行计划,保证计划的实施;C阶段重点在对计划执行情况的检查、分析;A阶段是总结成功的经验和失败的教训,并把没有解决的问题转入下一个循环中去,从而完成一个完满的改善循环。按照P、D、C、A改善循环不断推进,改善的目标就更容易达到。

5.5.4.1 计划

从现在的情况出发所决定的今后"做什么、谁来做、做到何时"就是目标。在制定目标的时候,有必要考虑以下要点来进行。

(1) 在接受了企业方针及部门、科室的目标后,监督者的监控就更加具体化并具有一贯性。

（2）用具体数据来表示品质、交期、成本及技能水准，库存量，工作效率等。

（3）从品质、交期、成本评价及步数提高的诊断结果正确认识现状，明确活动的优点和缺点，在这个基础上再做出决定。

（4）明确完成目标的期限及核查的期限。

（5）形成具有挑战性的目标。

（6）与有关联的部门共同解决问题点，明确协作的体制及责任的分担。

仅提出目的和目标，而不决定达到目的和目标的策略，计划目标也无法完成。为了在完成目标时，最有效地活用人、物、设备、法，应该先决定如何去做的结构及策略。决定完成目标的策略的要点如下：

（1）从回顾前面工作的过程中了解未达到目标的原因。

（2）使用配置图等来看清不良的程度。

（3）决定策略的步骤、管理方法及管理项目。

（4）明确异常情况的应对方法。

5.5.4.2 实施

一旦决定完成目标的策略，就有必要教育训练实施这一策略的员工。如果按照计划进行充分的教育训练，不仅可以培育提高员工的技能，还会让员工所接受的工作的质量大大提高，并能挑战新的目标及课题。教育训练时的要点如下：

（1）监督者要做到言传身教。

（2）本着要将实际工作交给部下去做的出发点进行教育训练。

实施过程中监督者首先要行动，确保表率。

5.5.4.3 核查

仅仅靠命令、指示、教育，管理现状的改变不会实现。定期按照目标、标准活动进行核查才是最重要的。在核查的方法中，有检查确认工作是否按照标准进行（要素系列的核查）以及检查品质、交期、成本的产品能否顺利地生产出来（结果系列的核查）两种方法。现场监督者在问题发生前就应事先察觉其异常点，并制定对策才是最重要的要点。

（1）要素系列的检查。核查的第一步是能否正确分析要素（人、物、设备、方法）的状态，应经常参照标准巡视现场。

（2）结果系列的检查。有必要在分析品质、交期、成本的结果后牢牢抓住要素的问题点，即重要的不是检查结果，而是通过结果进行检查。另外，为了用结果进行检查，必须了解数据的记录以及背景。

5.5.4.4 处理

当检查的结果显示已达到预定的目标时，就应该回顾所采用的策略并深入各项标准的内容，设定并挑战更高要求的标准；当脱离预先设定的目标及标准时，会发现引起异常的要素，在了解这些要素之后应予以处理，修正过去所订的计划和策略，再进入PDCA的循环中。在这些处理方法中必须要注意的是，仅仅消除了异常的现象，而异常的情况仍有发生。关于为什么会形成这种状况，要首先反复地问五个“为什么”切实地追寻到问题的根源，防止问题的再度发生。

（1）why（目的）——为什么发生这种情况？

（2）what（对象）——怎么发生？

（3）where（地点）——在什么地方发生？

（4）when（时间）——什么时间发生，什么时间检查？

（5）who（人员）——谁在现场执行？

（6）how（方法）——怎样执行，采取哪些措施？

第6章 班组精细化管理的内容与操作

班组和现场是落实企业战略与目标的两个基点，也是企业精细化管理的落脚点。只有班组和现场精细化管理工作做得踏实，企业才能以高品质、低成本，快捷柔性地满足客户的需求。现场和班组是精细化管理两个重要支点，班组是企业最小、最基层的团队和组织，是现场管理活动的主体，也是现场最活跃的营运主体，班组精细化管理工作如果做得扎实，企业现场精细化管理工作也就能做得扎实。企业一切生产运营与管理活动都必须落实到班组，通过产品与服务班组也是与市场联系最紧密的团队与组织。在企业，班组运行的质量好坏直接影响企业的运营效率和效益，因而班组必须实行精细化管理。

班组和现场精细化管理是从不同角度看待的精细化管理过程，其管理内容具有很大的交叉性。班组的工作落实在现场，现场是班组工作的场所，两者相互关联，从不同角度落实精细化管理的内容，两者的不同在于管理对象的少许差异：班组精细化管理的对象重在团队以及团队的活动，现场精细化管理的对象重在“物化”内容，两者都是精细化管理的重要方面。

6.1 班组精细化管理的前提

班组长是班组的核心与灵魂。从班组长在企业所肩负的职责、所担当的角色作用来看，班组长的管理工作是基础性的、全面性的内容。企业管理无非是计划、组织、协调、控制、监督等项工作，管理的内容包括人、财、物、信息、时间等，这些都包含在班组管理中。换句话说，班组管理涉及以上全部工作和内容，这就需要企业班组长不仅具有一定的管理技能，而且还需要具有相当的管理素质要求，班组精细化管理工作能否做好完全在于班组长的素质与能力。

6.1.1 班组长的地位与作用

班组是企业内部根据劳动分工和协作以及管理的需要，把工作过程中直接协作或相同职能人员组织在一起从事生产活动的基本单位。班组是企业组织结构的基石，虽然企业的种类繁多，大小不等，组织的层次和管理部门多少不同，但班组大致分为生产班组、辅助班组、职能班组、服务班组四种。它具有“小”而

“全”、“细”而“实”的特点。现代工业企业中班组的设置一般遵循运作高效、职责分明、分工合理和协作紧密的原则。由于班组是企业组织生产经营活动的基本单位，是企业最基层的生产管理组织，企业的所有生产活动都在班组中进行，所以班组工作的好坏直接关系着企业经营的成败，只有班组充满勃勃生机，企业才会有旺盛的活力，才能在激烈的市场竞争中长久地立于不败之地。班组就像人体中的一个个细胞，只有人体的所有细胞全都健康，人的身体才有可能健康，才能充满了旺盛的活力和生命力。

班组中的领导者就是班组长，班组长是班组生产管理的直接指挥和组织者，也是企业精细化管理中最基层的负责人，属于兵头将尾。班组管理工作是指为完成班组生产任务而必须做好的各项管理工作，即充分发挥全班组人员的主观能动性和生产积极性，团结协作，合理地组织人力、物力，充分地利用各方面信息，使班组生产均衡有效地进行，产生“1+1>2”的效应，最终做到按质、按量、如期、安全地完成上级下达的各项生产计划指标。

在实际工作中，经营层的决策做得再好，如果没有班组长的有力支持和密切配合，没有一批领导得力的班组长来组织开展工作，那么经营层的政策就很难落实。班组长既是产品生产的组织领导者，也是直接的生产者。班组长的特殊地位决定了他要对三个阶层的人员采取不同的立场：面对部下应站在代表经营者的立场上，用领导者的声音说话；面对经营者他又应站在反映部下呼声的立场上，用部下的声音说话；面对他的直接上司又应站在部下和上级辅助人员的立场上讲话。从企业运营现实情况来看，企业的班组长有以下三个基本作用：

（1）班组长影响着公司生产决策的实施，因为决策再好，如果执行者不得力，决策也很难落到实处。所以班组长影响着决策的实施，影响着企业目标利润的最终实现。

（2）班组长既是承上启下的桥梁，又是员工联系领导的纽带。

（3）班组长是生产的直接组织者和生产的劳动者，所以班组长既应该是技术骨干，又应该是业务上的多面手。

作为企业最基层的管理者，企业的班组长具有自己特殊的使命，这就是生产现场组织创造利润的生产活动，班组长的使命通常包括以下四个方面：

（1）提高产品质量。质量关系到市场和客户，班组长要领导员工为按时按量地生产高质量的产品而努力。

（2）提高生产效率。提高生产效率是指在同样的条件下，通过学习不断地创新并挖掘生产潜力，改进操作和管理，生产出更多更好的高质量的产品。

（3）降低成本。降低成本包括原材料的节省、能源的节约、人力成本的降低等。

（4）防止工伤和重大事故。有了安全不一定有了一切，但是没有安全就没有一切，安全的重点在于班组，例如班组防止工伤和重大事故，包括努力改进机械设备的安全性能，监督职工严格按照操作规程办事等。

6.1.2 班组长的角色

从管理层次角度来看，企业管理可以划分为三个层次，即经营层、管理层和执行层。经营层主要是指总经理、董事长，具体负责企业战略的制定及重大决策；管理层指部长、科长、车间主任等，具体负责组织和督促员工保质保量地积极生产市场上所急需的各种产品；执行层就是最基层的管理者，例如工段长、队长、领班，更多的是班组长。总体来说，企业的班组是生产性企业最根本的执行层、反馈层，对企业管理的反应最为敏感；班组长作为最基层的管理者和企业所有指令的解码者，不但要管理自己的一亩三分地，还有许多繁杂、琐碎的工作，既要管技术也要管安全，既要管事也要管人。实质上班组长是企业的第一人力资源负责人，所以只有培养好每一位班组长，让他们肩负起自己应尽的责任，企业的运营管理也就奠定了稳固的基础。

（1）企业班组长必须是企业整合、延伸技术力量的主导人。从班组技术管理工作与设备运行的关系来看，技术管理越科学、越到位，设备故障就会越少，设备运行则会越稳定，可以说这是一个良性或恶性循环的关系。只有班组驾驭了设备，做了设备的主人，工作才会轻松；否则设备随时都可能惹事，班组还不得不想尽办法去应急。班组长正是整合班组技术、延续技术力量的主导人，班组长一方面需要承担固化知识、经验和技术的责任。班组长在具体工作中应与相关人员充分交流，广泛征求意见和建议，避免出现文件是文件、干活是干活“两张皮”的现象。另一方面班组长要承担培养基层员工技术能力的责任。班组长除了调动一切人力资源收集整理技术资料和实践经验，并将其不断优化、固化之外，还要通过不断的培训让技术在培训、实践、总结三方面形成长效机制。也就是说，生产一线的班组长在技术管理中，要注重技术积累及增值，重视对工人的技能培训和总结，把技术共享作为企业发展之本，弱化对技术骨干的依赖，规避因员工职务升迁、岗位调动、出差、退休、离职跳槽等变动而弱化班组技术力量的问题发生，做到人走技术不走。

（2）企业班组长必须是企业安全生产文化的开拓者。安全生产是所有生产性企业的工作重心，企业的安全建立在班组基础之上。可以说，人为错误造成的生产事故，不是仅靠规章制度就能解决的，它需要企业形成一种重安全的文化氛围，而班组长就是企业培育这一文化氛围的一线开拓者。一方面，班组长要利用各种时机灌输安全理念。由于一线班组员工的工作时时在与安全较量，一旦安全意识薄弱、行为松懈，事故就会毫不客气地降临。对于安全管理，会因一小点不到位而酿成大祸，事后总结教训是含着泪、淌着血的，任何一个当事人、任何一个管理者都不想成为事故主角。作为一名班组长，肩负保障班组所有员工安全的责任，班组安全文化是坚持不懈地在潜移默化中塑造出来的。员工有了安全观念，不仅能够在工作中认真仔细，千方百计保护自己，还会及时指出他人未能发现的不安全因素。另一方面，班组长要教育员工学会为自己争取一个安全的生产工作环境的权利，例如开展设备检修工作首先要关心的就是作业环境、设备运作等情况。

(3) 企业班组长必须是笃实企业基础工作的管家。企业一线的班组工作涉及设备台账、班组培训、物资存放、可追溯性记录等诸多方面，基础管理工作千头万绪。班组长需要很好地承担起笃实员工基础工作的责任。班组长在落实基础工作细节时，应该扮演大管家的角色，而不是冲锋在前的先头兵。班组长要充分调研基础工作，针对企业发展需要，制订员工的具体工作内容和长远规划，分派任务、明确职责，让每位员工都参与班组基础管理的各种指标性工作。班组长需要扮演大管家的角色，将员工的每一项具体工作都从长远的角度、可持续发展的层面考虑，帮助员工发展工作中的技巧、改进工作方法，对各种基础工作都考虑周到。可以说在看似轻松，实则不易的班组基础工作中，切实需要一线班组长带领每一个员工成为一线基础工作的设计师、建造师。

(4) 企业班组长应该是企业一线员工执行力的教官。执行能力是衡量员工工作态度的重要指标，班组长作为连接上层管理决策与一线工作实际的桥梁与纽带，对于执行能力的关注程度决定着班组的工作质量和安全。其实企业不是缺乏严密的规章制度，而是稀缺难以监控的执行能力，员工在工作中往往会身不由己地找各种理由去变通，总要体现自我，而管理者对于员工执行能力多会表现出容忍或理解，使标准制度成为一种摆设，没有约束力，没有人愿意把标准制度作为行动指南。所谓赢在执行，落实到班组长的工作中，就是讲实在话、干具体活，认真严格执行工作细节，让一线职工的工作习惯逐渐地从企业强制执行转变成员工自身的习惯性行为，培养出班组的执行能力文化。因此班组长在工作中要扮演员工生产执行力的教官，时刻绷紧教育、培养员工按规章办事、干实事、出成绩的管理弦。

(5) 企业班组长应该是企业人才培养输送的园丁。对生产企业来说，班组是组织人才产生的摇篮，班组长的一个重要责任就是发现和培养班组精英，向企业贡献人才。班组向企业贡献人才的频率越高，企业内部培养人才的能力就越强，走上各管理层的一线员工就越多，班组就越有活力。一个班组若几年走不出一个人才，班组的人员素质和企业的用人育人机制一定会存在问题。员工工作一段时间、积累一定的技能和水平、练就出适合自己发展的特长之后，就自然会产生出自我实现的需求，渴望企业能够提供一个发挥能力的平台，获得内部调动、职务晋升、额外培训、外部发展等锻炼机会。作为一名优秀的班组长，不仅要规划好自己的前程，还要对班组成员的成长负责任。在工作中，班组长要了解和掌握员工心态，提供机会扩大员工与直接上司以外的其他管理人员的交往和联系，满足社交需求；同时要善于发掘班组员工的潜力及其优势专长，激励其积累必需的知识和技能要素。

(6) 企业班组长是企业和谐“家庭”的家长。企业中影响员工士气的主要原因绝不是单纯的岗位升迁、收入多少等问题，在一定程度上是员工所在环境上下左右的人际氛围。企业要想形成良好的班组工作氛围，班组长首先要学会尊重员工。员工会因生活阅历、教育背景、工作年限、兴趣爱好、业务水平、家境状况、社交能力等的不同，而在不同年龄段、不同工龄段产生不同的需求矛盾，要创建和谐班组，就需要班组长尊重并理解每一个人的酸甜苦辣，如果不能够走进员工的内心，员工就会有一种被遗忘的感觉，进而影响到工作的热情。若班组长能让成员感受到工作的乐趣，感受到自身价值的被尊重，大家对班组的工作才会尽职尽责，对班组才有真爱。班组管理考验班组长的人品，人品可以感染所有的人，做人不公心、不公正就难以服人，因此班组长不能搞小团体。班组长要想尽办法激发班组成员的工作兴趣，让大家在工作中建立友谊，帮助每一位员工获得工作成就感，同时把班组管理简单化，调动班组成员快乐地工作，提供同事间的社交往来，支持和帮助员工寻找和建立和谐温馨的人文环境。班组长管理水平越高，威信越高，班组人员精神面貌就越好，班组和谐氛围越好。

从以上内容来看，班组长实际上也是企业精细化管理的主要执行者，是企业班组现场精细化管理的策划者。

6.1.3 班组长的工作内容与职责

企业实际运营管理活动中，有关企业班组长的工作内容相对明确。企业的班组长是管理者，又是不脱离生产任务的管理者。作为企业的管理者，班组长需要带领一支基层团队，是基层团队的管理者；但班组长又有自己独立的生产任务，因而也是不脱离生产任务的管理者。企业班组长的主要管理工作内容如下：

(1) 进行生产准备工作，这是班组长每天工作的起点。一方面进行生产前的人、机、物、方法、环境（通称为4M1E）的准备工作；另外必须进行班组的早会以及对上级的工作报告工作。在人员方面，班组长要了解班组人员的性格、技能、意识、品德、配合能力，因事识人，根据员工的特点考虑工位的人员配置，加强工作的透明度。班组长要站在公司利益的立场，考虑员工的个人利益。在机器方面，班组长必须了解生产所需（工位需求）的仪器设备、工夹模具是否备齐，检查是否良好，检查保养状态与运作状况。在物方面，班组长需要查看生产排程数量，按排程查阅套料单；了解所需物料的品名规格、用量，考虑易耗物料在制造过程中如何减少损耗；思考物料的放置区域，定品、定位、定量，规定物料的堆放方法、数量；准备工位台板上放置物料的容器、放置数量。在方法上，班组长需要查阅生产排程，知道当天做什么产品、品名规格、数量、初步测定生产速度；查阅相关技术资料、工程变更、图纸、作业指导书、工艺流程、工程图、工位排列图、规范文件、套料单等；查阅此产品以往生产的各项记录，考虑存在的问题，在当天投产中如何处理预防等。在环境方面，班组长需要了解生产产品所需的环境要求是否达标，如温度、湿度、净化度、噪声、安全；定置管理的要求是否达到（规定的物料、规定的数量、规定的放置方法、规定的标识放置到规定的区域）。此外，班组早会是班组一天工作的安民告示，是班组工作的透明度典型的表现形式，让员工做好工作必须使员工了解今天做什么，有什么要求，怎么做。班组早会主要内容包括总结昨天的工作情况（表扬批评），布置今天的工作以及要求、注意事项或再借早会传达上级重要工作，沟通一些倾向性、普遍性的问题（例如普遍性存在的问题、员工普遍关心的问题、车间公司的重要工作等）。

（2）做好班组生产计划。由于生产计划就是命令，因而需要掌握完成计划的主动性，并采取各种措施有效落实生产计划，从生产效率、产品质量、生产环境、规范操作、统计分析等方面确保生产计划的有效完成。

具体来说，班组长的管理工作内容包括四个点，即班前、工作前、班中、班后。班组长班前需要提前15～30分钟到厂，检查生产环境，确认计划，追踪物料，查看资料，检查工具夹具和仪器设备。上班后工作前的一段时间内，班组长需要召开早会，确认人员，了解员工的精神状态和仪容，进行首件检查，掌控投产运作是否到位正常。班组长在班中应该把控机具是否正常使用以及正常保养点检是否落实、进行生产线作业平衡检查、了解班组有无大的不良现象以及异常情况，同时进行重要控制点的巡查以及不良情况的控制，了解班组生产的速度是否按计划进行，了解班组员工情绪，确认班组工作环境、物料是否流畅、整洁、有序，检查记录表格并分析。班后班组长应该教育监督员工把物料、产品、半成品、工具夹具、仪器按规定归位，清洁环境，查看当日的生产完成情况、质量情况并做好必要统计，确认当日有无存在的问题需及时报告或处理并对次日的工作做准备，思考、反思今日工作。

班组长的职责主要包括如下四个方面：

（1）班组劳务管理。对班组内人员的调配、排班、勤务、严格考勤、员工的情绪管理、新进员工的技术培训以及安全操作、生产现场的卫生、班组的建设都属于劳务管理。

（2）班组生产管理职责。班组长的生产管理职责包括现场作业、人员管理、产品质量、制造成本、材料管理、机器保养等。

（3）辅助上级。班组长应及时、准确地向上级反映工作中的实际情况，提出自己的建议，做好上级领导的参谋助手。但不少班组长目前却仅仅停留在通常的人员调配和生产排班上，没有充分发挥出班组长的领导和示范作用。

（4）班组长自身生产任务的完成。因为班组长也是生产人员中的一员，必须有相应的生产任务。

6.1.4　班组长的能力素质

班组长是企业最基层的管理者，但并不是专职的管理者，班组长还需要承担一定的生产工作任务。作为最基层的管理者和生产者，必须具有很强的专业技术能力，而作为管理者，班组长需要具有一定的管理能力。班组长处于管理层与操作者之间的节点上，对上的基本要求是带好一个基层班组团队，完成工作任务，因而其管理能力主要表现在能带领基层团队完成企业交办的各项生产经营任务，班组长的管理能力指标首先体现在执行与任务完成、问题解决的能力上；对下是班组成员，班组长是带领一个团队去完成企业交办的生产经营任务，这就要求班组长具有领导、组织协调、沟通和团队建设能力，使班组成为一个有效的工作团队、具有凝聚力的团队。与此同时，强有力的班组必须是班组中的每个成员在操作技能上获得指导、帮助、学习、提高，使班组整体技能获得提升，因而班组长还需要具有教育培训能力以及学习能力。

班组长的执行与问题解决能力是最基本的要求，而班组长的团队建设能力、组织协调能力、沟通能力以及领导能力是其具有执行与问题解决能力的基础，班组长的教育培训能力有助于班组形成一个优秀团队，而班组长持续学习能力是以上所有能力的基础。班组长必须具有健康的思想素质和心理素质才有可能带好一个班组团队，而班组长是否具有人格魅力和能否有效进行角色转换与具有职业精神是一个班组能否成为优秀班组的关键。为此，从班组长的素质角度来看，班组长的思想素质和心理素质是基础，是管理能力形成的前提，而班组长具有人格魅力和有效进行角色转换、具有职业精神直接影响班组长管理能力发挥。班组长能力素质图见图 6-1。

6.1.4.1　知识部分

知识是指员工通过教育培训、工作实践获得的认识和经验的总和。一名优秀的企业班组长至少可以从以下三个方面来衡量：

（1）学历与专业；

（2）通用知识；

（3）专业知识。

第一部分是进入企业之前就应该具备或明确的内容；第二部分是通用知识部分，主要包括公司知识（包括行业知识、产品知识、公司文化、组织结构、基本规章制度和业务运作流程等），这部分是企业自身内部培训所要解决的；第三

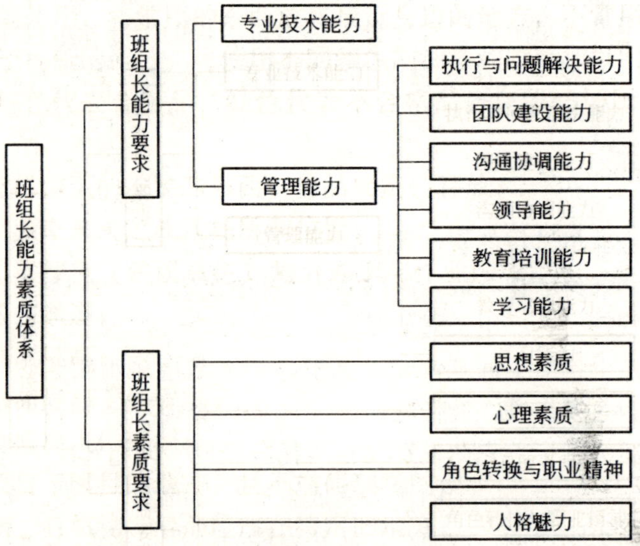

图6-1 班组长能力素质图

部分是专业知识，主要包括企业行政管理知识、计划管理知识、人力资源知识、财务知识、法律知识、生产管理知识（生产安全、现场管理、生产计划、生产调度、工艺设备管理、生产工艺管理、生产成本控制、仓储与物料管理）、专业技术知识、质量管理知识（质量体系知识、全面质量管理、计量与检验、可靠性知识）。第三部分知识是通用培训所要解决的内容，也是班组长职业素质能力的知识基础。

6.1.4.2 技能部分

企业班组长的技能指运用资源解决问题和完成目标任务的一种能力，班组长的技能与专业知识具有一定的对应性。一般来说，企业班组长技能的划分方法包括以下几种：

（1）从班组长能力素质的适用范围将其分为核心能力素质和专业能力素质。其中核心能力素质是针对组织中所有班组长的、基础且重要的要求，它适用于企业中所有的班组长，甚至是企业所有员工，无论其所在何种部门或是承担何种岗位；而专业能力素质是依据班组长所在的岗位群，或是部门类别有所不同，它是为完成某类部门职责或是岗位职责，班组长应具有的综合素质。

（2）从班组长能力素质的行为表现形式区分为通用能力和差别能力。有些能力素质所有的表现者只有唯一的行为表现形式，不会有表现较好者和表现较差者之分，可称之为通用能力素质；有些能力素质会依据不同的表现者有不同层次的表现，可称之为差别能力素质。一个核心能力素质的表现形式可能是通用的，也可能是有差别的；同样，一个专业能力素质也有可能是通用的，也可能是有差别的。

(3) 从班组长能力素质的层级进行划分，可以有基本技能、基础管理技能和高级管理技能的差异。对于一个优秀的企业班组长来说，其技能的三个方面内容表述为：基础技能主要是理解能力、判断分析能力、学习能力、创新能力、口头表达与沟通能力、建立关系与协调能力、写作能力等；基础管理技能主要是计划能力、组织能力、领导激励能力、控制能力、团队管理能力、辅导教练能力等；高级管理技能主要是决策能力、风险防范能力、企业文化落实能力等。

(4) 从班组长能力素质的内在构成因子进行划分，可以分为基础能力和支撑能力。对于企业班组长的培训、评测与资格认证过程来说，始终关注作为班组长的基本胜任能力，因而把以上方面的技能进行简化，经过培训后的企业班组长应该具备的能力或者技能至少包括以下方面：

1) 基础能力，主要是执行和问题解决能力；

2) 支撑能力，主要是沟通协调能力、领导能力、团队建设能力、学习能力、培训能力。

6.1.4.3 职业素养部分

职业素养是企业班组长个人素质方面的要求，如诚实、正直、责任心、成就欲等，主要是驱动企业班组长产生优秀工作绩效的各种个性特征的集合，它反映的是可以通过不同方式表现出来的班组长的个性与驱动力等。职业素养是判断一个人能否胜任某项工作的起点，是决定并区别绩效差异的个人特征。对于企业班组长来说，主要素质或素养包括以下方面内容：

(1) 团队精神；

(2) 责任心；

(3) 进取心；

(4) 企业忠诚度；

(5) 成就欲；

(6) 工作主动性；

(7) 未来意识。

班组是企业的细胞，是企业生产、经营最基层单位的组织管理、工作实施、工作创新和员工培训的承担者，企业日常生产运营活动只有落实在班组才能有效完成，因而企业班组在企业发展、运营过程中具有极其重要的功能和职能。企业班组长的能力素质正是基于班组的功能与职能所决定。根据前面的分析以及访谈、调查问卷所收集信息资料的分析，企业班组的基本职能在于班组的目标达成、认知教育、日常管理、班组活动、班组发展等，由此对班组长的要求包括管理能力、管理技巧、专业知识、人格素质等，可以划分为两个纬度，即能力纬度与素质纬度。班组长素质能力分析的三个前提如下：

（1）素质是一种内在提升，主要是班组长的职业素养方面内容，素质评价与标准只考虑能力，部分素质内容列入能力指标范畴中考虑。不考虑专业素质，班组长的其他素质内容是一种个性化、职业化的人格修炼，主要包括思想素质、心理素质、职业精神、人格魅力等，而这些内容很难量化，也很难通过短期培训获得提升，是一种依靠个人修炼和长期企业文化、社会文化熏染的内容，因而对于企业班组长培训来说，更多的是着眼于各类能力的提升。因而对于班组长能力素质评价内容、评价标准、分类、认证等以能力为基本内容，相应的班组长的素质要求融合到能力分析中。

（2）能力可以分为不同等级，但培训认证重在胜任基础，能力评价与标准只考虑基本能力要求。班组长的能力素质评价原则上应该包括两个基本级别：一是班组长的基本能力素质级别，这是企业员工胜任班组长的基本能力素质要求；二是班组长的标杆能力素质级别，这是企业所有班组长应该努力才有可能达到的能力素质要求，是对企业班组长的拔高要求，是企业班组长的一种标杆。但对于企业班组长培训来说，着眼的是班组长的最低胜任能力，因而班组长能力素质评价内容、评价标准等只考虑基本层级要求。

（3）企业班组长是一个基层管理兼操作岗位，不可能全身心地专职管理，因而对于其素质能力应有别于专职管理者，同时也有别于普通操作者，对于其能力素质，不应该有过多过高的要求。一般来说，班组长能够根据上级要求保质保量地完成工作任务，达成工作目标，实际上也就体现出了班组长的岗位胜任能力，因而对于其能力素质的培训提升以及能力分级、评价来说，注重基础，关注现实操作场景的要求。

企业班组长能力素质分类见表6-1。

表6-1 企业班组长能力素质分类表

基础素质能力	能力素质内容
执行与解决问题能力	目标与计划管理能力
	任务分配能力（排班能力）
	组织能力
	细致能力
	现场管理能力
	创新能力
沟通能力	书面沟通能力（写作能力）
	口头表达能力（表达能力）

续表 6-1

基础素质能力	能力素质内容
协调能力	关系协调能力
	建立信任的能力
领导能力	过程监控能力
	共通能力
	员工激励能力
学习能力	专业学习能力
	总结与反思能力
	借鉴与模仿能力
团队建设能力	冲突管理能力
	团队管理能力
	合作精神
培训能力	工作演示能力
	辅导教练能力

6.2 班组精细化管理的基础

班组精细管理的基础在于班组岗位以及岗位职责是否明确，班组作业工作的标准化程度以及落实到班组的制度规范化程度，如果以上基础工作能做好，班组精细化管理就能进一步深入。

6.2.1 工作标准化

企业很多工作都是具有一定程序、例行性工作，可以按照标准化要求编制作业标准化操作手册。根据标准化的作业手册，员工按照指定程序、要求进行工作，确保检查有依据、工作有程序、奖罚有标准。班组标准化作业是企业生产运营的重要环节，是班组生产管理人员的管理工具，是优化作业方案、提高效率、降低成本的一种管理手段，它紧紧围绕成本、质量、效益与效率的运营主线，实现企业运营目标的综合控制。正确运用班组标准化作业，能使技术型人才的智慧得到很好的发挥，实现在生产过程中人与机器设备、物料、环境的和谐，达到企业生产运营的各项目标。

作业标准化必须首先编制标准作业指导书，标准作业指导书的编制必须有工艺工程师、管理人员、现场操作人员等共同参与。

班组作业实行标准化的好处如下：

(1) 员工严格按照预定的流程操作；

(2) 通俗易懂，通过看作业指导书，加上简单的培训，就可以操作；

(3) 为企业的稳定发展带来保障；

(4) 员工参与编制，充分发挥每一个员工的聪明才智；

(5) 为产品质量的保证带来保障；

(6) 为企业带来更大潜在的收益；

(7) 避免因人才流动而导致的生产不稳定；

(8) 为公司积累经验。

编制企业标准化作业指导书必须坚持以下原则：

(1) 在编制作业指导书时要坚持编制原则，以导则、规程、规定、技术文件、参数为依据进行编制。编制时对每一项作业要概念清楚、表达准确、文字简练、格式统一，并应结合现场实际由专业技术人员编写，如果较为复杂的作业项目由生产技术部门组织专业技术人员编制，再由主管领导批准。按照全过程控制的要求，对作业计划、准备、预控、实施、总结、评估等各个环节，明确具体操作的方法、步骤、措施、标准和人员责任，每项作业项目的现场作业指导书应在作业前编制，依据工作流程组合成可执行文书。

(2) 严格执行编写、审核、批准和执行签字程序，针对现场实际，分工明确，责任到人。现场标准化作业指导书在使用前必须进行学习，保证作业人员熟练掌握作业内容、程序和各项安全、质量要求，并在遵循现场标准化作业基本原则的基础上，根据各自实际情况对现场标准化作业指导书的使用做出符合现场作业的明确规定，并可采用符合现场实际工作的、必要的、方便现场作业的措施。

(3) 一项作业任务编制一份作业指导书并应有编号，且具有唯一性和可追溯性，这样便于适时核对、存档。

(4) 推行标准化作业采用激励机制，让每位有专长技术人员都参与编制作业指导书，编制并执行后给予表扬及奖励，每月进行检查、统计、考核，对有问题的指导书当场提出修改建议，对有争议的内容和项目应组织人员查阅资料进行修正。

标准作业指导书中应至少包括（但不限于）以下内容。

(1) 动作内容：应该包括每一个详细的操作动作，包括拿取物料（拿什么，从什么地方拿，怎么拿，拿多少）、步行过程、操作过程（每一个详细的步骤）、质量检查等。

(2) 所需时间：每一个具体动作过程从开始到结束所需的时间，以便识别增值以及非增值时间，包括步行时间，拿取工具或物料时间、操作时间、放工具时间，即单件工时+步行时间+等待时间。

(3) 质量要求：标准作业指导书中必须包括每一工序中产品的质量标准，

质量标准要求详细、具体，最好能够以图片或边界样件的形式表现，使员工能够更好地理解、识别并运用这些质量标准。

(4) 质量检查：每一工作步骤中都应该增加质量检查这一项目，从而做到“不接受、不制造、不传递”缺陷。

(5) 物料描述：每拿取一种物料，都应该对该物料进行描述，应该包括物料的详细信息，如图号、数量、大小、型号、料架地点等，以避免在取料过程中产生问题。

(6) 工具描述：使用工具（设备）的名称、使用方法、注意事项等应该在标准作业指导书中体现。

(7) 动作位置图示：对每一个增值的操作，应该用图示的方法标识操作位置，避免出现误操作。

(8) 审批权限：所有的标准作业指导书必须由有审批权限的人员进行审批，以保证文件的受控。

在实际生产管理中要推行的标准化作业的标准，应具有如下主要特征：

(1) 代表最好、最容易与最安全的工作方法；

(2) 保存记录工艺、操作技巧、专业技术的最佳方法；

(3) 能作为衡量绩效的依据和基准；

(4) 作为目标及训练培训的依据和基础；

(5) 防止事故发生及使异常最小化的方法；

(6) 是持续改进和不断完善的基础。

作为班组一线的生产管理者，主要的工作是标准制定后，如何让员工正确而自觉执行标准，从而使之成为习惯。

(1) 向员工灌输遵守标准，规范化操作的意识；

(2) 理解标准化作业的意义，并对员工进行现场教育培训；

(3) 班组长现场巡视指导，并确认执行标准的结果；

(4) 在显著位置宣传揭示标准的作业方法；

(5) 严厉批评制止违反工艺标准的行为；

(6) 彻底贯彻标准的执行，管理人员必须以身作则；

(7) 在执行标准过程中，应勇于提出疑问发现问题，使标准不断完善。

6.2.2 职责明晰化

班组中的各类人员的职责、工作范围、工作标准等必须清晰，让员工很快了解其工作内容以及工作中的责任、权利等。当岗位职责不清晰时，容易陷入班组中的部门职能无法落实的困境，尤其是岗位的责任范围问题必须界定清晰。岗位职责清晰化是班组精细化管理最基础的内容，否则班组工作无法落实到实处。

班组岗位职责的确定归根到底就是行使职责的在岗人员是如何看待和行使自己的职责的，这个工作既需要自上而下的审视、监督、规范，也需要行使人员的自身反省、评估、确定，双方面结合，才能使班组岗位职责准确地行使，最终保证工作的正常实施。

前面再组织精细化管理中已经涉及岗位职责问题，这里对班组的岗位职责，根据基础班组员工的实际情况，用简洁、清晰的语言描述。班组职责清晰化的基本要求如下：

（1）语言清晰、简洁；

（2）具有操作性；

（3）明确工作范围，包括工作内容、责任区域、责任标准等；

（4）切合操作环境与操作实际；

（5）规范化的格式；

（6）与相邻岗位的责任衔接；

（7）责任与匹配资源对应；

（8）便于考核与过程监督。

班组员工到岗后，需要做好以下两件事：

（1）班组长需要对岗位员工进行岗位职责培训；

（2）员工需要签字确认培训以及认同岗位职责内容。

制定班组岗位职责时，为了确保清晰、明确，可以按照6W1H原则要求进行编制：

（1）who—工作的责任者是谁；

（2）for whom—工作的服务和汇报对象是谁；

（3）why—为什么要做该项工作；

（4）what—工作是什么；

（5）where—工作的地点在哪里；

（6）when—工作的时间期限；

（7）how—完成工作所使用的方法和程序。

只有对上述问题逐一做出回答，班组岗位上的员工才能对工作更加清楚，才更愿意负责，更敢于负责，在工作中不断得到锻炼和提高。

【案例6-1】 浙江某企业班组长岗位职责

浙江某企业班组长岗位职责见表6-2。

表6-2 某企业班组长岗位职责表

<table>
<tr><td>单位名称</td><td colspan="3">台州某制造有限公司</td></tr>
<tr><td colspan="2">岗位名称：班组长</td><td>直接上级：车间主任</td><td>部门：生产部</td></tr>
<tr><td colspan="3">直接下级：本班组生产工人</td><td>下级人数：××人</td></tr>
<tr><td colspan="4">主要工作职责：负责本班组的现场生产安全、设备维护保养、工艺执行、质量管理</td></tr>
<tr><td>工作内容</td><td colspan="3">1 制度的执行
1.1 贯彻执行公司的各项规章制度，严守公司秘密，维护公司利益；
1.2 严格执行质量管理体系相关制度和流程；
1.3 严格执行本部门管理制度及业务流程。
2 生产现场管理
2.1 负责组织召开班组会议，根据生产计划单安排工人的工作，宣导公司各项规章制度；
2.2 负责传达和执行车间主任指示事项；
2.3 负责本班组员工劳动纪律的管理以及生产线的开启和关闭；
2.4 负责监督本班组员工各类刀具、量检具及其他物品是否按规定领用，统计记录个人物料消耗，发现问题，及时采取相应措施；
2.5 负责监督、检查班组员工严格按照岗位作业指导书操作；
2.6 负责监督本班员工三检制、交接班记录、设备日常保养记录等的实施；
2.7 负责本班组的卫生检查，6S定置的督促、检查，优化班组生产环境；
2.8 负责指导新员工上岗前操作技能培训；
2.9 处理生产中的其他问题。
3 生产工艺及质量管理
3.1 负责监督班组成员工艺纪律的实施；
3.2 巡检并判定制造过程中产品质量，加强本班组质量控制，提高组员质量意识，发现问题，及时处理，提升产品质量合格率。
4 生产安全管理
4.1 负责本班组安全生产、文明生产工作，积极宣传和贯彻本公司安全生产规章制度；
4.2 定期巡检生产现场，查找安全隐患，提出整改意见；
4.3 负责填写和提交各种安全记录。
5 生产设备管理
5.1 负责监督本班组的公用工具、工装、夹具、工位器具、辅助材料、劳保用品的正确使用管理；
5.2 负责组织、指导和检查班组生产工人对生产设备和模具的日常检查、保养及维护。
6 员工管理
6.1 明确下属的岗位责任和业绩目标，并实行督导工作；
6.2 负责做好班组员工思想教育工作，进行员工产量分配；
6.3 负责监督、考核班组员工产量的完成情况；
6.4 负责拟定班组员工分配方案，进行员工考核。
7 积极参加专业培训，不断提高专业技术水平
8 完成上级交办的其他工作</td></tr>
<tr><td>权限</td><td colspan="3">1. 直接下级的工作分配、检查监督和奖惩建议权；
2. 班组工人工作任务安排及班次调整权；
3. 班组员工工艺纪律执行的检查权；
4. 其他的临时授权</td></tr>
<tr><td>责任</td><td colspan="3">1. 对班组成品产量和质量负责；
2. 对班组员工的流动率负责；
3. 对班组报表准确性、及时性负责；
4. 对生产过程的问题处理结果负责</td></tr>
</table>

6.2.3 制度规范化

管理制度对企业的作用和意义毋庸置疑，成功的企业在企业管理制度实施方面具有共同的特点，那就是规范性的编制管理程序和规范性的执行实施程序，而且是在不断地创新、优化过程中，循环升级式地提高管理制度的编制质量和执行力，使制度成为保障企业高效运转的制动器。

具体到企业班组的各类管理制度，除了需要具有规范性的特点外，还必须非常简洁、易懂，这样的规范化制度还必须有落实的点与落实环节。落实到班组的规范化制度具有以下特点：

（1）简洁、易懂；

（2）形成班组作业制度系统；

（3）规范化的表述；

（4）具体、可操作；

（5）对应于班组工作的制度不能互相冲突；

（6）班组类的制度需要有落实环节、要求；

（7）班组类的制度必须与流程、作业标准书衔接。

班组长需要把与本班组工作有关的制度进行汇编，形成一个班组制度系统，然后对本班组员工进行针对性培训，让班组员工了解制度内容、制度要求以及与本岗位相关的标准。班组需要的不是企业以班组建设管理为对象的班组制度汇编，而是涉及班组工作内容的各类制度汇编，并能以简洁、易懂的方式整理出来，这样更有利于班组精细化管理工作的开展与落实。

（1）分类汇编；

（2）培训学习；

（3）班会讨论。

6.3 班组精细化管理的内容

班组精细化管理的对象主要是人、物、过程。对人的精细化管理涉及岗位管理、教育培训管理以及班组团队建设管理；对物的精细化管理涉及物料管理、设备管理；对过程的精细化管理涉及计划与目标管理、质量管理、生产过程监控管理、安全管理。

6.3.1 对人的精细化管理

6.3.1.1 岗位管理

班组岗位管理是班组组织建设的内容，主要涉及的内容是定岗定编与定员，在确定班组的定岗定员之后，对班组人员的出勤状况与技能状况等各类情况进行动态管理。

班组岗位管理的主要内容如下：

（1）岗位设置；

（2）班组定员；

（3）班组人员定岗；

（4）班组人员的时间管理，例如出勤、迟到等；

（5）班组人员的状态管理，例如精神状态、情绪；

（6）班组员工技能管理，例如培训提升技能；

（7）班组员工流动管理，例如临时缺勤的人员补充与替代；

（8）班组员工的轮岗。

班组岗位管理的基本要求是，班组长必须明确本班组的岗位要求、工作流程以及本班组员工的技能、素质等，做到人与岗的匹配、人员素质能力满足岗位要求，基本要求如下：

（1）员工了解岗位的要求与岗位工作内容；

（2）员工具有与岗位适应的工作能力与素质；

（3）班组人员变动时，工作不能中断；

（4）班组员工的行为规范符合企业制度规范要求；

（5）班组员工工作中的精神与状态符合作业标准化的要求；

（6）班组岗位无人员空缺；

（7）班组具有多能工。

6.3.1.2 培训管理

班组员工培训是提升员工技能、素质的主要途径，是企业管理精细化的具体内容和落实点。班组员工培训主要包括新员工培训与多能工的技能培训，也包括规则意识的培养。

新员工的培训主要靠老员工的“传、帮、带”，以师徒形式出现，一般企业在培训新员工实际操作技能时，以师徒合同形式出现。新员工的企业制度、规则以及岗位技能的培训内容主要包括如下内容：

（1）ISO 基本知识；

（2）危险预知训练；

（3）作业标准书；

（4）量具、工装夹具知识；

（5）物料分类标志；

（6）检验表填写；

（7）设备操作；

（8）设备点检；

（9）常见故障应对；

（10）工装夹具调整与更换；

（11）岗位说明书；

（12）企业制度与规章；

（13）企业文化；

（14）与本岗位相关的专业知识。

班组在岗员工的培训主要是多能工的培养和员工的规则意识养成培养。多能工主要是掌握两种以上技能的员工，一岗多能是企业应对员工流动的基本要求，也是企业培养骨干的重要路径，多能工的培养不仅满足企业短期需求，更重要的是为企业储备人才。多能工培养的主要路径是岗位轮换、计划性上岗培训以及脱产培训，一般企业采取前两种方式的居多。

在岗员工的规则意识养成培养针对班组的全体员工，主要以早会、班会以及总结会等形式进行。

6.3.1.3 **团队管理**

管理主要是以人为对象的活动，涉及人就必然有团队、团体。企业班组是企业组织中最基层的团队，团队的活力直接影响组织目标的实现。班组长必须具有班组团队建设的能力，把班组打造成企业活跃的团队。

班组长进行班组团队建设管理时必须具有一定的管理认知，主要有以下几方面：

（1）经常自我反省，检视一下，在班组范围内的人、时、地、物有没有资源浪费，或无效运用的状况；

（2）不要在班组员工面前抱怨工作，数落上司及公司的不对；

（3）接受上司交代任务时，在没有尝试执行之前，绝不说“不可能”、“办不到”；

（4）每天找出一件需要突破、创新的事，并动脑筋想一想，有无改善创新的方法；

（5）当工作未能顺利完成时，对上司要能一肩承担所有责任，不在上司面前数落班组员工的不是；

（6）做任何事以前，先花些时间思考一下目标与方向是否正确；

（7）找出在个人管理范畴内，有哪些原理与原则是不可违背的。

班组团队建设的目标如下：

（1）有理想的班组；

（2）有道德的班组；

（3）注重充分沟通的班组；

(4) 协同配合的班组；
(5) 工作积极主动的班组；
(6) 善于思考的班组；
(7) 善于学习的班组；
(8) 勇于负责的班组；
(9) 激情与活力的班组。

班组长在建设班组团队时，必须能做到以下几个方面：

(1) 改变班组中员工的态度；
(2) 确定和实现班组目标；
(3) 善于班组内部沟通；
(4) 尊重班组员工；
(5) 解决问题时要客观地找出原因，不可凭主观的直觉来判断；
(6) 发现员工才能，培养员工技能。

6.3.2 对物的精细化管理

6.3.2.1 物料管理

班组物料精细化管理是减少浪费的重要环节。生产班组必须按照生产作业计划、工作指派向物料管理部门或仓储部门领料，生产结束后交还余料。

班组每天的物料领用可以通过 ABC 分析法进行分类。首先要明确这些物料的重要程度，知道物料的构成及其在企业中的价值，然后运用 ABC 分析法来进行分类。

(1) A 类物料：A 类物料是指金额占总物料金额的 70%，种类占总物料种类的 10%，重要的原辅材料；

(2) B 类物料：B 类物料是指金额占总物料金额的 20%，种类占总物料种类的 20%，相对持平的物料；

(3) C 类物料：C 类物料是指金额占总物料金额的 10%，种类占总物料种类的 70% 的物料。

通过分类，就能够清楚物料的价值。

要对班组的物料进行管理，首先要进行分类，同时也要对物料进行编码，建立一个身份证号码，这给企业深入地进行网络化建设和信息化建设提供了保证，以此为物料需求计划提供保证，因为在网络化中需要使用编码。物料编码的方法如下：

(1) 编码方法是在分大类的基础上分中类，在分中类的基础上分小类，在分小类的基础上再分规格和型号，像人的身份证一样分区域和年龄等；

(2) 类别和规格可以分别由字母和阿拉伯数字组成，即大类代码加中类代码，再加小类代码和规格代码等。

班组在领用物料时必须了解企业物料分类与编码的规定与要求，然后根据生产要求领料。

实际上，班组物料管理最重要的内容还在于对在制品的管理。在制品是指投入车间的原材料、毛坯、半成品、外购件以及处于等待加工、装配、检验、运输和正在加工、装配、检验、运输，但尚未办理入库手续的产品。企业在制品流动管理的目标是零库存管理，班组需要协助统计部门或仓管部门对在制品盘点，主要是生产线盘点。生产线盘点包括不良品、在制品、损耗料、不良料、断码料、节余料、半成品、完成品的盘点，这是每天下班之前都必须进行一次的工作。

班组的物料精细化管理的主要内容如下：

(1) 物料领用；

(2) 物料现场放置；

(3) 物料退库；

(4) 现场物料搬运；

(5) 现场物料台面管理；

(6) 上线物料保管；

(7) 不用物料的封存管理；

(8) 边角物料处理；

(9) 物料质量监测；

(10) 在线物料盘点。

班组对物料的每一次、每一个阶段的处理都必须有记录，通过各类表单记录物料适用、消耗、领用、退库等综合情况。

6.3.2.2 设备管理

班组的设备主要是指厂房、电器、机器、仪器、衡器、容器、工具、运输车辆、劳动保护装置以及其他生产必备的器材等。班组设备维护管理的基本任务是：合理使用设备，精心保养设备，及时维修设备，做好必要的原始记录，使设备经常处于良好的技术状态。班组在设备管理方面的技术经济指标有完好率、维护率、停机时间、设备事故、备件消耗和油料消耗等项。

班组设备管理的环节如下：

(1) 经常对操作人员进行爱护设备的教育；

(2) 合理地安排设备的生产任务；

(3) 配备好合格的操作人员；

(4) 制定一套合理的、切实可行的规章制度；

(5) 为设备提供良好的工作环境。

班组必须定期对设备维护保养，延长设备使用寿命。班组设备维护管理的基本要求是“三好”、“四会”、“五项纪律”。“三好”的具体要求如下：

（1）管好。

1）操作工人自己使用的设备及其附件要保管好；

2）未经领导批准，不能任意改动设备结构；

3）非本设备操作人员，不准擅自使用；

4）操作者不能擅离工作岗位。

（2）用好。

1）严格遵守设备的操作规程，不超负荷使用；

2）不精机粗用，大机小用；

3）不带病运转；

4）不在机身导轨面上放置工件、计量器具和工具等。

（3）修好。

1）保证设备按期修理，认真做好一级保养；

2）修理前主动反映设备情况；

3）修好后认真进行试车验收。

在“三好”的基础上，班组设备管理还要做到“四会”，其具体要求如下：

（1）会使用。

1）熟悉设备结构；

2）掌握操作规程，正确合理地使用设备；

3）熟悉加工工艺。

（2）会保养。

1）保证设备内外清洁；

2）熟悉掌握一级保养内容和要求；

3）按润滑点正确地加油，保证滑导面无锈蚀和碰伤。

（3）会检查。

1）设备开动前，会检查操作机构、安全限位是否灵敏可靠，各滑导面润滑是否良好；

2）设备开动后，会检查声音有无异常，并能发现故障隐患；

3）设备停工时，会检查与加工工艺有关的精度，并能做简单的调整。

（4）会排除故障。

1）通过设备的声响、温度、运行情况等现象，能及时发现设备的异常状态，并能判断出异常状态的部位及原因；

2）根据自己确切掌握的技能，采取适当的处理措施；自己不能解决的，能迅速判断出来并及时通知检修人员协同处理，排除故障。

班组设备管理的“五项纪律”的具体要求如下：

（1）凭操作证上岗使用设备，遵守安全操作规程；

（2）经常保持设备清洁完好，并按规定做好日常维护保养工作；

（3）遵守交接班制度，并做好书面记录；

（4）管好工具、附件，不准遗失或非正常性使用；

（5）发现设备异常情况，应立即停机，切断电源后检查，自己不能处理的应及时通知有关人员检查处理。

班组设备精细化管理过程中，班组长必须做好以下工作：

（1）加强员工的教育培训。通过现场教育和技术操作培训，提高班组设备操作人员的科学技术水平和操作熟练程度，对正确使用设备，管好设备，维护好设备都具有根本性的作用。操作人员应熟悉和掌握机器设备的结构、性能、使用范围和保养维修技术；明白“设备使用须知”和设备技术参数的内容与要求；操作人员应经过岗前培训，考试合格后，发给操作证，凭证上岗，凭证使用设备。对于精密、大型、关键设备，更应严格执行凭证操作制度。

（2）建立和健全设备操作规程。设备操作者严格地按着设备操作规程使用设备，是管好、用好生产设备的重要保证。合理、正确地执行设备操作规程，大致包括下列内容：

1）班组的操作者必须无条件地按操作规程操作设备，严禁超负荷使用设备；

2）主要生产设备或专用设备实行定人、定机、凭操作证上岗；

3）对单人操作，一班作业的设备，实行专人专机制，对两班、三班或几个人共同操作的设备，实行机长负责制，并做好交接班工作；

4）对自动线或多机床管理的设备，要根据具体情况，相应地制定使用保养负责制。

（3）安排好生产计划。班组要正确合理使用设备，还必须从计划上加以妥善安排。要根据设备的性能、精度、生产率、加工程序来合理安排生产任务，严禁设备超负荷运行；要充分合理使用设备，提高设备的负荷率。

（4）开展好设备竞赛活动。这是动员和鼓励设备操作者管好、用好设备的有效方式，对设备完好率高的个人，班组长应向上级组织进行汇报并申请给予奖励，对设备维护保养不好的组员则给予批评和处罚。

6.3.3 过程的精细化管理

6.3.3.1 计划管理

班组长是企业生产一线的执行者和管理者，需要对班组工作进行计划，例如每日工作安排计划、每周工作计划，人、机、料、发、环等因素的计划等，做到事事进行规划，通过精心与周密的计划，降低班组工作中的风险，提升抓住机会的能力。班组长主要关注的计划类型如下：

（1）生产计划；

（2）周工作计划；

（3）员工培训计划；

（4）班组活动计划；

（5）值日计划；

（6）每日工作安排。

6.3.3.2 质量管理

班组是企业产品的直接生产单位，是产品质量的直接监控者。班组生产工作开展的好坏，直接影响产品质量的优劣，而产品质量的优劣，决定着企业的竞争能力和经济效益，决定着企业的生存和发展。因此，抓好班组产品的质量，是企业在日益激烈的市场竞争中的重要环节。

班组是企业的细胞，班组是实施现场质量管理、开展过程或工序质量改进的领导者和组织者，充分发挥班组长的作用是搞好现场质量管理的重要举措。

班组长在班组质量精细化管理中基本任务如下：

（1）带领职工理解并实现本班组的质量目标，必要时分解到岗位、机台；

（2）熟习本班组各岗位操作规程，组织开展互帮互学等提高操作技能的活动；

（3）组织自检、互检和巡检，做好过程检验工作，包括对首件的复验和对本班组产品质量的抽检；

（4）落实质量控制点活动，实施或配合控制点管理；

（5）组织开展5S现场改善活动，创造整洁有序的工作环境；

（6）组织本班组人员访问下工序活动；

（7）开展质量改进活动，包括组织或参与QC小组活动。

对于班组的作业人员来说，他们是直接与生产过程发生关系，是产品质量的直接影响者，其在现场质量管理中的工作目标如下：

（1）实现班组或岗位质量目标；

（2）确保顾客或下工序（过程）满意；

（3）第一次把事情做好，每一次把事情做好。

相对应的，班组作业人员就必须明确自己如下的质量职责：

（1）正确理解和掌握本岗位的各项质量目标或指标要求，并在质量偏离要求时采取相应措施；

(2) 严格遵守工艺纪律，做到“三按”生产（即按图样、按标准或规程、按工艺），确保操作质量；

(3) 按规定做好过程（工序）质量检测和记录并确保记录填写及时、完整、真实、清楚；

(4) 做好原材料、在制品和成品等物料的清点和保管，防止缺损和混淆；

(5) 做好“三自”和“一控”，“三自”即自我检验、自我区分合格或不合格、自做标识，“一控”即控制自检正确率；

(6) 做好设备维护保养和巡回检查，做到“三无”，即无灰尘、无油污、无跑冒滴漏；

(7) 做好不合格品的管理，包括对不合格品的隔离、标识、记录和报告，防止不合格品流入下道工序；

(8) 坚持文明生产，按5S管理要求，保持良好的工作环境。

班组作业人员被授予的权限如下：

(1) 应能明确被告知该做什么和要达到的结果以及个人对结果具有的影响力，包括应能知道所承担的工作或目标；

(2) 应能获得必要的作业指导书或其他必要的文件；

(3) 应有规定的渠道获得工作所需信息，包括本岗位工作结果或成绩的信息；

(4) 应能获得所需的测量器具和技术；

(5) 当质量发生偏离时，应能获得采取纠正措施的授权；

(6) 应能获得提高自身能力、知识和经验的机会。

6.3.3.3 生产管理

班组生产精细化管理涉及两个环节：一是生产过程控制；二是当班生产活动结果统计。班组中心工作是搞好生产，班组的一切活动都是围绕这个中心开展的。班组长对生产过程控制时主要紧盯以下几个方面：

(1) 对生产过程中的人员通过看板方式动态管理；

(2) 控制生产进度，适当调整生产节拍；

(3) 对产品生产中的特殊环节或工序给予特别关注；

(4) 关注中间产品的切换或换位；

(5) 及时发现生产过程中的异常情况，并迅速处理；

(6) 生产过程中的特殊情况或紧急情况处理。

班组的一项重要生产管理内容是过程统计，例如在制品情况统计、生产进度统计、生产作业计划完成情况统计、生产指标统计等，而且还需要填写工作日记（包括工序作业日记、作业过程记录、用料记录、工时记录及其作业记录、停工统计、产品统计与交接报表）与生产日报表等。企业或班组需要设计出复合班组特征的、方便的实时统计与记录表单，见表6-3。

表6-3 材料消耗记录表单

材料名称 耗用单位						工作成果记录	
						半成品	成品
合 计							
昨日结存							
今日领料							
今日结存							

复核： 统计人员：

【案例6-2】 韩国三星集团班组管理

韩国三星集团是一家跨国公司，有职工16万人，年销售额近1000亿美元，在世界500家大公司中曾名列16位。其发展速度之快、产品涵盖之广、市场份额之大、出口创汇之巨都是超出人们想象的。那么三星集团管理优势何在？重要优势是它的班组管理。

一、三星班组管理的基本要求

三星公司班组管理的核心是生动活泼，具有民主性，注重实际效果，注重人的自觉性、主动性与创造性的发挥。班组开展的各类管理活动，都与企业的方针、目标及重点工作相联系，充分体现了人人爱岗位，人人爱企业的精神。由于班组开展的各项管理活动形式多样又非常灵活，给人们一种浓厚的、真切的、充满生机和活力的感受。

二、班组管理重在目标管理

班组的目标管理是以表格的形式开展的。先将班组的目标（主要是经济指标）确立在历史最好的水平上，每天进行检查，每月进行综合评定。如果在某天或某月达到目标后，班组及时地将所实现的目标值填入目标管理图内，并注明班组达到此目标所做的重点工作。企业的厂长（代表理事）也在该表格内签上自己的名字，并写上几句勉励的话。这样，使班组在取得成绩后，能及时得到领导的鼓励，以激励班组向更高的目标奋斗。同时，企业领导每天都要到班组走一趟，加深了领导深入基层的工作作风，密切了干群关系。

三、开展全员降低成本活动

韩国经济的不景气对三星公司也产生了较大的冲击。三星公司为此普遍在班组开展了降低成本费用活动。在生产现场可以看到班组绘制的成本控制图。在这个图中，有控制成本费用的主要项目，有每个人的实施目标，有具体的目标值。班组开展的这项活动在组与组之间是公开的，员工与员工之间也是公开的，这样做使奔跑的人、走路的人、坐着的人都要相互尊重，并给予鼓励，最后使所有的人都成为奔跑的人。

四、实行全局设备管理

在三星公司班组内开展的全员设备管理得到了员工的极大响应，也是班组管理的主要内容之一。他们有着完整的设备维护保养制度，并对设备实行重点管理。重点管理就是对容易影响产品质量的设备或容易出现故障的设备实行重点监控，使设备在大生产中处于良好运行状态。凡重点设备都有非常明显的提示牌，以提示员工对设备监管的频度和内容。班组的全员设备管理充分体现了全员参与的意识，在班组内可以看到员工对设备提出的改进意见、改进方案图示和设备改进前后的对比分析示意图。由于全员设备管理工作的开展，克服了设备管理只是少数专业人员的职责界线，同时也给班组员工创造了参与管理的环境。另外，全员设备管理也得到了各生产企业领导的重视，并及时对全员设备管理成绩突出的班组和个人进行奖励和表扬。

五、星级教师制的效果真好

在三星所属工厂的班组里都有专职教师，这个专职教师负责对所有员工在操作技能上的指导、帮助、学习、提高，他们的责任是培养出更多的“师资”水平的员工。他们开展的星级教师制分为“四星”，也就是说，凡班组员工取得4个星级，就具有了专职教师的资格，可以对三星、二星、一星的员工进行操作指导和帮助。他们这项活动的开展，极大地调动了全体员工的学习热情和向四星级奋斗的目标。

六、让创新深入三星人心中

“创新”是三星极力提倡的工作精神，并作为厂训深深地扎根在三星人的心中。而班组合理化建议的开展，大大激发了员工的创造精神。班组合理化建议有个人提出的，也有组成“合理化建议小组”后提出的，他们将合理化建议贴在墙上，并将建议的内容拍成照片，配上文字，并有改进前后的可行性分析，非常生动。另外，凡是合理化建议被采纳，就给予奖励。在三星康宁每个员工一个月平均4次向上级提合理化建议，可见职工热爱企业的程度。

七、组织公益活动和集体活动

班组在完成生产任务后，也利用空余时间参加社会公益活动。其内容有植树、值勤、到敬老院做好事及参加与社会有关的其他活动。从中增强对社会的责任感和展示员工的人性美和道德观。三星人讲：“我们三星之所以能够开展丰富多彩的公益活动，正是因为企业把这种精神作为自身基础的结果。”班组集体活动有旅游、聚会、联欢、体育比赛等内容，而且将每次活动的内容拍成照片，贴在“班组园地”里，让大家共享那美好、难忘的集体生活。由于集体活动的丰富性，锻炼了三星班组的团队精神，培养了人和人之间友善和谐的关系，创造了宽松、和谐的班组氛围，就是这些集体活动培养了对集体的责任感。三星为员工们建造了很多现代化的文体中心，为他们提供了培养多种兴趣的条件，从而不断提高三星人的生活质量。

三星班组的管理活动内容还很多，比如综合评定员工的“累计分考核制”，全面质量管理以及提倡环境舒畅和气氛融洽的民主管理等，都在班组管理中发挥着重要作用，使班组这个企业最小的生产组织单位在企业管理中变成了最积极、最活跃、最富创造力的群体。

6.4 班组精细化管理基本方法

6.4.1 情感管理方法

情感管理的兴起，是国外自 20 世纪 20 年代以来强调“以人为中心”的管理思想的延伸。它作为一种管理模式提出来，可以追溯到 20 世纪 80 年代，当时以管理制度完善著称的美国企业经济效益下降，失业增多，而日本企业却蒸蒸日上。众多专家学者深入研究后发现，日本企业管理的一个显著特点就是管理者用尊重、信任与关心来与员工沟通感情。他们认为人最富于感情，需要得到别人的尊重和信任，若企业给员工一份关怀，员工便会以十倍的干劲报效企业。马斯洛在需求层次理论中就谈到人类有五个基本的需求，即自我实现的需要、自尊的需要、归属的需要、安全的需要、生理的需要。马斯洛在需求层次理论中指出，当较低层次的需要满足后，人们就会追求更高层次的需要，而需求一旦得不到满足，一个基本的现象就是对公司的忠诚度下降，一个极端的现象就是辞职。这种“工作性”工作观向“精神性”工作观的改变，要求企业设计出更好地满足员工多种需要的工作条件和工作方式，以提高工作中得到的满足度。在管理方法上，更多地要求实行“人性化”管理，利用情感管理来维系员工的忠诚度，提高工作的即时满足度，体现工作本身的价值。以人为本的情感管理也成为管理界普遍关注的管理思想。

情感管理是企业管理中的一种方式，同时也是企业文化组成的一部分。情感管理就是将公司的目标与员工个人心理目标有机结合起来，在公司目标实现的同时员工个人心理目标也得到实现。情感管理的宗旨就是为了协调公司与员工之间的利益矛盾，谋求公司与员工共同发展，为了一个共同的目标，促使员工自觉管理，为实现共同的目标而努力奋斗。情感管理的本质就是尊重人的尊严与价值。尊重人就是意味着有效满足一定对象在特定情境中的合理要求。尊重人，不仅需要公司尊重员工的人格尊严、劳动成果和价值，还需要公司为员工创造良好的人际关系，保持良好的工作环境，公平、公正的制度和待遇，员工积极参与管理，良好的沟通环境以及授权与工作的自主性和给员工以成长、发展的空间，给员工以光荣感和成就感等。

现代管理认为，一个富有人本思想的管理者，应着力创造一个适宜人性张扬的环境，培植组织的亲和力。效率的最大化不是管理的全部和唯一目标，对人的感情投资才是最有效的投资。管理者如果漠视员工的情感需求，员工则易滋生消极怨恨情绪，久而久之对企业的满意度和忠诚度就会不断降解，从而影响企业的社会形象、品牌信誉和经营绩效。

班组是一个团队，团队间的成员紧密联系地工作，班组长在其间起核心作用。班组长也是班组的一员，也需要和自己的员工建立起亲密的关系，这样就有利于对班组的管理。

（1）让班组员工参与到班组管理中来，保证员工对企业管理的知情权、参与权和决策权。班组员工希望从组织中获得更大的工作自主权，参与决策，担负更多的富有责任、挑战性和多样化的工作等，一方面可以增强员工的主人翁意识，满足企业员工的多元需求，激发其积极动机；另一方面可以使员工切身体会并理解组织管理的意图和目的，提高他们对企业管理、班组管理的认同感、责任感和一体感。

（2）强化班组员工自我管理，为员工的自我发展、自我激励和自我管理提供平台。班组长要充分信任员工自我管理能力，相信员工能管理好自己。让员工根据组织、班组的管理目标和要求，自主制订计划，实施自我监督，实现自我管理，达到自我完善。

（3）给班组员工提供宽容的管理环境，保障员工创造性人格的形成和发展。在刚性管理运行成熟并为员工普遍接受的前提下，应尽量减少对员工个性活动的干预，尽量不用简单划一的规定去套用富有个性的员工，尽量少一些强制性和监督性的管理环节，多给员工提供一些方向性和指导性的建议，多组织一些适合员工心理需要的活动，鼓励员工大胆创新，积极适应企业改革和社会发展。

班组长在对班组成员的亲情管理过程中，需要做到以下几点：

（1）班组长要成为班组的情感教练；

（2）通过班会、总结会以及其他活动形式加强班组员工情感智慧能力的训练；

（3）尊重班组员工的权利和人格；

(4) 工作上对班组员工充分信任和支持；

(5) 加强班组管理过程中对员工情感和生活的关怀；

(6) 与班组员工开诚布公，倾听意见。

综上所述，班组长一是要与自己班组的员工做朋友，将班组成员当成自己的兄弟，把班组当成一个大家庭，互相之间多沟通、多谈心，取得职工的信任，共同搞好班组各项工作；二是充分发挥班组中每个职工的长处，每天要合理安排工作，尽量发挥职工的长处，根据职工的特点和班组需要相结合分配任务，让班组职工形成合力；三是当面表扬自己的员工，当面肯定职工做得好的方面，指出存在的不足和需改进的地方；四是班组长关心职工的个人情况，包括困难，要在最短的时间里发现员工的才干、长处、个性、特征和要求，包括他们的困难，并通过最有效的方式向职工沟通和传达以获得他们的真心接受和理解，增强班组的凝聚力；五是在工作中尊重并采纳职工意见，当职工的愿望与班组长的决定不一致时，班组长要解释做该决定的根据，重视职工的意见，鼓励职工自由交流，得到他们的信任，使班组凝聚力得到增强。

【案例6-3】 美国通用电气公司的情感管理

现代企业管理已进入到一个以人为本的管理新时代，其重要内容不再是板着面孔式的条条框框的限制，而是一门融进了管理者对职工、对事业献身精神的独特的艺术。

面对面管理，是以走动管理为主的直接亲近职工的一种开放式的有效管理，它洋溢着浓厚的人情味。其内容外延广阔，内涵丰富，富于应变性、创造性，以因人因地因时制宜取胜。实践证明，高技术企业竞争激烈，风险大，更需要这种“高感情”管理。它是医治企业官僚主义顽症的“良药”，也是减少内耗、理顺人际关系的“润滑剂”。通用电气公司前总裁斯通就努力培养全体职工的“大家庭感情”的企业文化，公司领导和职工都要对该企业特有的文化身体力行，爱厂如家。从公司的最高领导到各级领导都实行“门户开放”政策，欢迎本厂职工随时进入他们的办公室反映情况，对于职工的来信来访能负责地妥善处理。

公司的最高首脑与全体职工每年至少举办一次生动活泼的“自由讨论”。通用公司像一个和睦、奋进的“大家庭”，从上到下直呼其名，无尊卑之分，互相尊重，彼此信赖，人与人之间关系融洽、亲切。

1990年2月，美国通用电气公司的机械工程师伯涅特在领工资时，发现少了30美元，这是他一次加班应得的加班费。为此，他找到顶头上司，而上司却无能为力，于是他便给公司总裁斯通写信，“我们总是碰到令人头痛的报酬问题。这已使一大批优秀人才感到失望了。”斯通立即责成最高管理部门妥善处理此事。三天之后，他们补发了伯涅特的工资，事情似乎可以结束了，但他们利用这件为职工补发工资的小事大做文章。第一是向伯涅特道歉；第二是在这件事情的推动下，了解那些“优秀人才”待遇较低的问题，调整了工资政策，提高了机械工程师的加班费；第三，向著名的《华尔街日报》披露这一事件的全过程，在美国企业界引起了不小轰动。

事情虽小，却能反映出通用公司的“大家庭观念”，反映了员工与公司之间的充分信任。人际关系上常常也有“马太效应”的影子。常人总是密者密上加亲，疏者疏而愈远。美国通用电气公司总裁斯通却主张“人际关系应保持适度的距离”。现实生活中，国与国、人与人之间的关系演变例子一再证明“适度距离”理论不无道理。

斯通对“适度距离”身体力行，率先示范，密者疏之，疏者密之。斯通自知与公司高层管理人员工作上接触较多，在工余时间就有意拉大距离，从不邀公司同僚到家做客，也从不接受客邀。相反，对普通工人、出纳员和推销员，他有意亲近，微笑问候，甚至偶尔“家访”。

1980年1月，在美国旧金山一家医院里的一间隔离病房外面，一位身体硬朗、步履生风、声若洪钟的老人，正在与护士死磨硬缠地要探望一名因病住院治疗的女士。但是，护士却严守规章制度毫不退让。这位真是“有眼不识泰山”，她怎么也不会想到，这位衣着朴素的老者，竟是通用电气公司总裁，一位曾被公认为世界电气业权威杂志——美国《电信》月刊选为“世界最佳经营家”的世界企业巨子斯通先生。护士也根本无从知晓，斯通探望的女士，并非他的家人，而是加利福尼亚州销售员哈桑的妻子。哈桑后来知道了这件事，感激不已，每天工作达16小时，为的是以此报答斯通的关怀，加州的销售业绩一度在全美各地区评比中名列前茅。正是这种适度距离的管理，使得通用电气公司事业蒸蒸日上。

通用电气公司像美国其他一些公司一样，从经理到基层领导人员，已有不少采用“静默沉思”法使紧张心理宁静下来，消除神经紧张所造成的不安。经常“静默沉思”的人说，自从坚持定时沉思默想后，工作效率提高了，不容易激动，能较好地对付外界压力。而以前通用公司也普遍采用节食和体育锻炼计划来消除工作人员的情绪病，虽长期执行，但见效甚微。许多人因紧张心理造成的血压升高、压抑感很重和易怒等现象并未减轻。哈佛大学心理和体育治疗研究所推广沉思默想之后，通用公司便向雇员推荐此法，公司聘请默思辅导员指导雇员苦练这种默思法，包括瑜伽、冥想、端坐不动等。雇员们反应，他们已初步收到效果。

公司在推行此法后，使公司精神病治疗费用减少27%；各分公司经理用此法后工作效率大为提高，为此该分公司已安排12名一天工作12~14小时的经理人员参加静默活动，工作热情普遍高涨，精神也格外饱满。

企业中的人事管理要比政府、学校等其他职能管理棘手得多，因为企业人事管理的对象、性别、年龄、学历、工种、品性等方面存有更大差异。通用公司在人事管理上采取重大改革，改变了以往的人事调配的做法（由企业单方面评价职工的表现、水平和能力，然后指定其工种岗位）。现在，反其道而行之，开创了由职工自行判断自己的品格和能力，提出选择自己希望工作的场所，尽其可能由他自己决定工作前途的“民主化”人事管理，称为“建言报告”，引起管理界的瞩目。

专家们认为，“让棋子自己走”的这种“建言报告”式人事管理，比传统的人事管理更能收集到职工的容易被埋没的意见和建议，更能发掘人才和对口用人，从而对公司发展和个人前途更加有利。此外，通用公司还别出心裁地要求每位雇员写一份“施政报告”，从1983年起每周星期三由基层员工轮流当一天“厂长”。“一日厂长”9点上班，先听取各部门主管汇报，对全厂营运有了全盘了解后，即陪同厂长巡视部门和车间。“一日厂长”的意见，都详细记载在《工作日记》上。各部门、车间的主管得依据其意见，随时改进自己的工作，并在干部会上提出改进后的成果报告，获得认可后方能结案。各部门、车间或员工送来的报告，需经“一日厂长”签批后再呈报厂长。厂长在裁决公文时，“一日厂长”可申诉自己的意见供其参考。

这项管理制度实行以来，成效显著。第一年施行后，节约生产成本就达200万美元，并将节约额的提成部分作为员工们的奖金，全厂上下皆大欢喜。

通用电气公司的日本子公司——左光兴产公司还实行一种特殊的“无章管理”，也是感情化管理，最大限度地减少公司内部人际间的紧张关系，增强员工之间的信任，上下级之间的信任及员工对企业的信任。该公司近几年实行“无章管理”以后，年销售额在通用电气的所有海外子公司中独占鳌头。

6.4.2　结果导向型管理方法

企业是以运行结果来评价其运营效益和效率的，结果导向型管理提升企业执行力，目前国内很多企业实行的一种结果导向型绩效评价方法，实质上是关注目标的实现结果。班组精细化管理也需要以结果导向型的管理方式进行管理，提升班组活动的效率与效益，进而通过班组的活动执行和效果实现来提升企业执行力。班组是生产活动的基础，核心任务就是以最小投入生产出计划要求的产品数量，关注的本身是结果。班组内部对员工的管理也必须以结果导向的方式进行管理，这样才能实现班组的目标。班组结果导向型管理方法就是根据班组员工的工作成果对员工进行绩效考评的方法，以班组员工的工作结果为基础的评价方法是衡量员工的最终工作结果，它体现员工凝结形态的劳动，这种方法为员工设定一个最低的工作成绩标准，然后将员工的工作结果与这一明确的标准相比较。

班组结果导向型管理方法主要包括目标管理法、直接指标法、绩效标准法，不同的方法有不同的实施步骤和基本内容。

目标管理法体现了现代管理的哲学思想，是班组长与自己班组的员工之间双向互动的过程。目标管理法的基本步骤是：目标设定、组织规划目标、实施控制。目标管理法在第2章已专门介绍，对于班组目标管理也是同样的。

绩效管理法与目标管理法基本接近，它采用更直接的工作绩效衡量的指标，非常适用于对于班组这样操作性的员工管理，衡量所采用的指标要具体、合理、明确，有时间、空间、数量、质量的约束限制，其规定完成的内容比目标管理法有更多的考评标准，而且标准更加具体详细。

直接指标法采用可监测、可核算的指标构成若干考评要素，作为对班组员工的工作表现进行评估的主要依据，如衡量生产率、工作数量、工作质量等。班组运营直接指标法简单易行，能节省人力、物力和管理成本。运用本方法时，需要加强班组基础管理工作，建立健全各种班组原始记录。

有些人认为，班组运用的结果导向型管理方式是一种冷冰冰的管理方法，没有人性化。其实企业通过结果来评价、考核班组，班组也需要同样方式对待班组员工，这正是执行力提升的关键。当然，结果导向型管理方式也有很大缺陷，体现在以下几个方面：

（1）由于班组部分员工的绩效可能具有多因性，员工的最终工作结果不仅取决于员工个人的努力和能力因素，也取决于企业环境等多种其他因素，因此以结果为导向的绩效考评很可能缺乏有效性；

（2）可能强化班组员工只重结果而不择手段的倾向；

（3）班组里把员工个人的工作结果作为绩效考核的依据会加剧员工个人之间的不良竞争，妨碍彼此之间的协作和相互作用，不利于班组整体的工作绩效；

（4）在为员工提供绩效反馈方面的作用不大，无法向员工提供如何改进工作绩效的明确信息。

尽管如此，班组长可以把以上两种方式结合起来，规避其中的缺陷。

后记　理念比工具重要

从20世纪80年代以来，国内企业从引入CI系统开始，为了提升企业管理水平与竞争能力，不断引入国外先进的企业管理工具和方法，例如平衡计分卡、执行力系统、精益管理、流程管理、并行工程、全面质量管理等，包括目前很多企业大力推行的精细化管理、现场管理，基本上国外企业什么管理工具有用，就引入、推行什么。在这方面，国内管理理论界尤其是咨询界相关人士，不遗余力地引导国内企业引入国外企业最先进的管理工具、方法、手段，但遗憾的是，国内很多追求时髦管理方式、工具的企业并没有因为这些工具、方法的引入而提升自己的管理水平和竞争力，甚至有些企业还因此走下坡路，原因何在？企业管理层意欲改变落后管理现状与提升企业竞争能力的目的是好的，但往往一方面忽视企业管理基础和企业实际，简单复制的居多，另一方面急功近利，方法与手段优先，改变模式推行的前提与条件，从而使得很多管理模式、方法引入之后效果不佳，甚至半途而废。詹姆斯.P. 沃麦克在《改变世界的机器》中谈到精益生产在世界实施的结果时认为，整个实施效果非常的令人不满意。原因在于精益生产不仅是指用于生产和品质管理的工厂管理系统，更重要的是集市场信息和生产为一体的经营系统。我们完整、全面研究丰田汽车精益生产过程时认识到，精益生产创始人大野耐一在导入精益生产的时候，注重的不是工具，而是一种意识、一种理念，是一种经营模式，而不是几个管理工具（丰田做着精益生产的事情，但确实不知道自己那个是什么精益生产，它们有的只是一个理念：消除一切浪费）。经过管理学家总结的丰田精益生产成功的关键在于建立优秀的团队，形成主动承担责任的意识，养成主动的工作意识，具有跨边界的管理意识和创新意识。很多企业引入精益生产模式不成功，原因在于过于强调工具的作用（很多企业不过只是宣称或标榜自己取得成功，而且产生大量的“成功经验”）。

追溯很多管理模式之所以在最初诞生的企业能够获得成功，我们认识到重要一点：意识、理念远比工具重要。

精细化管理是理念、规则与工具有机结合的管理模式，但精细化管理首先是一种理念、一种意识，是转化为员工日常工作行为的一种精细化工作与行为意识，没有这种意识与理念，任何管理规则、管理工具就没有支撑点，无法在企业运营中产生效果，企业的管理规则与所使用的管理工具也无法推行下去。从理念和意识上看，精细化管理是一个系统化的管理模式，而不是把精细化管理解释成一点一滴的更精更细，甚至把精细化管理概括成若干个“精”加若干个“细”。精细化的理念要求企业管理者和员工把企业运营当做一个系统对待，精细化的理念要求企业管理者和员工具有主动工作意识、责任承担意识、团队协作意识、创新工作意识等。精细化管理模式改变的不仅仅是员工的行为，重要的是夯实与提升企业的基础管理水平，改变的是企业文化内容。

作　者

2012 年 12 月

参考文献

[1]［美］纳罕姆斯. 生产与运作分析（国外大学优秀教材——工业工程系列（影印版））［M］. 6版. 北京：清华大学出版社，2009.

[2]［美］麦卡菲. 企业2.0：企业社会化协作趋势与工具［M］. 北京：机械工业出版社，2011.

[3] 范爱民. 精细化管理［M］. 北京：中国纺织出版社，2005.

[4] 汪中求，等. 精细化管理（I-IV）［M］. 北京：新华出版社，2005.

[5] 江艳玲，等. 工厂管理一本通系列：班组精细化管理［M］. 深圳：海天出版社，2011.

[6] 高庆华. 卓越6S管理实战手册（图解版）［M］. 北京：化学工业出版社，2012.

[7] 陈春花. 从理念到行为习惯：企业文化管理［M］. 北京：机械工业出版社，2011.

[8] 刘寿红. 班组精细化［M］. 北京：新华出版社，2009.

[9] 王钦. 现代企业管理基础工作新发展［M］. 北京：经济管理出版社，2007.

[10]［日］管野笃二. 管理素质教育必读丛书：超简单目标管理［M］. 北京：东方出版社，2011.

[11] 苏俊. 卓有成效的目标管理［M］. 广州：广东经济出版社有限公司，2008.

[12] 郑海航，等. 21世纪：企业管理新趋势［M］. 北京：经济管理出版社，2008.

[13]［美］贝克特尔. 目标管理：如何实施有效的业务评估［M］. 马素红，高巍，庞锦，译. 沈阳：辽宁教育出版社，2003.

[14] 影响力中央研究院教材专家. 以终为始——快速达成目标的5步19法［M］. 北京：中国电子工业出版社，2009.

[15] 陈立云，等. 跟我们做流程管理［M］. 北京：北京大学出版社，2010.

[16] 张国祥. 用流程解放管理者［M］. 北京：中华工商联合出版社，2012.

[17] 杨兴文. 流程管理的55个关键细节［M］. 北京：中国电力工业出版社，2011.

[18] 李秀芬. 价值管理、流程再造与绩效改进——制造业企业管理技术整合［M］. 北京：经济管理出版社，2012.

[19] 王玉荣，等. 流程革命2.0——让战略落地的流程管理［M］. 北京：北京大学出版社，2011.

[20] 水藏玺，等. 企业流程优化与再造实例解读［M］. 北京：中国经济出版社，2008.

[21]［美］达夫特. 组织理论与设计（第10版）［M］. 王凤彬，等译. 北京：清华大学出版社，2011.

[22] 张钢，等. 企业组织模块性设计［M］. 北京：科学出版社，2011.

[23]［美］西蒙斯. 组织设计杠杆——管理者如何利用责任体系增进绩效和奉献精神［M］. 北京：商务印书馆，2010.

[24]［美］纳德尔，等. 卓越经理人之竞争性管理技术丛书：竞争性组织设计［M］. 北京：经济科学出版社，2004.

[25] 高新华. 如何进行企业组织设计［M］. 北京：北京大学出版社，2004.

[26] 宋文强. 现场精细化管理［M］. 北京：化学工业出版社，2011.

[27] 祖林．班组现场精细化管理——企业降低成本助推器［M］．厦门：厦门大学出版社，2012.
[28] 涂高发．工厂精细化管理丛书：生产现场管控［M］．广州：广东经济出版社有限公司，2010.
[29]［日］大野耐一．大野耐一的现场管理［M］．北京：机械工业出版社，2011.
[30]［日］今井正明．现场改善：低成本管理方法［M］．北京：机械工业出版社，2010.
[31]［日］门田安弘．丰田现场管理方式：丰田巨额利润的秘密［M］．北京：东方出版社，2005.
[32] 陈志祥，等．生产与运作管理［M］．北京：机械工业出版社，2009.
[33] 孙少雄．制造业6S精益管理：现场改善利器［M］．北京：机械工业出版社，2010.
[34] 宋文强．图解6S管理实务：中国实战版［M］．北京：化学工业出版社，2010.
[35] 表万洙．班组长现场管理实战［M］．北京：人民邮电出版社，2011.
[36] 杨剑，等．优秀班组长现场管理［M］.2版．北京：中国纺织出版社，2010.
[37] 胡俊，等．金牌班组长现场管理［M］．广州：广东经济出版社有限公司，2009.
[38]［日］熊译诚．日本社会学名著译丛：日本式企业管理的变革与发展［M］．北京：商务印书馆，2003.
[39] 胡凡启.5S管理与现场改善［M］．北京：水利水电出版社，2011.
[40] 李家林．工厂现场精益管理实务［M］．北京：中国时代经济出版社，2012.
[41] 舒化鲁．企业规范化管理系统实施方案——文化建设管理［M］．北京：电子工业出版社，2012.
[42] 邬适融．现代企业管理——理念、方法、技术［M］.2版．北京：清华大学出版社，2008.
[43] 陈荣秋，等．生产运作管理［M］.3版．北京：机械工业出版社，2009.
[44] 苏文忠．归零成本管理——生产制造企业系统化运作模式［M］．北京：北京大学出版社，2012.
[45]［美］史蒂文森．运营管理［M］.11版．北京：机械工业出版社，2012.
[46] 黄思明，等．台湾运营管理案例（中国管理案例库）［M］．北京：中国人民大学出版社，2012.

冶金工业出版社部分图书推荐

书　　名	作　者	定价(元)
FIDIC条件与合同管理	李明顺　主编	38.00
城市交通信号控制基础	于　泉　编著	20.00
参与型城市交通规划	单春艳　著	29.00
交通近景摄影测量技术及应用	于　泉　著	29.00
矿业投资决策理论与方法	郑明贵　等著	25.00
矿山生产规模及要素优化理论与方法	郑明贵　著	25.00
企业内部控制评价百分制法	唐立新　著	18.00
项目融资理论与实务	张正华　编著	26.00
工程经济学理论与实务	张正华　等编著	48.00
管理学概论	杨红娟　主编	29.00
服务供应链的理论与实践	甘卫华　著	25.00
中小企业信息化管理实践	宋建军　编著	20.00
制造企业资源整合管理	周晓晔　著	20.00
建筑工程经济与项目管理	李慧民　主编	28.00
煤业集团绿色供应链管理	杨玉中　等著	25.00
企业年金方案设计实务	宋效中　等著	25.00
产业政策与产业竞争力研究	张泽一　著	25.00
产业集群专业化分工形态与管理	赫连志巍　著	20.00
现代设备管理	王汝杰　等著	56.00
工程项目管理与案例	盛天宝　等编著	36.00